트레이너, 운동지도자를 레벨업시키는 고오급 지식

뇌섹트를
가 섹시한 트레이너
위한
고급지식

스포츠의학자 **정 일 규** 지음

대경북스

뇌섹트를 위한 고급 지식

초판발행 | 2020년 4월 16일
초판2쇄 | 2023년 3월 10일
발행인 | 김영대
발행처 | 대경북스
ISBN 978-89-5676-816-8

등록번호 제 1-1003호
서울시 강동구 천중로42길 45(길동 379-15) 2F
전화: (02)485-1988, 485-2586~87 · 팩스: (02)485-1488
e-mail: dkbooks@chol.com · http://www.dkbooks.co.kr

들어가는 글

이 책은 트레이너나 코치, 운동지도자(이후 트레이너로 총칭)를 위해 집필되었다. 다시 말하면 '운동'을 고객이나 지도의 대상자(이후 고객으로 총칭)에게 설명하고, 설득하는 능력, 즉 고객과의 소통능력을 향상시키고자 하는 트레이너를 위한 책이다. 많은 트레이너들은 각자의 영역에서 전문성을 갖고 운동을 지도하고 있다. 이러한 전문성은 교육과정을 통해서, 책을 통해서, 그리고 경험을 통해서 얻어진다.

그런데 전문성이 필드나 피트니스 현장에서 실제로 발휘되기 위해서는 고객에게 적용하려는 운동에 대한 지식을 '효과적'으로 전달하는 과정이 필요하다. 이것을 위해 트레이너는 우선 고객이 운동하려는 동기는 무엇인지, 또 어떤 문제를 갖고 있는지에 대한 공감능력이 필요하다. 그렇게 하기 위해서는 고객으로부터 신뢰를 얻는 것이 무엇보다 중요하다. 신뢰 관계가 구축되지 않는다면 어떤 성과도 기대하기 어렵기 때문이다.

이러한 신뢰 관계의 구축은 트레이너의 소통능력에 크게 좌우된다. 물론 소통에 필요한 요소로는 공감하는 따뜻한 마음이나 인품, 미소 띤 친절한 표정, 진실성을 드러내는 어법이나 대화 스킬, 전문적 지식이나 경험 등을 들 수 있다. 이 책은 그러한 것들은 전제로 하고, 운동에 대한 과학적 지식을 쉽고 효과적으로 설명하는 데 초점을 맞추었다. 과학 지식을 대중에게 쉽게 설명하는 것을 과학소통(science communication)이라고 하는데, 소통능력이야말로 오늘날 트레이너에게 가장 요구되는 자질이다.

이 책은 지난 몇 년간 스포츠의학을 주제로 신문 등에 기고하였던 내용들을 정리하고 수정하여 엮은 것이다. 글들을 분류하여 총 6개의 주제로 나누었는데 제1장은 주로 운동학습과 신경, 제2장은 근골격계의 문제와 조절, 제3장은 근력운동과 근육의 발달, 제4장은 심폐순환기능과 운동, 제5장은 체중조절과 다이어트 그리고 마지막 6장은 만성퇴행성 질환과 운동에 대한 내용이다.

이 글은 운동생리학에 대한 배경 지식을 갖고 있는 트레이너라면 어렵지 않게 읽어 내려갈 수 있을 것이다. 그러나 대중과의 소통에 목적을 두고 쓴 만큼 트레이너가 아니더라도 운동에 관심이 많은 분들도 충분히 이해할 수 있는 소재와 내용이다. 모쪼록 이 책이 고객들과 소통하기를 원하는 트레이너와 운동지도자들에게 조금이나마 도움이 되길 바란다.

끝으로 이 책이 출간되기까지 많은 도움을 주신 대경북스의 민유정 대표님, 김영대 전무님 그리고 편집이나 그림 등을 위해 많은 수고를 해주신 여러분께 감사드린다.

2020년 3월

오정골에서 저자 씀

≫**Step 01. 피곤해서 운동 간다**

≫ 피곤해서 운동 간다 ··· 18
  • 업무 피로는 누적되지만, 운동 피로는 신체를 단련시킨다 ················ 19
  • 암환자도 운동으로 피로를 극복한다 ································ 20
  • 만성피로증후군의 특효약은 운동이다 ······················· 21
≫ 지금 운동을 시작해야 하는 이유 ······························ 22
  • 나이를 먹을수록 뇌의 가소성은 떨어진다 ····················· 23
  • 수많은 시도와 실패의 반복이 성공을 만든다 ················· 25
≫ 우울한 뇌에게 보내는 유쾌한 메시지 ······················· 26
  • 정교한 몸의 움직임에 의해 뇌는 발달한다 ··················· 27
  • 뇌는 책상에 앉아서 공부만 해서는 발달하지 않는다 ················ 28
≫ '기분 좋은 피로'의 의미 ··································· 30
  • 내가 쉬는 게 쉬는 게 아니야 ····························· 31
  • 기분 좋은 피로는 성장을 의미한다 ······················· 32
≫ 다리로 공부하고, 머리로 운동하라 ··························· 34
  • '머리로 운동하라'는 말의 의미 ·························· 35
  • 운동은 뇌세포를 새롭게 생성시키는 자극제이다 ·············· 35
  • '다리로 공부하라'는 말의 의미 ·························· 36
≫ 운동 피로에 대한 오해, 젖산 이야기 ························· 38

• 젖산은 죄가 없다 ………………………………………………………… 39

• 젖산내성이 강한 자가 진정으로 강한 자다 ……………………………… 40

≫ 유산소운동과 무산소운동, 제대로 알고 이야기하자 …………………… 43

• 유산소운동과 무산소운동은 운동종목으로는 구분되지 않는다 ………… 44

• '심폐기능운동' 그리고 '저항운동'이 정확한 표현이다 ………………… 45

≫ 에너지 가성비를 최고로 ……………………………………………………… 47

• 인체의 에너지 조달 방법 ……………………………………………… 48

• 체력이 좋아질수록 유산소적으로 운동한다 ………………………… 50

≫ 잃어버린 생활리듬을 되찾으려면 ……………………………………… 52

• 수면으로 이끄는 멜라토닌이 억제될 때 ……………………………… 53

• 운동은 수면의 질을 높여 준다 ……………………………………… 54

≫ 드라이브 스루와 생활의 달인 ………………………………………… 56

• 오늘의 사태를 예언한 40년 전의 맥거번 보고서 …………………… 57

• 식품의 산업화가 재앙을 초래하다 …………………………………… 58

≫ 러닝맨, 잊혀진 놀이 …………………………………………………… 60

• 놀이를 통해 공감 능력을 배운다 …………………………………… 61

• 놀이는 아이들의 숨구멍이다 ………………………………………… 62

≫ 아이들에게 잘 노는 법을 가르치자 …………………………………… 63

• 놀이의 가치를 다시 생각한다 ………………………………………… 64

• '잘 노는 법'을 가르치자 ……………………………………………… 65

≫Step 02. 엉덩이기억상실증과 코어근육 살리기

≫ 내 몸의 정렬과 근막통증증후군 ……………………………………… 70

• 몸에도 휠 얼라인먼트 조정이 필요하다 ················ 71

• 스몸비의 거부할 수 없는 운명, 근막통증증후군 ········ 72

≫ 엉덩이기억상실증과 코어근육 살리기 ················· 75

• 엉덩이 근육은 몸을 세우는 역할을 한다 ·············· 76

• 잠자는 엉덩이 근육과 코어근육을 살리자 ············· 77

• 코어근육의 단련은 기초 공사부터 ················· 79

≫ 건강을 위한 두 가지 숨쉬기 방법 ················ 80

• 비정상적인 호흡은 수업 중 졸게 만드는 원인이 된다 ······ 81

• 흉식호흡과 구강호흡은 비정상적인 호흡이다 ········· 81

• 횡격막의 움직임에 집중하자 ················· 83

≫ 날개뼈를 움직여서 날아보자 ················ 85

• 날개뼈를 너무 움직이지 않아서 탈이 난다 ·········· 86

• 날개뼈를 움직이는 근육을 재교육시켜야 한다 ········ 86

≫ 횡격막 대보수 작전 ··················· 89

• 호흡을 하는 두 근육, 횡격막과 늑간근 ············ 89

• 가스교환에 실제로 이용되는 공기 : 폐포 환기량 ······ 91

• 흉식호흡은 폐포 환기량을 감소시킨다 ············ 92

• 횡격막은 중요한 코어근육이다 ··············· 93

≫ 몸에는 지구력 선수들이 산다 ················ 94

• 100m 달리기 선수에게 마라톤은 무리 ············ 95

• 근육들에게 공평하게 일을 분담시키자 ············ 96

≫ C자 허리와 민짜 엉덩이 ················· 99

• 골반이 앞으로 기울어지면 생기는 일 ············ 99

• 골반이 뒤로 기울어지면 어떤 일이 생기는가 ········ 101

• 자신의 상태를 알고 제대로 된 자세로 운동을 하자 ······ 102

≫ 아픈 무릎관절 고쳐서 백세까지 쓰자 ·· 104
  • 처음 다쳤을 때 완전한 회복이 중요하다 ······························· 105
  • 재활은 운동선수만 하는 것이 아니다 ·································· 107
≫ 현대인의 고질병, 어깨질환 ·· 108
  • 어깨질환으로 나타나는 상지교차증후군 ······························· 109
  • 날개뼈를 움직이는 근육을 재교육하자 ·································· 110
≫ 횡격막호흡으로 내장을 마사지하기 ·· 112
  • 잘못된 호흡은 섬유근육통을 부른다 ··································· 113
  • 횡격막의 올바른 사용법은 자세 점검부터 ····························· 115
≫ 어깨를 펴야 할 또 다른 이유 ·· 116
  • 자세 이상이 흉곽출구증후군의 원인이다 ····························· 117
  • 증후군의 3종 세트 : 거북목, 둥근어깨, 굽은등 ····················· 118

≫Step 03. 꿀벅지가 삶의 질을 결정한다

≫ 꿀벅지가 삶의 질을 결정한다 ·· 124
  • 엉덩이는 주사 맞으라고 있는 게 아니다 ······························· 125
  • 한 살이라도 젊을 때 운동하는 것이 유리하다 ························· 127
≫ 한 살이라도 젊었을 때 근육을 키워라 ·· 129
  • 근육이 감소하면 치매에 걸릴 확률도 높아진다 ····················· 130
  • 젊어서 근력운동은 사서라도 한다 ····································· 131
  • 나이를 먹을수록 복구도 더디다 ······································· 132
≫ 몸안의 에너지 공장 경영 노하우 ··· 133
  • 세포 내 발전소, 미토콘드리아 ··· 134

• 에너지 생산 공장을 확충하는 방법 ······················ 135

• 비만이나 당뇨병은 에너지 공장을 파산시킨다 ················ 135

≫ 운동 후 근육통증, 운동을 쉬어야 할까 ························137

• 근육의 단축성 수축과 신전성 수축이란 ················ 138

• 지연성 근통증, 무조건 쉴 필요는 없다 ················ 139

≫ '근육 발달은 걷기부터'가 무슨 뜻 ····················141

• 저항운동과 심폐지구성 운동의 조화로운 배합 ············ 142

• 근육을 발달시키려면 심폐운동도 필요하다 ············ 144

≫ 몸 안팎의 빨간색 근육들 ··························145

• 헤모글로빈과 비슷한 근육 안의 미오글로빈 ············ 146

• 심폐지구성 운동은 미오글로빈 함량을 증가시킨다 ········ 148

≫ 성장호르몬을 다시 흐르게 하자 ······················149

• 운동은 성장호르몬 분비를 촉진한다 ·················· 150

• 운동과 숙면이 결합되면 최상이다 ···················· 151

≫ 키 성장에 대한 오해 ··························153

• 키 성장은 성장판이 닫히기 전에 ···················· 154

• 성장판에 기계적 자극을 주는 운동 ···················· 155

≫ 운동 후 술자리와 근육 형성 ·······················157

• 알코올에는 근육 형성을 방해하는 작용이 있다 ············ 158

• 얼마만큼 마시느냐가 관건 ························ 159

≫ 근육 키우기, 새로운 연구결과들 ······················161

• 근육 키우기에 반드시 무거운 중량은 필요없다 ············ 162

• 근육 키우기에 근육당 한 주에 15세트 이상의 운동은 불필요하다 ····· 163

≫ 보충제, 언제 어떻게 먹어야 하나 ····················165

• 단백질 섭취는 운동 형태에 따라 타이밍이 다르다 ·········· 166

≫Step 04. 몸안의 물자 수송 인프라 개선

≫ 근육 펌프를 작동시키자 ···173
 • 다리를 제2의 심장이라고 부르는 이유 ························· 175
≫ 혈관의 꿈틀거림, 맥파를 크게 일으키자 ·····················177
 • 운동을 하면 어떻게 혈압이 낮아지는가 ····················· 178
≫ 두 가지 수로 시스템과 두 개의 펌프 ··························181
 • 보내는 수로 시스템과 심장이라는 펌프 ····················· 182
 • 돌아오는 수로 시스템과 근육 펌프 ···························· 184
≫ 중량 운동을 할 때 숨을 참지 말라는 이유 ················185
 • 무거운 중량을 들 때 뇌출혈, 뇌빈혈의 발생 위험도 높아진다 ········ 186
≫ 몸안의 물자 수송 인프라···189
 • 내 몸의 상 · 하행선을 달리는 택배차량 ····················· 189
 • 체력이 좋아지면 숨이 덜 차는 이유 ·························· 191
≫ 운동을 하면 땀도, 피도 묽어진다 ·······························193
 • 신체적으로 적응하면 땀이 묽어진다····························194
 • 운동을 하면 피도 묽어진다····································· 195
≫ 심장이 빨리 뛰는 두 가지 경우 ··································197
 • 심장병을 일으키는 정서적 스트레스····························198
 • 심장병을 예방하는 운동 ·· 198
≫ 몸의 산소 수송차량 이야기··201
 • 운동은 산소 수송차량의 생산을 촉진한다 ················· 202
 • 산소 수송차량의 공급 부족, 운동성 빈혈 ·················· 203
 • 운동과 적절한 영양은 산소 수송차량을 늘려 준다 ··········· 204

≫ 체온조절 기능을 개선하자 ··· 205
　• 체력이 약한 사람이 열사병에 걸린다 ····················· 206
　• 운동 전 미리 미리 물 마시는 습관을 갖자 ·············· 207
≫ 누웠다 일어날 때 어지러움을 느낀다면 ···················· 209
　• 기립성 저혈압은 심장의 반응이 늦기 때문에 발생한다 ·············· 209
　• 기립성 저혈압에 도움이 되는 운동 ························· 211

≫Step 05. 운동하지 않으면 다이어트도 없다

≫ 아침을 거르는데 왜 살이 찔까 ·································· 216
　• 아침 거르기가 잘못된 습관과 연결되어 있을 때 문제가 된다 ·········· 217
　• 비상 사태를 겪고 나서는 무조건 쉬고 싶어진다 ········ 218
≫ 스트레스를 받으면 왜 뱃살이 늘어날까 ···················· 220
　• 현대인은 새로운 형태의 스트레스에 아직 적응하지 못했다 ·········· 221
　• 인체의 연료 저장고, 피하지방과 내장지방 ··············· 222
≫ 뱃살 빼기 운동 - 사라지지 않는 신화 ······················ 224
　• 뱃살을 빼려면 총에너지소비량을 높여라 ················· 225
　• 전기자극 장비는 살빼기용이 아니라 재활 기구이다 ········· 226
≫ 뇌를 훈련하면 다이어트가 쉬워진다 ························· 228
　• 포만감을 느끼는 과정 ·· 229
　• 렙틴 저항성을 해결해야 다이어트에 성공한다 ·········· 230
≫ 슈거 스파이크, 슈거 크래시 탈출 ···························· 232
　• 잘못된 습관은 인체를 에너지 저장 모드로 전환시킨다 ········· 233
≫ 근육이 움직이지 않으면 지방의 연소도 없다 ·············· 235

• 근육섬유의 능동적 수축 과정에서 에너지가 소모된다······················ 236

• 전기자극 기구는 근육이나 관절의 재활용으로만 의미가 있다 ··········· 237

≫ 물살과 지방살, 무엇이 다를까 ························· 239

• 몸에는 수분이 많을수록 좋다····························· 240

• 물살을 늘리고 지방살은 줄이자························· 241

≫ 레슬링 선수의 체중 감량법과 우리의 살빼기 ··········· 243

• '제대로' 살을 빼는 다이어트를 하자····················· 244

≫ 나를 기만하는 가짜 배고픔····························· 247

• 의지에만 의존하는 다이어트는 잘못····················· 248

• 가짜 공복감의 정체 ································· 248

• 만성 수분 부족은 다이어트의 가장 큰 적 ················· 249

≫ 가짜 배고픔과 놀이 ································· 251

• 놀이의 형태는 식욕과도 관련이 있다 ··················· 252

≫ 가짜 배고픔과 운동 ································· 254

• 다이어트 성공의 열쇠는 결국 체력 ····················· 255

≫ 살찌는 체질, 내 몸의 벽난로를 지펴라····················· 258

• 사람에게도 갈색지방이 있다 ························· 259

• 운동은 갈색지방을 활성화시킨다 ····················· 261

≫ 나의 다이어트 유전자와 운동························· 262

• 식욕 조절에 문제를 일으키는 FTO 유전자 변이 ··········· 264

• 운동은 FTO 유전자 변이의 영향을 감소시킨다··········· 265

≫ 잠 잘자는 것이 살 빼는 길 ··························· 266

• 수면 부족은 결국 내장지방 축적과 만성피로를 부른다 ········· 267

≫Step 06. 허약한 땀, 건강한 땀
≫

내 몸의 불한당, 자유기에 대처하는 방법 ……………………………274
- 악당들이 나타나는 이유 ……………………………… 276
- 항산화 영양소는 악당을 진정시킨다……………………… 276
- 운동은 항산화 방어력을 높인다 ………………………… 277

≫ 사우나의 땀, 꿩 대신 닭인가 ………………………………279
- 운동을 할 때 열은 근육 내부에서 발생한다 ……………… 280
- 사우나로 흘린 땀은 운동으로 흘린 땀을 대신할 수 없다………… 281

≫ 허약한 땀, 건강한 땀 ………………………………283
- 세균이 침입했을 때 체온을 올리는 방법 ………………… 284
- 땀을 흘려야 병이 낫는다 ………………………… 284
- 운동을 할 때 땀을 흘리는 이유 ………………………… 285

≫ 운동을 할 때 어지럼증을 느낀다면 ………………………286
- 운동성 빈혈을 조심하자 ………………………… 288

≫ 몸안의 도로를 달리는 지방 수송차량들 ………………………289
- 간에서 만드는 지방 수송차량, 지질단백질 ……………… 290
- 콜레스테롤을 운반하는 두 수송차량, LDL과 HDL ………… 291
- LDL은 적게, HDL은 많게 ………………………… 292

≫ 질병의 뿌리부터 캐내자, 인슐린 저항성 ………………………293
- 열쇠는 인슐린, 자물쇠는 인슐린 수용체 ………………… 293
- 인슐린 저항성의 두 형제, 운동 부족과 비만 ……………… 294
- 악순환의 고리를 끊은 운동………………………… 295

≫ 과묵한 신사, 간 이야기 ………………………………297

- 간이 나를 위해 하는 엄청난 일들 ··· 298
- 술을 먹지 않아도 나타나는 지방간 ·· 299

≫ 염증과의 전쟁에서 승리하라 ··301
- 전쟁의 최전선에 구원군 보내기 ·· 302
- 염증반응을 낮추는 방법들 ··· 303

≫ 운동은 암 발생 위험을 낮춘다 ···305
- 암을 일으키는 요인들 ··· 305
- 호르메시스 효과 : 독초와 약초는 한뿌리에서 나온다 ····················· 306

≫ 운동이 코로나19 감염에 미치는 영향 ····································308
- 인체 면역 시스템은 질병관리본부처럼 일하고 있다 ······················· 308
- 과도한 운동에 의해 저항력은 일시적으로 약해진다 ······················· 311
- 코로나19에 노출될 위험이 높아지는 경우 ································· 311

≫ 운동은 치매를 예방한다 ··313
- 몸을 쓴다는 것은 뇌를 쓰는 것과 동의어이다 ····························· 314
- 몸의 움직임을 통해 뇌에 신호를 보내자 ································· 315

Step 01.
피곤해서 운동 간다

운동학습과 신경

Step 01 미리보기

트레이닝이나 운동 지도는 '운동'이라는 매개를 통해 '사람'의 건강이나 수행력(기능)을 높이는 행위이다. 그러므로 트레이너나 코치 및 여러 형태의 운동지도자는 사람의 몸을 이해하고, 과학적 근거를 기반으로 운동이 각자에게 유익하게 작용하도록 적용할 수 있어야 한다. 그리고 무엇보다 고객 또는 지도 대상자에게 설명하고 설득할 수 있는 소통 능력을 가져야 한다.

야생 동물들은 따로 운동을 하지 않는다. 왜냐하면 생명을 이어나가기 위한 활동에 필연적으로 몸의 움직임이 포함되어 있기 때문이다. 인류의 역사를 보면 생존을 위한 활동과 몸의 움직임이 점점 그 연관성을 잃어가고 있는 것을 볼 수 있다. 즉 먹을 것을 위하여 더 이상 몸을 움직일 필요가 없는 시대가 되었다.

역설적으로 이러한 상황이 각자의 생명을 위협하고 있다. 사람은 하루 중 대부분의 시간을 먹고 살기 위해 움직임(운동)을 제한받고 있다. 물론 그로 인해 당장 죽지는 않는다. 서서히 죽어갈 뿐이다. 삶과 죽음의 의학적 경계는 마지막 심장 박동이 멈추고, 숨이 멈추었는지의 여부로 결정된다. 철학적으로는 숨은 쉬고 있더라도 내 안에 생기(生氣)가 존재하는지의 여부에 따라 그 경계가 그어진다.

이러한 생기를 좌우하는 중요한 요소가 운동이다. 인간에게 운동은 그 자체가 생명 활동의 한 부분이다.

　　사람은 자신의 정체성이 머리에 있다고 생각한다. 그래서 머리가 곧 자신이며, 머리를 제외한 몸의 나머지 부위를 하부 구조로 인식한다. 즉 머리는 상위의 명령자이며, 나머지 부위는 명령을 실행하는 수행자로 생각한다. 하지만 실질적으로 인간의 정체성은 전체로서의 몸에 있다. 뇌에 의해 몸이 조절되지만, 반대로 몸에 의해 두뇌가 조절된다.

　　몸을 움직이는 활동은 뇌를 깨우고, 두뇌를 발달시키는 행위이다. '운동'은 그 몸을 보다 새롭고 정교한 방식으로 움직이는 법을 학습하는 과정이다. 그로 인해 뇌는 더 큰 생기(生氣), 즉 생명력을 가지고 발달해 간다.

피곤해서 운동 간다

'아프니까 병원에 간다'는 말은 자연스럽게 들린다. 그런데 '피곤해서 운동 간다'라고 하면 어떨까. 무언가 앞뒤가 맞지 않는 말처럼 들린다.

업무회의 준비에다가 휴가 떠난 상사의 일까지 도맡아 처리하느라 파김치가 되어 집에 돌아온 김 대리. 집에 도착하자마자 운동복으로 갈아입고 운동 다녀온다며 밖으로 나간다. 뒤에서 어머니 목소리가 들린다.

"피곤하다면서 또 어딜 가? 집에서 쉬지 않고…."

직장인을 대상으로 운동을 실천하지 못하는 이유를 물어보면 대부분 아침에는 출근하느라 여유가 없고, 퇴근 후에는 너무 피곤하기 때문이라고 답변한다. 하지만 김 대리는 피곤하니까 더더욱 운동을 해야 한다는 것을 경험상 잘 알고 있다. '피곤해서 운동 간다'는 말이 이상하게 들린다면, 그것은 사무적인 업무로부터 느끼는 피로와 신체적인 운동을 해서 나타나는 피로를 혼동하였기 때문이다.

업무 피로는 누적되지만, 운동 피로는 신체를 단련시킨다

직장에서 느끼는 피로감은 업무 중 정신적인 긴장과 더불어 같은 자세를 장시간 유지하는 데 따른 근육의 긴장과 순환 장애로부터 초래된다. 게다가 이러한 피로는 매일매일 반복되면서 만성화되고 누적되는 경향이 있다.

> 66
>
> 운동을 할 때 느끼는 피로와 업무 피로는 원인이 완전히 다르다. 운동을 할 때 에너지원이 일시적으로 고갈되거나 피로물질이 근육이나 혈액 중에 축적되는 것이 운동 피로의 주된 원인이다. 그밖에 근육의 미세구조가 손상되고 그로 인한 염증반응이나 신경섬유 사이에 신호전달에 일시적으로 장애가 일어날 때에도 피로감을 느끼게 된다.
>
> 99

운동 시의 피로감은 일회적 현상이어서 운동량과 빈도가 적절히 조절되면 그 피로가 누적되지 않는다. 나아가 피로로부터 회복되는 과정에서 인체의 구조와 기능이 개선되는 특징이 있다.

운동 피로와는 반대로 일상생활로부터 초래되는 피로가 누적된 채로 방치되면 악순환에 빠지게 된다. 즉 퇴근하면 피로에 못 이겨 바로 눕게 되고, 그로 인해 인체의 전반적인 신진대사 수준이 떨어진다. 이러한 생활이 반복되면 근육과 뼈가 약화되고, 내장지방이 증가하면서 인슐린 저항성이 생긴다. 결국 더 심한 피로와 무기력증의 수렁에 빠져들게 된다.

말 그대로 피로가 피로를 부르는 악순환에 빠지게 되는데, 이러한 증상을 '만성피로증후군'이라고 부른다.

≫ 운동에 의한 구조와 기능 개선 효과

예1) 중량을 반복해서 드는 운동을 통해 피로가 유발되면 일시적으로 근육의 미세구조에 균열이 일어난다. 이 균열을 복구하는 과정에서 근육은 더욱 강해지고 더 무거운 중량을 들 수 있게 된다.

예2) 운동을 하는 동안에는 일시적으로 혈압이 상승하지만, 동시에 혈관 확장 작용을 하는 산화질소(NO : nitric oxide)가 혈관벽에서 생성된다. 그래서 운동이 끝난 후에는 한동안 운동을 하기 전보다도 혈압이 낮아지는 현상이 나타난다. 이러한 효과는 장기적으로도 심폐계에 자극을 주는 전신운동을 통해 혈압을 낮추는 효과를 기대할 수 있다. 또 운동은 혈관벽을 이루는 세포(혈관내피세포)의 기능을 돕는 물질을 생성하는데, 이로 인해서 혈관은 더욱 건강해진다.

암환자도 운동으로 피로를 극복한다

피로의 악순환 고리를 끊는 방법은 결국 운동밖에 없다. 운동은 심지어 암환자를 치료할 때 가장 자주 나타나는 부작용인 피로감을 이기기 위해서도 꼭 필요하다. 암 자체, 그리고 암 치료 과정에 나타나 암환자의 일상생활을 방해하고 삶의 질을 악화시키는 이러한 피로 증세를 '암 관련 피로(CRF: cancer-related fatigue)'라고 한다. 암 관련 피로는 매우 심각하고 만성적이다. 이것은 신체활동과 상관없이 나타나며, 쉬어도 나아지지 않는 특징이 있다.

암 관련 피로는 신체적으로 비활동적인 상태가 될수록 악화되는 현상을 보이는데, 이것을 피로의 '자기지속화 과정'이라고 한다. 신체 운동은 이러한 악순환을 깨뜨리는 거의 유일한 방법이다.

암환자의 치료 과정에서 운동 프로그램은 중요한 역할을 담당한다

최근 연구들은 암환자의 치료 과정에서 운동 프로그램을 적극적으로 적용하면 암 치료의 부작용인 피로가 현저히 감소하고, 힘든 치료 과정을 이겨내는 효과가 높아진다는 것을 보고하고 있다.

만성피로증후군의 특효약은 운동이다

암 치료 과정에서 나타나는 피로 현상은 지속적인 무기력증을 일으키고, 무조건 쉰다고 해서 해소되지 않는다는 점에서 만성피로증후군과 닮아 있다. 직장생활에서 겪게 되는 인간관계의 어려움과 업무로부터 받는 심리적인 스트레스는 이 피로감을 더욱 가중시킨다. 여기서 벗어나는 거의 유일한 방법은 자리를 박차고 일어나 몸을 움직이는 것이다.

앞으로는 이렇게 이야기하자. "피곤하니 운동하러 가야겠네."

지금 운동을 시작해야 하는 이유

박 주임은 30대의 직장 여성이다. 요즘 탁구를 치는 재미에 푹 빠져 있다. 돌이켜 보니 1년 전 처음 탁구를 배우기 시작하던 때가 주마등처럼 떠오른다.

박 주임은 같은 직장에 다니는 같은 팀원인 유진 씨의 권유로 탁구를 배워 보기로 맘을 먹게 되었다. 권유라고 하지만 강권에 가까웠다. 내키지는 않았지만 유진 씨와는 매우 친한 사이였기 때문에 억지로라도 배워볼 생각을 하게 되었다.

사실 탁구 레슨을 함께 가자고 했을 때 망설인 이유가 있다. 초등학교 체육시간에 자신이 몸치라는 것을 알아버렸기 때문이다. 체육시간에 앞구르기가 안 되어 우스꽝스런 몸개그를 보여 친구들의 웃음 거리가 된 적이 있었다. 그 후에도 운동을 하다가 여러 번 넘어진 나머지 운동이라면 무조건 몸을 사리게 되었던 것이다.

하지만 지금은 너무나 재미있어서 하루라도 탁구 레슨을 빠지면 좀이 쑤신다. 처음 몇 주간은 공을 제대로 맞추기도 어려웠으며, 그런 모습을 남들이 볼까봐 전전긍긍하기도 하였다. 도중에 몇 번인가 그만두고 싶은 생각도 들었다. 정말 인내력이라면 끝판왕인 친절한 탁구 선생님, 그리고 매일 억지로라도 끌고 간 직장 동료 유진 씨가 아니었으면 진작 그만두었을 것이었다. 그러나 그 고비를 넘기고 이젠 운동을 즐기게 되었으니 정말 감사할 따름이다.

나이를 먹을수록 뇌의 가소성은 떨어진다

박 주임처럼 운동을 처음 배울 때 남달리 어려움을 느꼈던 경험을 토로하는 사람이 있다. 남들은 쉽게 배우는 테니스나 탁구, 수영과 같은 운동을 유독 자기만 버벅거린다고 느끼는 좌절감이 운동을 멀리하게 된 계기가 되기도 한다.

그럼에도 불구하고 지금이라도 포기하지 않고 운동을 배워야 할 이유가 있다. 그것은 뇌의 가소성과 관련이 있다. 가소성이란 어떤 자극에 대응하여 변화가 쉽게 일어나는 성질을 말한다. 나이를 먹을수록 뇌와 신경의 가소성이 떨어지므로 새로운 운동기술이나 움직임을 배우기가 더 힘들게 된다.

≫ 거꾸로 뇌 자전거

뇌의 가소성에 대해 잘 알려진 이야기가 있다. 미국의 엔지니어이자 유명한 유튜버인 데스틴 샌들린(Destin Sandlin)의 '거꾸로 뇌 자전거(The Backward Brain Bicycle)' 이야기이다. 어느 날 그의 용접공 친구가 특별한 자전거를 만들었는데, 그 자전거는 일반 자전거와 모든 것이 똑같았지만 한 가지 다른 점은 핸들을 왼쪽으로 돌리면 바퀴는 반대 방향인 오른쪽을 향하고, 핸들을 오른쪽으로 돌리면 바퀴가 왼쪽을 향한다.

어릴 적부터 25년간 자전거를 탔던 샌들린은 처음에는 쉽게 그 자전거를 탈 수 있을 것으로 생각했다. 가려고 하는 방향의 반대로만 핸들을 조작하면 자전거를 탈 수 있다고 생각했기 때문이다. 그러나 놀랍게도 생각과는 다르게 자전거를 타고 단 1~2m도 갈 수 없었다.

그 후 샌들린은 매일 연습을 했는데, 수없이 넘어지기를 반복한 끝에 8개월이 되어서야 그 자전거를 서투르게나마 탈 수 있었다. 이후 그는 여러 대학이나 컨퍼런스에 초청받아 그 자전거를 가지고 가서 강연을 하였다. 수년 동안 청중 중에서 단 3m라도 탈 수 있는 사람에게는 200달러를 주기로 하였지만, 누구도 그 자전거를 탈 수 없었다.

그는 어린 아들에게 똑같은 원리로 만든 자전거를 타도록 하였다. 그 자전거를 타면 평소 아이가 원하던 호주의 우주비행사를 만나게 해 주겠다는 약속과 함께였다. 그런데 자전거 경력이 3년인 아이는 불과 2주만에 그 자전거를 탈 수 있었다.

샌들린의 어린 아들은 불과 2주만에 '거꾸로 뇌 자전거'를 탈 수 있게 되었다
출처 https://youtu.be/MFzDaBzBIL0

'거꾸로 뇌 자전거' 이야기는 뇌의 가소성이 어린 시기에는 매우 높지만 나이를 먹으면서 점점 감소한다는 사실을 말해 준다. 나아가 한 번 형성된 뇌의 신경회로를 바꾸어 그 경로를 재형성하는 것이 얼마나 힘든 일인지 말해 준다. 운동 기술을 배운다거나 폼(form)을 배우는 것은 뇌 자체의 신경회로뿐만 아니라 뇌와 운동신경이 최적 경로를 형성하여 마침내 근육의 효율적인 사용 방법을 익히는 과정이라고 할 수 있다.

수많은 시도와 실패의 반복이 성공을 만든다

우리는 태어나면서부터 무수히 많은 운동을 '학습'한다. 제일 먼저 목을 가눌 수 있게 되면 다음으로는 몸을 뒤집고 기는 동작을 연습한다. 그리고 무언가를 짚고 일어서고, 마침내 아장아장 서툰 걸음을 걷는다. 무수히 넘어지기를 반복하면서 마침내 뛸 수 있게 된다. 그리고 그 동작은 점차 섬세해진다.

> 66
>
> 콩알을 엄지와 검지를 사용해 집는 동작은 저절로 이루어지는 것처럼 보이지만 사실은 무수히 많은 시행착오를 통해서 얻어지는 학습의 결과이다. 우리는 전혀 기억하지 못하지만 수많은 시도와 실패를 거듭한 끝에 마침내 성공하게 된 경험을 가지고 있다. 그러므로 마땅히 칭찬받을 존재이다. 콩알을 두 손가락으로 집을 수 있다면 말이다.
>
> 99

운동을 처음 배울 때도 마찬가지이다. 운동을 처음 배울 때 겪는 어려움은 당연하다. 그러므로 포기하지 말아야 한다. 새로운 뇌와 운동신경의 경로를 형성하는 것이 쉬울 리가 없다. 새로운 신경세포의 탄생과 성장을 돕는 신경 성장인자들도 그 어려움을 겪는 과정에서 활발하게 생산되기 시작한다.

그러므로 늦었다고 깨닫는 그 시점이 운동을 배우는 가장 좋은 시기이다. 세월이 갈수록 뇌의 가소성은 감소하기 때문이다. 꼭 기억할 점은 배울 때 제대로 배워야 한다는 것이다. 잘못 배워서 잘못된 신경회로가 형성된 다음에 이것을 뜯어고치려면 몇 배의 노력이 요구된다.

우울한 뇌에게 보내는 유쾌한 메시지

아주 먼 미래, 인류의 모습은 어떻게 변해 있을까? 아마도 키가 작고 팔다리는 가늘며, 머리는 매우 큰 기형적 모습을 떠올리기 쉽다. 우리 머리 속에 부지불식간에 자리 잡게 된 외계에서 온 우주인과 비슷한 모습이다. 그동안 애니메이션이나 영화에서 줄곧 그러한 모습으로 묘사되어 왔기 때문이다.

미래 인간에 대해 이러한 이미지를 떠올리는 이유는 지적인 부분은 고도로 발달한 대신, 몸은 쇠퇴할 것이라고 가정하기 때문이다. 미래 사회에는 로봇이 인간의 일을 대신하게 됨으로써 신체활동은 줄어들고 머리만 많이 쓰게 될 것으로 예상한다. 그래서 과거 애니메이션에 등장하는 지구를 방문한 외계인을 왜소한 몸과 커다란 머리를 가진 고도로 발달한 문명인으로 묘사한 것이다.

과연 미래의 인간은 머리가 커지고, 몸 전체의 크기는 작아진 모습일까? 그러나 뇌신경과학자들의 견해는 그 반대이다. 구석기시대 네안데르탈인의 뇌는 지금 현대인과 크기가 거의 비슷하다고 한다. 뇌신경과학자들은 뇌의 크기와 발달을 촉진하는 가장 큰 자극은 몸을 움직이는 것이라고 말한다.

정교한 몸의 움직임에 의해 뇌는 발달한다

인류의 긴 역사에 비추어 인간의 생활이 현재와 같은 모습이 된 것은 순식간이라고 할 수 있다. 너나 할 것 없이 컴퓨터 모니터나 스마트폰과 같은 요상한 물건을 몇 시간이고 들여다 보고 있는 지금 우리의 모습을 불과 수백 년 전의 우리 조상은 상상이나 했을까? 만일 인간의 모든 일을 인공지능(AI) 로봇에게 맡기고 움직이는 것을 멈추게 된다면 어떻게 될까?

그러면 우리 몸은 작아지는 것이 아니라 점점 커지게 될 것이다. 먹을 거리가 미래에도 현 수준으로 유지된다는 가정 하에서 점점 불어나는 체지방과 더불어 늘어난 체중을 지탱하기 위해 뼈대와 관련 조직은 더 커질 것이다.

더욱 분명하게 예측할 수 있는 것은 뇌의 크기는 오히려 점점 작아질 것이라는 점이다. 신경학자 다니엘 월퍼트(Daniel Wolpert)는 뇌가 존재하는 일차적인 이유는 '움직이기 위한 것'이라고 하였다. 즉 보다 복잡하고 정교한 움직임을 만들어 내기 위해 뇌는 점점 키져 온 것이다.

신체가 움직일 때에는 시각이나 촉각뿐만 아니라 피부나 근육·관절을 포함하여 온몸에 퍼져 있는 감각기로부터 무수히 많은 감각신호가 척수를 통해 뇌로 보고된다. 우리의 뇌는 전달된 감각신호를 수동적으로 받아 들이는 것이 아니라 '인지(認知)'한다.

≫ 인간의 뇌는 콘트롤 센터

스포츠 경기의 한 장면인 손흥민 선수가 상대편 골문 앞에서 패스된 볼을 받는 순간을 상상해 보자. 이때 패스되는 볼의 속도와 방향·높이에 대한 정보, 그리고 상대 수비수의 위치, 같은 편 공격수의 위치 등에 대한 시공간 감각정보들이 그의 뇌에 보고된다. 뿐만 아니라 자신의 관절과 팔다리의 위치, 몸의 중심, 근육이 움직이는 상태에 대한 정보(고유수용성 정보라고 한다)들이 신체 내부에서 동시적으로 보고된다.

손흥민 선수의 뇌는 순간적으로 입력되는 그 엄청난 양의 감각정보를 통합하고 분석하여, 그것을 바탕으로 몸을 어떻게 사용할지 판단을 내린다. 이 판단에 의해 뇌는 여러 근육이 움직이도록 명령을 하달한다. 즉 내게 패스되는 볼을 헤딩할 것인지, 발로 처리할 것인지, 직접 슛할 것인지, 더 좋은 위치에 있는 공격수에게 패스할 것인지, 아니면 일단 볼을 트래핑하여 수비수를 돌파할 것인지 등을 판단하게 된다.

이러한 과정은 모두 뇌라고 하는 거대하고 정교한 신경망의 상호 교류에 의해서 이루어진다. 그리고 이 전 과정은 0.5초 내에 이루어진다.

그러므로 몸을 움직이는 것은 바로 뇌를 움직이는 것이다. 만일 축구나 탁구와 같은 운동을 하고 있다면 보다 정교하게 뇌를 움직이고 있는 셈이다.

뇌는 책상에 앉아서 공부만 해서는 발달하지 않는다

이제는 책상에 앉아 수학 문제를 풀거나 영어 단어를 암기하는 것만이 '학습'이라는 고정 관념에서 벗어나야 한다. 시시각각 나의 뇌에 전달되는 무수히 많은 감각정보를 순식간에 통합하고, 판단하고, 신체를 움직이도록 명령하는 과정이야말로 뇌를 최적의 상태로 발달시키는 또 하나의 학습이다.

> "
>
> 스포츠 활동에 참여한다는 것은 다양한 감각정보를 처리하고 실행하는 무수히 많은 연습 기회를 갖게 된다는 것을 의미한다. 즉 뇌의 놀라운 정보처리 능력이 발휘되는 곳은 바로 운동장이다.
>
> "

필자의 대학 시절에는 운동 중 뇌로 가는 혈액량에는 변화가 없다고 배웠다. 그리고 태어나면서 한번 생성된 뇌세포의 수효는 변화가 없으며, 나이를 먹어감에 따라 서서히 감소하는 것으로 알고 있었다.

그러나 이제는 운동을 하면 뇌로 가는 혈류량이 증가한다는 사실이 밝혀졌다. 그리고 장기적으로는 뇌혈관도 새롭게 생성된다는 사실을 알게 되었다. 또 태어난지 얼마 안 되는 어린 뇌세포를 확인할 수 있는 방법이 개발되면서 운동이 뇌세포의 생성을 촉진하고, 뇌의 신경 네트워크를 더욱 조밀하게 형성시킨다는 사실도 알게 되었다.

또 운동을 할 때는 세로토닌·도파민 등 뇌신경전달물질의 분비가 균형을 이루게 되므로 긍정적인 기분의 변화가 일어나게 된다. 다시 말해서 운동은 매우 효과적인 항우울제라고 할 수 있다.

공부나 업무를 시작하기 전에 뇌에게 유쾌한 메시지를 보내자. 그 방법은 컴퓨터 전원을 켜거나 책을 펴기 전에 먼저 나의 팔다리와 몸통의 근육을 움직이는 것이다.

 # '기분 좋은 피로'의 의미

> "
>
> 사람에게는 쉼이 필요하다. 하지만 철학적 의미에서 우리에게 진정한 쉼이란 존재하지
> 않는 것 같다. 인간은 온갖 욕심과 근심으로부터 자유로울 수 없는 존재이기 때문이다.
>
> "

우리 사회를 '피로사회' 또는 '소진사회'(모든 것을 하얗게 불사르고 끝장을 보는 사회)라고 한다. 저마다 입버릇처럼 '쉬고 싶다'고 하면서도 정작 쉼이 없는 생활을 이어나간다.

여기 두 사람의 이야기가 있다. 이 과장은 직장에서 정신없는 하루를 보내고 거의 녹초가 되어서 집에 온다. 직장에서 보내는 시간은 심적으로나 육체적으로 자신의 에너지를 완전히 소모시키는 느낌이다. 저녁을 먹고 집에 와서 TV를 보거나 컴퓨터 게임을 하다가 잠이 든다. 내일만 잘 넘기면 주말이라는 것이 그나마 위안이 된다. 주말에 친구들과 가볍게 술 한 잔을 곁들인 저녁 모임을 하는 것이 지루한 일상에서 그나마 기대되는 이벤트이다.

김 대리 역시 직장에서 업무를 마친 후에는 심신이 매우 피로한 상태이다. 오

늘따라 업무에 시달려서 더욱 피곤한 느낌이다. 그렇지만 그대로 집에 들어가서 쓰러지면 안 된다는 것을 잘 알고 있다. 가라앉는 몸을 억지로 일으켜 집에서 가까운 수영장에 간다. 수영을 마치고 샤워를 하면 온몸으로 찾아오는 피로감이 느껴진다. 그렇지만 이 피로는 '기분 좋은 피로'이다. 김 대리는 내일모레 주말을 맞이해서 모처럼 친구들과 인근에 있는 산에 가기로 했다.

이 두 사람은 직장에서 얻은 피로에 대처하는 방법을 나름대로 갖고 있다. 과연 어떤 쉼이 보다 이로울까?

내가 쉬는 게 쉬는 게 아니야

때로는 나를 촘촘히 옭아매고 있는 삶의 그물망을 잠시 잊게 해 주고 쉼을 주는 것들이 있다. 그것은 여행, 음악 듣기, 숲속 길 걷기, 찻집에서 커피 한 잔을 곁들인 마음이 맞는 사람과의 대화 등이다. 이러한 것들은 일정한 시간의 한계 내에서만 '쉼'의 의미를 갖는다. 너무 오랜 시간 동안 머무른다면 그것은 진정한 쉼이 되지 못하고, 결국은 더 큰 삶의 짐이 된다는 것을 우리는 잘 알고 있다.

그러한 한계 내에서라도 쉼의 목록을 갖고 있는 것이 중요하다. 쉼이란 단순히 직업이나 일에서 벗어난 상태만을 의미하지 않으며, 참다운 쉼은 삶에 리듬과 생기를 불어 넣고 고갈된 내적 에너지를 회복시킨다.

고든 맥도널드(Gordon MacDonald)는 "하나님은 일과 쉼의 리듬을 자신의 창조 세계에 심어 놓으셨기 때문에 그 리듬이 깨지면 내면 세계의 질서가 무너진다."라고 하였다. 결국 일과 쉼의 균형, 소위 워라밸(work and life balance)이 우리의 정신 세계에 큰 영향을 미치게 된다.

이러한 쉼을 잘못 이해하면 그 균형은 깨지고 만다. 많은 사람들이 일과 쉼을 대립적 관계로만 이해하고 '스트레스 해소'라는 깃발 아래에 모여 언뜻 다르게 보이지만 결국은 똑같은 일상을 내달린다. 잠들지 않는 휘황찬란한 밤의 문화에서 휴식을 찾으려고 하면 피로는 해소되지 않고 악순환에 빠지게 된다.

우리가 쉬어야 할 필요를 느낄 때는 몸과 마음이 지칠 때이다. 그런데 지친 심신을 이 과장처럼 무조건 안락과 나태의 손에 맡기면 더 무겁게 짓누르는 피로의 포로가 되고 삶은 피폐해지기 마련이다.

기분 좋은 피로는 성장을 의미한다

김 대리와 같이 '기분 좋은 피로'의 의미를 깨닫는다면 좋겠다. 예를 들어 좋은 이들과 어울려 운동을 하고 땀을 흘린 후 샤워를 하면서 느끼는 피로를 연상해 보자. 이는 '쉼'을 앞두고 '쉼'을 기대하는 가운데 느끼는 피로이다. 그리고 그것은 육체가 피로라는 현상을 통해 우리 마음에 주는 희소식이다. 이러한 종류의 피로는 더 큰 에너지로 충전될 것이라는 회복의 메시지를 우리 마음에 전달한다.

이 기분 좋은 피로를 생리적으로 설명하는 것은 어렵지 않다. 우리의 몸과 마음은 긴밀하게 연결되어 있어서, 몸이 고갈된 에너지를 재충전하고 미세하게 균열된 조직을 보수·회복하는 가운데 마음은 '기분 좋은 피로'를 맛본다. 그런데 운동으로부터의 회복은 단순한 원상 복구를 의미하지 않는다. 원상으로의 회복을 넘어서서 '성장'을 의미한다.

≫ 운동, 그 천지개벽의 경험

운동을 시작하면서 인체는 천지개벽과 같은 변화를 경험한다. 쉽게 확인되는 변화는 심장이 더 빨리 펌핑하고, 기관지가 확장되고, 횡격막은 더 강하고 빠르게 수축하며,

근육혈관과 피부혈관이 확장되고, 땀샘이 열리고, 뇌혈류량이 증가한다. 그러나 현미경 수준에서 발견되는 세포 단위는 더욱 극적으로 변화한다.

이러한 변화는 신경과 호르몬이 주도한다. 거의 모든 신경과 호르몬이 이 천지개벽에 관여한다. 인체의 여러 계통 중에서도 신경계통과 내분비(호르몬)계통은 면역 시스템과 가장 긴밀하게 연결되어 있다.

중추신경과 말초신경, 운동신경, 감각신경, 자율신경,… 아드레날린, 코티졸, 부신피질자극호르몬, 항이뇨호르몬, 성장호르몬…, 그리고 엔도르핀. 이 변화의 궁극적인 목적은 '성장'이다.

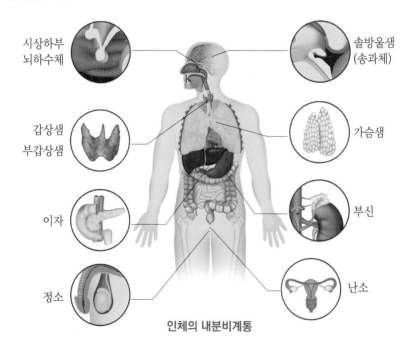

시상하부
뇌하수체

솔방울샘
(송과체)

갑상샘
부갑상샘

가슴샘

이자

부신

정소

난소

인체의 내분비계통

그리고 본격적인 성장은 운동이 끝난 뒤 '쉼'에 들어가면서 이루어진다. 운동이 끝나고 쉼을 기대하는 그 시점에서 '기분 좋은 피로'가 찾아온다. 이때 뇌하수체에서 흘러나오는 '엔도르핀'이라는 친숙한 이름을 기억해 낼 수 있다.

다리로 공부하고, 머리로 운동하라

박지성 선수의 가장 큰 장점은 폭넓은 활동량과 높은 축구 지능이다. 축구 지능은 높은 전술 이해도를 바탕으로 선수 간의 유기적 움직임과 공간 창출을 위한 역할 수행 능력, 그리고 순간적인 정보 처리 능력을 의미한다.

골대 근처에서 패스받는 순간을 생각해 보자. 그때 선수의 뇌에는 볼의 높이와

방향, 스피드 등에 대한 시각 정보가 보내진다. 또 팀 동료와 상대 수비수의 위치, 동료의 외침 등 주변 상황에 대한 정보뿐만 아니라 자신의 신체 내부로부터도 몸의 중심 이동이나 관절 축의 변화 등에 대한 정보가 뇌에 보내진다.

뇌는 정보들을 통합하고 분석하여 적절한 움직임을 결정한다. 즉 숫할 것인지, 다시 패스할 것인지, 아니면 일단 볼을 잡고 드리블로 돌파를 시도할 것인지를 결정하게 된다. 뇌는 그 결정에 따라

신경경로를 통해 해당 근육에 명령을 하달한다.

'머리로 운동하라'는 말의 의미

처음 정보를 받아들여 움직임을 수행하기까지의 복잡한 과정은 매우 짧은 시간에 이루어진다. 그중 뇌에서 정보를 통합·분석하여 판단을 내리는 과정이 가장 중요하다. 이처럼 수많은 정보들을 동시에 받아들여 순식간에 처리하는 뇌의 능력은 경이롭다. 이 정보 처리 능력은 대부분의 스포츠 종목에서 순발력과 같은 체력 요인 못지 않게 훌륭한 선수가 되기 위한 중요 요건이다. '머리로 운동하라'는 이러한 의미에서 이해될 수 있다.

> 66
>
> 이렇게 스포츠 활동 중 시시각각으로 처리되는 정보들은 책 등에서 암기하거나 이해되기를 가만히 기다려 주는 일반적 정보와는 그 성격이 완전히 다르다. 이 정보들은 역동적 정보(dynamic information)이다. 스포츠 활동은 우리의 뇌로 하여금 이러한 역동적 정보들을 처리하는 무수히 많은 연습 기회를 갖게 해 준다.
>
> 99

그런데 역동적 정보의 처리 경험들은 통념상 '머리가 좋다'거나 '암기력이나 이해력이 높다'는 말과 관련이 있을까? 최근에 밝혀진 과학적 발견들은 이 둘의 관계가 매우 밀접하다는 것을 말해 준다.

운동은 뇌세포를 새롭게 생성시키는 자극제이다

필자는 대학 시절 운동을 할 때 뇌 혈류량은 변화가 없는 것으로 배웠다. 심지

어 운동을 하면 뇌 혈류가 감소하여 머리가 나빠진다는 편견도 있었다.

그러나 90년대 들어서면서 운동을 할 때 뇌 혈류가 최대 30% 가까이 증가한다는 사실이 밝혀졌다. 이는 감각과 정보처리, 균형과 협응동작을 담당하는 뇌 영역의 활동 수준 증가에 부응하는 현상이다. 또 새롭게 밝혀진 사실은 운동을 하면 뇌에서 뇌유래신경성장인자(BDNF)와 같은 신경성장인자의 생성이 촉진된다는 점이다.

십수 년 전까지만 해도 뇌세포는 새롭게 생성되지 않고 20세 이후 노화가 진행됨에 따라 매일 수만 개씩 죽기만 하는 것으로 알고 있었다. 그러나 새롭게 개발된 세포 염색법에 의해 일생에 걸쳐 뇌세포도 생성될 수 있음이 밝혀졌다. 특히 운동은 기억을 담당하는 뇌의 해마 부위에서 신경세포 생성을 촉진하는 것이 확인되었다.

반면에 스트레스, 알코올, 당뇨, 뇌혈관경색 등은 뇌세포의 사멸을 촉진한다. 운동은 이들 질병들에 예방적으로 작용하기 때문에 이차적으로도 뇌세포 죽음을 억제한다. 이는 정기적인 걷기운동을 하는 노인들의 치매 발병률이 왜 낮은지를 설명해 준다.

'다리로 공부하라'는 말의 의미

머리만이 아니라 다리로 공부해야 하는 이유는 다음과 같다.

학교의 체육시간은 뇌에서 역동적 정보를 처리하는 시간이며, 평생 '다리로 공부하는 법'을 익히는 소중한 시간이기도 하다. 초·중·고생의 체력 수준이 십

수 년째 지속적으로 떨어지고 있다. 특히 중·고생의 절반이 최하 등급인 4,5 등급의 체력 수준을 갖고 있는 것으로 알려지고 있다. 먹고, 자고, 통학하고, 공부하는 시간을 제외하면 남는 시간이 하루 평균 2시간 16분인 상황에서 창의력이 개발될리 만무하다.

세계보건기구(WHO)에서는 2016년 146개 국의 11~17세 청소년을 대상으로 신체 활동량을 조사한 결과를 발표하였다. 그런데 한국 청소년의 무려 94%가 운동이 미흡한 것으로 조사되었다. 특히 한국 여학생들은 97.2%가 운동이 미흡하여, 조사 대상이었던 146개 국가 중에서 꼴찌를 차지하였다. 이는 학교의 체육교육 부재가 초래한 재앙적 현상이다. 이것은 단순한 비만이나 체력 저하에 그치지 않고 게임 중독, 과도한 이기주의, 질서 무시, 심리적 불안과 폭력, 사회적 공감능력 부족 등과 관련되어 있다.

아직도 학교에서 체육수업을 하면 '공부할 시간을 빼앗긴다'고 생각하는 일부학부모와 교육 담당자들께 바란다. '공부는 머리로만 한다'는 고정관념에서 속히 벗어나기를.

운동 피로에 대한 오해, 젖산 이야기

"엊그제 역사 탐방 가서 많이 걸었는데요, 다리가 뻐근하고 피곤한 걸 보니 젖산이 많이 쌓였나 봐요."

거의 매일 피트니스센터에서 꾸준히 운동하는 모범생 김 대리의 말이다. 이 말에 경력 10년차인 트레이너 성호 씨는 속으로 실소를 금치 못하였다.

피로와 젖산의 관계를 알고 있다니…. 이제 웬만한 사람은 젖산에 대해 알고 있다는 사실을 다시금 깨닫는 순간이다. 예전에 비해 꽤나 운동 관련 상식이 많이 퍼져 있고, 또 그만큼 운동에 대한 관심도 높아지고 있음을 실감하게 된다.

그런데 트레이너 성호 씨가 속으로 실소한 이유는 따로 있었다. 김 대리도 역시 젖산에 대해 오해하고 있었기 때문이다. 즉 지금 다리를 뻐근하게 하고 피로하게 한 범인으로 젖산을 지목하였는데, 젖산 입장에서는 매우 억울한 일이 아닐 수 없다. 젖산이 운동 중 생성되는 피로 물질인 것은 맞지만, 김 대리의 다리를 뻐근하고 피곤하게 한 범인은 절대 아니기 때문이다.

이렇게 운동과 관련된 상식 중에는 사실과 다른 것이 제법 많은데, 그중에서도 젖산은 대표적으로 오해를 받고 있는 물질이다.

젖산은 죄가 없다

김 대리가 "다리가 뻐근하고 피곤한 걸 보니 젖산이 많이 쌓였나 봐요."라고 말한 내용 중에서 잘못된 점은 두 가지이다.

첫째, 젖산은 많이 걷는다고 생성되지 않는다. 왜냐하면 젖산은 근육 내에서 무산소 과정에 의해서 생성되는 대사 산물인데, 매우 높은 강도로 운동을 해야만 생성되기 때문이다. 예를 들어 상당히 빠른 속도로 달리거나 걷더라도 경보 경기처럼 최대의 속도로 걷지 않는다면 근육은 젖산을 만들어 내지 않는다.

둘째, 젖산은 운동이 끝나고 한참 지난 후 뻐근하고 피곤한 증세와는 관련이 없다. 높은 강도로 운동을 하면 젖산이 근육 내에 쌓여 그 근육의 피로를 유발시키는 것은 사실이다. 그러나 근육에서 생성된 젖산은 약 2~3분의 시차를 두고 혈액 중으로 바로 빠져 나온다. 이렇게 젖산이 근육에서 혈액으로 빠져 나옴에 따라서 혈액 중의 젖산농도가 높아진다. 이로 인해 혈액의 산성화가 진행되면서 전신 피로를 느끼게 되는 것이다.

이렇게 젖산으로 인한 산성화된 혈액을 중화시키는 과정에서 다량의 이산화탄소가 추가적으로 발생한다. 우리가 어느 강도 이상으로 운동을 할 때 더

욱 숨이 가빠지게 되는 이유는 이 추가적으로 발생한 이산화탄소를 몸 밖으로 배출시키기 위해서이다. 운동 중 생성된 젖산의 80%는 심장근육이나 운동에 동원되지 않은 다른 근육에 의해 완전히 연소되고, 나머지 20%는 간으로 보내져서 혈당을 만드는 데 쓰인다. 이 과정을 거치면서 운동 중에 만들어진 젖산은 운동 후 몇 시간이면 완전히 제거된다. 그러므로 어제 한 운동 때문에 오늘까지 젖산이 남아서 근육을 아프게 하지는 못한다.

운동 후 발생하는 통증의 진짜 원인은 운동 중 근육섬유(근세포)의 미세구조에 발생한 미세한 균열을 복구하는 과정에서 혈관 확장과 염증 반응을 일으키는 브레디키닌, 히스타민과 같은 통증 유발 물질이 분비되기 때문이다.

젖산내성이 강한 자가 진정으로 강한 자다

젖산에 대해 좀 더 알아보자. 젖산은 안정 상태에서도 혈액 중에 $1mM$(혈액 100ml 중 0.09g) 정도 존재한다. 안정 상태에서의 젖산은 혈액 중의 적혈구라는 세포가 만들어 낸다. 적혈구는 여러 조직 세포로 산소를 운반하는 역할을 하므로 그 자신은 산소를 쓰지 않는다. 즉 적혈구는 산소없이 에너지를 만들어 낸다. 이렇게 적혈구가 무산소적으로 에너지를 만들어 내기 때문에 안정상태에서도 혈액 중에는 젖산이 소량 존재한다.

요즘은 손가락에서 채취한 한 방울의 피로도 쉽게 혈액 중 혈당과 젖산농도를 측정할 수 있다. 그래서 운동을 하는 동안 혈액 중 젖산의 변화를 쉽게 알 수 있다. 이 젖산이 급격하게 축적되기 시작하는 시점의 운동강도는 체력 수준과 매우 밀접하게 관련되어 있다. 운동강도를 점진적으로 높여가는 운동을 할 때, 일반적으로 최대운동능력(최대산소섭취량)의 60% 수준에서 젖산은 급격하게 증가하기 시작한다.

그러나 체력 수준이 높은 엘리트 선수는 75% 이상의 수준에서 젖산이 급격히 축적되는 시점이 나타나는데, 이것을 '젖산역치' 또는 '무산소성 역치'라고 한다. 무산소성 역치가 높다는 것은 그만큼 피로를 적게 느끼며 운동을 수행할 수 있는 능력을 나타낸다.

≫ 젖산을 위한 변명

젖산이 체내에서 피로를 유발한다고 해서 미워할 필요는 없다. 젖산은 섭취하면 장(腸)의 건강에 기여하는 기특한 식품이다.

젖산 식품의 대표적인 것으로 요구르트가 있다. 요구르트는 우유에 젖산균이라는 혐기성 균을 넣어서 우유에 들어 있는 당을 젖산으로 발효시켜 만든 식품이다. 이 젖산은 장을 산성화시켜 부패 세균의 번식을 억제하여 장의 건강에 도움을 준다.

운동을 할 때 근육 내에서 생성되는 젖산도 마찬가지이다. 강도 높은 운동을 하면 일시적으로 근 피로와 전신 피로를 유발하지만, 이러한 피로야말로 우리를 건강하게 해 준다. 즉 젖산을 생성시키는 운동을 자주 할수록 우리 몸은 피로에 대해 내성을 갖게 되는데, 이것을 '젖산내성'이라고 한다. 이것은 1~2분 또는 그 이상 지속되는 모든 운동경기에서 승부를 좌우하는 결정적인 요소가 된다. 특히 레슬링이나 태권도, 이종격투기, 육상 800m나 1500m 트랙경기, 경영 200m나 400m, 스피드스케이팅 1,500m 또는 3,000m 등의 종목들은 이 젖산내성이 승부에 결정적으로 작용한다.

이러한 젖산내성이 높을수록 높은 스피드를 더 오래 지속할 수 있는 소위 '스피드의 지구력'을 갖게 되고, 피로 상태에서도 더욱 효율적인 에너지 생성 능력을 소유하게 된다.

유산소운동과 무산소운동, 제대로 알고 이야기하자

약간 살찐 편인 30대 직장 여성 기숙 씨는 최근 건강검진에서 '당뇨병전단계'로 진단을 받았다. 그래서 의사의 권유로 한 달 전부터 피트니스센터에 다니는 중이다. 처음에 모든 운동기구의 사용법에 대한 설명은 들었지만, 지금은 러닝머신이나 자전거 위에서 대부분의 시간을 보내고 있다.

이 모습을 본 트레이너 성호 씨가 물어 보았다.

"회원님, 근력운동은 안 하세요?"

이 말에 기숙 씨는 다음과 같이 대답한다.

"저한테는 웨이트를 드는 무산소운동보다는 유산소운동이 더 좋다고 해서요."

사실 기숙 씨는 얼마 전 TV의 한 건강 관련 프로그램에서 다음과 같은 이야기를 들었다. "당뇨병과 같은 질환에는 걷기, 달리기, 수영, 자전거타기와 같은 '유산소운동'이 좋습니다."

기숙 씨의 말에는 유산소운동에 대한 오해가 있다. 운동 용어 중에서 이처럼 잘못된 개념으로 오·남용되고 있는 말도 드물다. 항간에서 오랫동안 널리 사용되다

보니 잘못된 말인지 모르고 아주 자연스럽게 사용한다. 물론 기숙 씨가 알고 있는 걷기, 달리기, 수영, 자전거타기가 당뇨병에 좋다는 말은 거짓이 아니다.

기숙 씨 말에서 잘못된 것은 걷기, 달리기, 수영, 자전거타기는 무조건 유산소운동이라는 개념이다. 즉 항간에 널리 퍼진 오해는 달리기나 수영, 자전거타기 등은 유산소운동이고, 웨이트를 이용한 저항운동은 무산소운동이라는 개념이다.

유산소운동과 무산소운동은 운동종목으로는 구분되지 않는다

유산소운동과 무산소운동을 나누는 기준은 운동종목이 아니다. 유·무산소운동을 구분할 수 있는 요소는 운동강도이다. 즉 어떤 종목의 운동을 얼마나 힘들게 하느냐에 따라서 유산소운동이 되기도 하고, 무산소운동이 되기도 한다. 또 똑같은 운동을 하더라도 그 운동을 하는 사람의 체력 수준에 따라서 그 운동이 그 사람에게 유산소적 운동이 되기도 하고, 무산소적 운동이 될 수도 있다.

≫ 유산소운동, 무산소운동 그때그때 달라요

달리기를 예를 들어 보자. 만일 기숙 씨가 시속 5km의 속도로 가볍게 조깅하는 정도의 속도로 뛰고 있다면 이 운동은 기숙 씨의 입장에서 유산소운동이다. 그런데 속도를 올려서 시속 8km의 속도로 달리기 시작한다면 이 운동은 기숙 씨에게 무산소운동이 된다.

한편, 기숙 씨 옆에는 유림 씨가 뛰고 있다. 유림 씨는 년 중에 몇 차례 마라톤대회에 출전하는 마라톤동호회의 회원이다. 유림 씨도 기숙 씨와 마찬가지로 8km의 속도로 뛰고 있다고 하자. 이 속도에서의 운동은 유림 씨에게 무산소운동이 아니라 유산소운동이 된다. 이처럼 같은 속도나 강도로 운동을 해도 어떤 사람에게는 그 운동이 유산소운동이 되고, 어떤 사람에게는 무산소운동이 된다.

그러므로 운동종목이나 운동 형태에 따라서 유산소운동이냐, 무산소운동이냐로 구분하는 것은 옳지 않다. 즉 유·무산소운동 여부를 결정짓는 것은 운동종목이 아니라 그 운동을 얼마만큼의 강도로 행하고 있는지, 그리고 그 운동을 행하고 있는 사람의 체력 수준이다.

'심폐기능운동' 그리고 '저항운동'이 정확한 표현이다

또 앞서 기숙 씨의 말에서 '웨이트를 드는 무산소운동'이라는 표현도 잘못된 것이다. 웨이트를 드는 운동도 가벼운 중량을 사용해서 횟수를 늘리는 근지구력 형태의 운동은 유산소적 요소가 더 많이 포함되는 운동이다.

그러므로 걷기나 달리기는 유산소운동이고, 웨이트 운동은 무산소운동이라는 잘못된 개념에서 벗어나야 한다. 운동 현장에 너무 많은 혼선을 초래하기 때문이다. 그러한 표현보다는 달리기나 수영과 같은 '심폐기능운동', 그리고 중량을 드는 '저항운동'이나 '근력운동'이라는 용어가 보다 정확한 표현이다.

다시 정리하면 유산소운동이란 중량을 드는 운동의 반대적 개념이 아니라 '심폐순환계에 자극을 주는 비교적 낮은 강도의 운동'을 지칭하는 것으로 이해하여야 한다. 또 무산소운동은 '심폐순환계에 자극을 주는 높은 강도의 전신적 운동'을 지칭할 때 사용해야 한다.

예를 들어 덤벨 들기나 레그 익스텐션처럼 일부 근육에 국부적인 자극을 주는 운동을 무산소운동이라고 해서는 안 된다. 또 높은 강도의 전신적인 운동이

라고 하더라도 스쿼트나 데드리프트처럼 근육과 근력의 발달을 주된 목적으로
하는 운동은 무산소운동이라고 하기보다는 '저항운동' 또는 '근력운동'이라고
표현해야 맞다.

≫ 유산소운동을 유산소운동이라 부르는 이유

원래 유산소운동이란 운동하는 근육이 전적으로 산소만을 사용해서 운동에 필요한 에
너지를 충당하는 형태의 운동을 뜻한다. 이렇게 산소를 이용해서 만들어 내는 에너지
는 근육세포 내에 있는 미토콘드리아라고 하는 소기관에서만 만들어진다.

그런데 운동을 점점 더 강도 높게 하면, 유산소 과정만을 통해서 필요한 에너지를 모두
충당할 수 없게 된다. 그래서 운동의 강도를 높여 나감에 따라 산소도 더 많이 사용하
게 되지만, 산소를 이용하지 않고 무산소적인 과정을 통해서 에너지를 충당하는 비율
이 높아지게 된다. 예를 들어 400m 트랙을 조깅하듯이 천천히 뛴다고 하자. 이때는 전
적으로 모든 에너지를 유산소적으로 만들어 낸다. 이러한 운동은 유산소운동이다.

그러나 400m 경주를 할 때처럼 최대의 힘을 발휘해서 그 구간을 달린다면 필요한 에
너지의 60~80% 정도를 무산소적으로 공급받고, 나머지 20~40%의 에너지만을 유
산소적으로 공급받는다. 이러한 운동은 무산소운동이다.

앞서 기숙 씨의 이야기로 돌아가서 당뇨병을 개선하거나 살을 빼기 위해서는
달리기나 자전거타기와 같은 심폐지구성 운동이 매우 필요하다. 이러한 운동을
통해서는 심장과 혈관 기능의 개선, 에너지 소비량의 증대와 지질의 연소, 인슐
린 저항성의 개선 등의 건강상 이점을 얻을 수 있다. 그러나 그와 함께 적절한 저
항운동을 병행하여야 운동효과를 증폭시킬 수 있다.

에너지 가성비를 최고로

일상생활에서 에너지는 너무나 중요하다. 추우면 난방을 하고, 더우면 에어컨을 틀고, 차의 기름을 연소시켜 얻는 에너지를 이용해서 어디론가 이동한다. 뿐만 아니라 살아가면서 접하는 모든 문명의 이기(利器)는 결국 에너지가 그 바탕이 된다. 그래서 에너지원을 지속적으로 채취하거나 생산하고, 이것을 효율적으로 이용하는 것이 인류의 최우선적인 관심사이다.

마찬가지로 우리 몸도 에너지가 꼭 필요하다. 그리고 그 에너지를 얼마나 효율적으로 사용하는 능력을 갖고 있는지는 결국 건강과 직결된다.

우리는 그 에너지를 매일 먹는 음식으로부터 얻는다. 음식 안에 들어 있는 탄수화물과 지방, 그리

다양한 종류의 에너지원

고 단백질을 분해시켜서 에너지를 얻는다. 우리 몸에서 영양소를 연소시킬 때 나오는 에너지의 대부분은 열 에너지이다. 즉 영양소를 분해시켜 얻는 에너지의 약 75%가 열 에너지라는 것이다.

이 열 에너지 때문에 우리 인간은 체온을 섭씨 약 36.5도로 일정하게 유지할 수 있다. 나머지 25%의 에너지를 가지고 호흡을 하거나, 심장을 뛰게 하거나, 몸을 움직이거나, 사고 활동을 수행한다.

인체의 에너지 조달 방법

운동을 할 때는 심장이 더 빨리 뛰고, 호흡 활동은 더 격렬해지며, 근육은 더욱 빠르고 강하게 수축한다. 그로 인해 우리 몸은 더욱 많은 에너지를 소비하게 된다. 특히 몸을 움직이고 이동시키는 근육이 대부분의 에너지를 소비한다. 최대에 가까운 운동을 하면 우리 몸은 휴식할 때보다 무려 10배, 또는 20배 이상의 에너지를 소비한다.

인체가 에너지를 만들어서 쓰는 방법에는 두 가지가 있다.

첫째는 호흡을 통해서 받아 들이는 산소를 이용해서 에너지를 얻는 방법이다. 우리가 가만히 휴식을 취하거나 걷거나 조깅 정도의 가벼운 운동을 할 때는 이 방법을 사용하는데, 이 방법에 주로 의존해서 행하는 운동을 '유산소운동'이라고 한다.

둘째는 우리가 점점 더 빠른 속도로 달리기 시작한다면 산소를 이용하는 방식만으로는 더 이상 필요한 에너지를 모두 충당할 수 없게 되는데, 이 경우에는 산소가 없는 상태에서도 에너지를 얻는 방법이 사용되어야 한다. 이렇게 산소없이 에너지를 만들어 내는 방법에 많이 의존하는 운동을 '무산소운동'이라고 한다. 이 방법으로 운동을 실시하면 최종적으로 젖산이라는 부산물이 발생한다. 이 젖산은 운동을 할 때 피로를 유발하는 주된 원인이 된다.

≫ 유·무산소운동을 나누는 기준

유 · 무산소운동을 나누는 기준은 무엇일까?

사실 유산소와 무산소운동을 나누는 명확한 기준은 없지만, 하나의 객관적 기준으로 측정 가능한 것이 바로 '무산소성 역치'이다.

운동을 할 때 운동강도를 점점 높여가며 운동한다고 생각해 보자. 러닝머신 위에서 처음에는 시속 3km의 속도로 걷다가 매분마다 시속 1km씩 속도를 높여간다면, 어느 시점에서 인체는 유산소적인 방법만으로는 필요한 모든 에너지를 충당하지 못하게 된다. 즉 운동강도가 높아짐에 따라 인체는 무산소적인 대사를 통해서도 에너지를 만들어 내게 되는데, 그 결과 젖산이라는 물질의 생성량이 증가한다.

이처럼 운동강도를 점차 높여나갈 때 어느 시점에서 젖산이 생성되는 속도가 제거되는 속도를 크게 초과하면서 혈액 중 젖산이 급격하게 증가하는 현상이 나타난다. 이렇게 젖산이 급격하게 증가하는 시점을 '젖산역치' 또는 이를 '무산소성 역치'라고 한다. 이론적으로는 무산소성 역치 이하의 운동을 유산소운동, 그 이상의 운동을 무산소운동이라고 부른다.

이처럼 유·무산소운동을 나누는 기준으로 무산소성 역치가 이용될 수 있지만 실제로 적용하기는 어렵다. 개인의 체력 수준에 따라 그 기준이 달라질 수 있으며, 실험실 세팅에서나 정밀한 측정이 가능하기 때문이다. 그러므로 유산소운동이나 무산소운동이라는 용어는 심폐순환계 전신운동으로 일반적으로 중간강도 이하와 그 이상의 운동을 구분하는 개념으로 사용해야 한다.

한 가지 오해하지 말아야 할 것은 점증적으로 운동강도를 높여나갈 때 무산소성 역치를 넘어서 탈진 상태에 이르는 최대 운동 시점까지 산소섭취량은 지속적으로 증가한다는 점이다. 그래서 최대로 운동을 할 때는 산소섭취량도 최대에 이르게 된다.

무산소운동이라도 산소를 전혀 쓰지 않는 운동을 의미하는 것은 아니다. 이 경우 무산소운동이란 산소 소비도 매우 높은 수준에서 이루어지면서 동시에 무산소 과정을 통해서 에너지를 얻는 높은 강도의 운동을 의미한다.

물론 처음부터 최대나 최대에 가까운 강도로 짧은 순간 운동하는 경우에 인체는 산소를 쓰지 않는다. 예를 들어 역도선수가 최대 중량을 들어 올리거나 엘리트 육상선수가 100m 단거리를 전력 질주하는 경우이다. 이처럼 몇 초 이내에 최대의 파워를 발휘할 때 인체는 산소를 이용하지 않는데, 이러한 형태의 운동도 무산소운동의 범주에 들어간다. 이때 인체가 사용하는 에너지원은 크레아틴인산이라는 근육 자체에 이미 저장되어 있는 물질이다. 근력 및 파워 훈련에 의해서 크레아틴인산을 근육에 저장하는 능력이 개선되는데, 이는 근신경계 기능의 개선과 함께 순발력을 높이는 데 기여한다.

체력이 좋아질수록 유산소적으로 운동한다

정기적으로 꾸준하게 운동을 하면 에너지를 만들어 쓰는 방법에는 매우 뚜렷한 변화가 나타난다. 즉 체력 수준이 높아지면 똑같은 운동을 하더라도 산소를 이용하는 방법을 통해서 필요한 에너지를 더 많이 충당할 수 있게 된다.

> "
>
> 즉 동일한 운동을 이전보다 유산소적으로 수행할 수 있게 된다. 그 결과 같은 운동을 해도 젖산을 적게 축적하면서 운동을 할 수 있게 된다. 이는 이전보다 피로감이 훨씬 덜 느끼며 운동을 할 수 있다는 것을 의미한다.
>
> "

≫ 공장이 늘어나고 물류가 개선되는 효과

인체가 산소를 이용해서 에너지를 만들어 내는 능력, 즉 유산소적인 능력의 개선은 산소의 수송 및 이용과 관련된 시스템 개선으로 이어진다. 그것은 운동이 발생하는 근육까지 산소를 수송하는 시스템과 산소를 이용하는 시스템의 개선을 포함한다.

첫 번째 산소 수송 시스템의 개선은 심장이라는 펌프 기능의 개선과 근육까지 산소를 수송하는 혈관, 특히 모세혈관이 발달하기 때문에 나타난다.

두 번째 산소 이용 시스템의 개선은 주로 다음과 같은 변화에 의해 이루어진다. 즉 근육세포에 산소를 받아 들이는 미오글로빈이라는 물질이 증가한다. 근육세포 안에는 이 산소를 이용해서 에너지를 생산하는 미토콘드리아라고 하는 에너지 생산 공장이 있는데, 이 공장의 수가 늘어나고 기능이 발달한다.

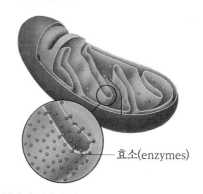

효소(enzymes)

체내의 에너지 생산 공장인 미토콘드리아

한마디로 우리 몸이 에너지를 잘 쓰는 법을 습득하게 되는 것이다. 이러한 능력은 경기장에서만 필요한 것이 아니다. 즉 운동 피로에 내성이 강해지고, 지구력도 크게 개선된다. 이러한 변화는 심장순환계통를 포함한 인체의 전반적 기능이 개선된 결과로 나타나며, 건강과 직결되는 변화라고 할 수 있다.

잃어버린 생활리듬을 되찾으려면

독일에서 일 년 예정의 교환 학생 프로그램으로 한국에 온 다니엘은 두 달도 채 되지 않아서 한국의 독특한 밤 풍경에 완전히 매료되었다. 때로는 한국인 친구와, 때로는 다른 나라에서 온 교환 학생과의 저녁 모임은 항상 그를 들뜨게 만든다.

다니엘처럼 한국을 방문한 외국인들은 밤이 깊도록 맥주집이나 음식점, 카페 등에 삼삼오오 앉아서 이야기하는 한국 도시의 밤 풍경은 매우 색다른 문화로 여긴다. 유럽이나 미국 도시에서는 이러한 모습을 찾아 보기 어렵기 때문이다.

이들이 더 신기하게 느끼는 것은 그렇게 늦은 밤까지 행사를 하고도 아침에 직장에 출근하여 아무일도 없었던 듯이 일을 한다는 점이다. 좋게 말하면 화끈하게 놀고, 열심히 일한다는 것이다.

수면으로 이끄는 멜라토닌이 억제될 때

과연 한국인은 강철 체력을 갖고 있어서 아무런 문제가 없는 것일까? 하지만 문제가 없을 리가 없다. 문제가 없는 것이 아니라 몸이 축나면서도 정신력으로 버티며 생활하는 것이다. 그로 인해 오랫동안 한국인 40대 남자의 사망률이 OECD국가 중에서 가장 높은 수준을 보이고 있다.

우리가 의식하든 의식하지 못하든 우리 몸은 해가 지고, 해가 뜨는 것에 맞추어 변화를 겪는다. 밤과 낮이 바뀌면서 인체의 내분비계는 변화가 나타난다. 가장 큰 변화 중 하나는 뇌의 송과체(솔방울샘)에서 분비되는 멜라토닌의 변화이다. 이 멜라토닌의 분비는 빛에 반응하여 해가 지면서부터 분비되기 시작하여 밤 11시 경에 최대치에 이른다. 멜라토닌 분비량이 증가하면 우리는 자연스럽게 졸음을 느끼게 된다.

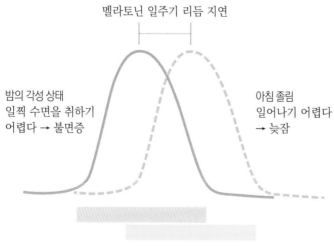

늦게까지 잠을 자지 않을 때 일어나는 변화

이렇게 우리를 수면의 세계로 이끄는 멜라토닌의 작용에 저항하여 뇌가 각성 상태를 유지할수록 뇌는 무언가 혈당을 올려 주는 음식을 떠올린다. 뇌가 계속 각성 상태를 유지하기 위해서 거의 유일한 연료인 혈당을 필요로 하기 때문이다. 그런데 문제는 야식을 먹으면 멜라토닌의 분비량이 현저히 줄어든다고 연구들은 보고하고 있다.

≫ 늦은 밤까지 깨어 있으면 일어나는 일

멜라토닌 분비량이 줄어들면 뇌는 그 전구체인 세로토닌을 어떻게든 더 만들어 내서 대처하려고 한다. 이 세로토닌은 소위 '행복 호르몬'이라고 불리는데, 이것이 만성적으로 부족하면 우울감을 느끼게 된다. 그런데 단맛이 있는 음식은 일시적으로 뇌의 세로토닌 분비를 촉진시키는 효과가 있어서 늦은 밤에 자꾸만 탄수화물을 찾는 악순환이 일어나는 것이다.

늦은 밤까지 잠들지 않을 때 나타나는 또 한 가지 문제는 부신겉질(부신피질)에서 분비되는 코티졸이라는 스트레스 호르몬이다. 이 호르몬은 단백질의 이화작용에 관여하며 각성 상태를 높이는 작용을 한다. 그러므로 밤 늦은 시간에 이 호르몬이 높은 상태가 되면 그만큼 깊은 수면에 방해가 된다. 이는 몸의 회복과 치유가 방해받는다는 것을 뜻한다.

운동은 수면의 질을 높여 준다

그뿐만이 아니다. 이렇게 야식을 먹으면 성장호르몬의 분비도 방해를 받는다. 성장호르몬은 약 3시간 간격으로 뇌하수체에서 분비되는데, 잠들고 나서 처음 한두 시간 동안 가장 많이 분비된다. 우리의 수면은 안구의 움직임이 크게 일어나는 렘(REM) 수면과 논렘(non-REM) 수면으로 구분된다. 이 두 가지 수면은 자는 동안 교대로 일어난다. 처음 잠이 들 때에는 논렘수면이 먼저 시작되는데, 이때 성장호르몬이 가장 많이 분비된다.

> **"**
>
> 성장호르몬은 온몸의 세포에서 단백질 동화작용을 포함하는 광범위한 대사작용을 갖는 호르몬으로, 일과 중 지치고 손상된 세포의 여기저기를 수선하고 회복시키는 역할을 한다. 그러므로 논렘수면은 수면의 질을 결정하는 매우 중요한 국면이라고 볼 수 있다. 이때의 뇌파를 보면 뇌의 휴식을 의미하는 서파가 많이 나타나는 것을 볼 수 있다. 반면에 안구 운동이 활발한 렘수면에서는 베타파와 같은 각성파가 많이 나타난다.
>
> **"**

운동은 이 수면 패턴에 어떤 영향을 미칠까. 연구들은 하루 중 어느 한때에 운동을 하였을 경우 처음 잠들어서 나타나는 논렘수면의 질이 좋아지는 것을 발견하였다. 특히 뇌의 휴식과 회복에 중요한 서파가 더 많이 출현하는 것을 볼 수 있었으며, 성장호르몬의 분비도 증가하는 것으로 밝혀졌다.

무엇보다 이러한 인체 내분비계의 변화는 자율신경계와 매우 밀접하게 연결되어 작용하며, 또한 면역시스템에 영향을 미친다는 점을 기억해야 한다. 그러므로 지나치게 생활리듬이 깨진 상태라면 그것을 정상화시켜야 한다. 이것을 위한 가장 좋은 방법은 적당한 운동을 통해 수면의 질을 높이는 것이다.

드라이브 스루와 생활의 달인

언제부터인가 학교 후문 근처에 드라이브 스루를 갖춘 M사의 패스트푸드점이 생겼다. 세계 어디서나 볼 수 있는 세련된 디자인을 보면서 매번 묘한 생각이 든다. 이 지극히 미국적인 상징 앞에서 친숙함을 느끼면서도 그 존재가 던지는 어두운 그림자를 느끼기 때문이다.

오래전 미국에서 처음 차를 타고 드라이브 스루에 진입해 주문하고 계산하고 음식을 받기까지 채 3~4분도 걸리지 않는 그 속도에 경이로움을 느꼈던 생각이 난다. 그런데 이 속도가 사람에게 의미하는 바를 점차 깨닫게 되면서 이것만큼은 우리나라에 들어오지 않으면 좋겠다는 생각을 했었다.

그러나 바람과는 달리 일단 우리나라에 도입되기 시작하자 한국인 특유의 빨리빨리 문화와 궁합이 맞는데다가 자동차의 보급, 독거 남녀의 증가 추세와 맞아 떨어져서 급격히 확산되고 있다. 젊은층을 중심으로 하는 이러한 식문화의 급격한 변화는 내 눈에는 거의 '재앙'으로 보인다. 미국의 처절한 실패 사례를 알고 있기 때문이다.

오늘의 사태를 예언한 40년 전의 맥거번 보고서

공교롭게도 이미 40여 년 전인 1977년 일명 '맥거번 보고서'라고 하는 미국 상원의 '영양문제특별위원회 보고서'는 자국의 심각한 비만 실태를 보고하면서, 한국에 대해서도 언급한 바 있다. 그 일부를 인용하면 다음과 같다.

> 지금 미국에는 3천만 명 이상의 비만자가 있다. 그리고 그 반은 비만 때문에 수명이 단축될 것이다. … (중략) … 구미 스타일의 잘못된 식생활은 구미 선진국을 질병 선진국으로 만들고 있다. … (중략) … 식품의 산업화는 질병의 대량생산으로 의료의 산업화 시대를 열었다.(p.77)

이어서 다음과 같이 우리나라와 일본에 대해서도 언급하고 있다.

> 이러한 서구의 부정적 경향이 후발 선진국인 일본이나 개발도상국인 한국에도 옮겨와 … (p.103)

맥거번 보고서 이후 정부는 물론 학계 등에서 발령한 수많은 경계령에도 불구하고 이 불길한 예측은 소름이 끼칠 정도로 들어 맞고 말았다. 미국의 거리와 공원 등 어디를 가더라도 심각한 고도 비만자의 모습이 넘쳐나고 있다. 미국의 질

병통제예방센터(CDC)가 1988년부터 해마다 조사한 미국의 비만율은 매년 놀라운 속도로 증가해 2014년에는 34.9%에 달하였고, 비만인은 1억 1,000만 명이 되었다.

이러한 상황에서 얼마전 발표된 'OECD정책보고서'에는 햄버거와 같은 정크푸드에 세금을 부과하라는 제안이 포함되었다.

식품의 산업화가 재앙을 초래하다

이것은 명백히 식품의 산업화가 초래한 재앙임을 부인할 수 없다. 미국인의 점심 식탁을 패스트푸드산업에 완벽하게 내어 준 대가이다. 이제 최소한 중진국 이상의 나라에서 비만은 과거와 같은 부유층의 상징이 아니라 일반 서민 또는 가난한 계층의 상징이 되고 말았다.

요즘 방송되는 '생활의 달인'이라는 프로에서 비빔국수, 떡볶이, 우동과 같은 간편식을 만드는 데 드는 시간과 정성을 보면 입을 다물지 못할 정도이다. 온갖 좋은 재료를 끓이고 우려내고 반죽하고 숙성시키고…, 수많은 단계를 거쳐 밤새워 만들어 내는 육수와 소스들. 그 영양학적 가치는 차치하더라도, 가격 만큼은 햄버거세트보다도 싸다. 이 땅의 수많은 식당 중에서 비단 방송에 나오는 달인들만 그렇게 음식을 만드는 것은 아니다.

오세영 시인이 쓴 '햄버거를 먹으며'라는 시가 떠오른다.

사료와 음식의 차이는 무엇일까/먹이는 것과 먹는 것 혹은/만들어져 있는 것과 자신이 만드는 것/사람은/제 입맛에 맞춰 음식을 만들어 먹지만/가축은/싫든 좋든 이미 배합된 재료의 음식만을 먹어야 한다/김치와 두부와 멸치와 장조림과 … (중략) …그러나 나는 지금/햄과 치즈와 토막 난 토마토와 빵과 방부제가 일률적으로 배합된/아메리카의 사료를 먹고 있다/재료를 넣고 뺄 수도/젓가락을 댈 수도/마음대로 선택할 수도 없이/맨손으로 한 입 덥석 물어야 하는 저/음식의 독재

드라이브 스루는 잠시 앉아서 대화를 나누며 식사를 하는 여유마저 빼앗긴 팍팍한 현대인의 삶을 대변하기도 한다. 마치 한곳에 정착하지 못하고 떠도는 유목민의 삶을 연상시킨다. 항상 이동해야 하므로 음식을 보관하거나 운반하기 쉽도록 고기를 말려 육포로 만들어, 그것을 말등 위에서 씹으면서 생활했던 유목민의 삶.

과연 거리를 세련되게 장식하며 맥세권, 벅세권이라는 신조어를 만들어 낼 정도의 위력을 갖는 이 패스트푸드를 환영하기만 할 일일까.

러닝맨, 잊혀진 놀이

거실에서 아이들의 키득거리는 소리가 들려온다. 호기심에 건너가 보니 TV에서 러닝맨이라는 예능 프로그램을 보고 있었다. 연예인들이 두 팀으로 나뉘어 한 팀이 도망 다니면서 숨겨진 물건을 찾는 과제를 하는 동안 다른 한 팀은 상대편을 찾아서 잡는 오락 프로그램을 보면서 웃고 있는 것이었다. 그것을 보면서 어린 시절 술래잡기하던 생각이 아련히 떠올랐다.

동네 아이 중 하나가 밖에서 "OO아, 놀~자!"라고 부르는 소리에 채 씹지도 않은 밥을 허겁지겁 넘기고 뛰어 나가는데, 그 등 뒤에 대고 일찍 들어오라고 소리치시던 어머니의 모습은 그 시대의 흔한 풍경이었다.

학교를 마친 이후의 시간은 이처럼 '놀이'를 향한 설렘의 시간이었다. 술래가 "머리카락 보일라 꼭꼭 숨어라!"를 외치는 동안 술래가 눈을 뜰 때까지 숨을 곳을 찾지 못해 우왕좌왕하던 모습들. 그늘진 바위 뒤에 숨어 점점 다가오는 술래의 발자국 소리를 들을 때 커져가는 가슴의 쿵쾅거림. 그 모든 기억들을 한 가지 느낌으로 표현한다면 그것은 '설렘'이 아니었을까?

아이들이 TV 앞에서 웃고 있는 모습을 보면서 문
득 놀이를 빼앗긴 세대라는 측은한 생각이 들었다.
물론 지금 재미있게 키득거리는 아이들을 가엾게
생각하는 것은 나만의 착각일지도 모른다. 놀이는
무엇을 하느냐의 문제가 아니라 그것을 하고 있는
사람의 마음 상태에 의해 규정되기 때문이다. 그렇
다면 지금의 아이들이 놀이 자체를 빼앗긴 것이 아
니고 TV 시청이나 인터넷 게임과 같이 형태가 다른
놀이를 하는 것이라고도 할 수 있다.

놀이를 통해 공감 능력을 배운다

그러나 수백 년 동안 내려온 그 '놀이'와 지금 세대의 '놀이'는 닮은 구석이 전
혀 없다. 지금 세대의 놀이에는 '타인과의 관계'가 빠져 있다. 친구의 눈을 보고
만지고 말하면서 행하는 놀이를 통해 타인의 감정에 공감하고 이해하는 능력이
길러지게 된다고 한다. 그러므로 타인과의 직접적인 상호작용이 없고, 익명성에
기대어 노는 놀이를 통해서는 감성지수(EQ)가 발달하지 않고, 오히려 자기지향형,
퇴행성 성격 특성을 강화시킬 위험성이 높아진다.

네덜란드의 사회학자 호이징가(Huizinga)는 사람을 '호모루덴스(Homo Ludens)'라고
정의하였다. 사람의 가장 본질적인 특성은 놀이하는 심성이며 그것이 바로 우리
인류가 만들어 낸 모든 문화적 소산의 원동력이라는 것이다. 생각해 보면 '어떻
게 노는가(How to play)'의 문제는 개인의 문제일 뿐 아니라 사회 전반의 윤리의식과
가치관을 반영하기도 한다.

그렇기에 새롭게 화두가 된 국격이 여기에 달려 있고 국가의 미래가 여기에

좌우된다면 지나친 말일까? 우리 세대의 놀이는 과연 다가올 세대에게 넘겨 주어도 좋은 놀이 방법일까? 성적이 앞서야 잘 산다는 집단 최면과 세뇌 교육 속에서 끊임없이 경쟁을 강요당하는 어린 세대가 과연 어디에서 노는 법을 배울 수 있을까?

놀이는 아이들의 숨구멍이다

놀이는 아이들의 '숨구멍'이며 바르게 성장하는 데 필수적이다. 여가(餘暇)를 뜻하는 그리스어 scholé는 학교(school)의 어원이기도 하다. 아리스토텔레스는 무언가를 진심으로 즐길 수 있기 위해서는 교육이 필수적이라고 하였다. 이 말은 아이들에게 무엇을 가르쳐야 할 것인가를 말해 준다.

> "
>
> 열심히 공부시켜 '학력 수준'을 높이는 것이 교육의 본질이며 전부인 것처럼 말하지 말자. 경쟁 시스템의 도입과 교육열에 의해 우리나라가 그래도 이만큼 살게 되었다는 것이 전혀 틀린 말은 아니라 해도, 그것이 마치 나라 발전을 위한 '최고의 선(善)'인 것으로 착각하지는 말자. 그 뜨거운 교육열은 '노는 법(How to play)'을 배우는 데도 쓰여져야 나라가 제 방향을 찾아 나갈 수 있다.
>
> "

아이들은 공부도 열심히 해야 하지만 재미있게 노는 법도 배워야 한다. 이제는 다가올 세대의 가슴에 잃어버렸던 '설렘'을 찾아줄 때가 되었다.

아이들에게 잘 노는 법을 가르치자

"놀이란 인생에서 중요한 것인가?"

만일 중·고등학교의 체육 선생님이 시험에서 이런 서술 문제를 냈다고 가정해 보자. 프랑스 대학입학 자격시험인 바칼로레아에 나올 법한 문제이긴 하지만, 그다지 환영받지는 못할 뿐더러, 반대로 여기저기서 문제 제기나 항의를 받을 수 있을 것 같다.

이 질문에는 체육의 근본적인 의미나 존재 가치에 대한 생각의 물꼬를 트려는 의도가 있다. 또 놀이에 대한 우리 사회 일반의 인식에 의문을 제기하려는 의도도 들어 있다.

놀이는 우리의 의식 속에 '공부'의 반대 개념으로 깊이 뿌리 내리고 있다. 공부는 매우 바람직하고 칭찬을 받을만한 행위인 반면, 노는 것은 나태하고 비난받을 일로 여겨 왔으니 말이다.

놀이의 가치를 다시 생각한다

> 66
>
> 인간에게 놀이를 하고픈 심성이 없다면 오늘날 우리는 모짜르트의 아름다운 선율을 감상할 수 없을 것이고, 모나리자의 미소와 실용성을 넘어선 아름다운 역사적 건축물들을 볼 수 없을 것이다. 물론 우리의 감성을 적시는 비틀즈의 음악과 탄성을 자아내는 방탄소년단의 퍼포먼스도 즐기지 못했을 것이다.
>
> 99

그럼에도 놀이가 부정적으로 인식되어 온 이유는 무엇일까? 여기에는 두 가지 사회문화적 요인이 있다고 생각된다.

첫째는 전쟁 이후에 경제적으로 급속한 압축 성장을 이루면서 '근면과 성실'의 가치가 그 어떤 가치보다도 중요시되었다는 점이다. 근면과 성실은 그 자체로 고귀한 가치임에는 틀림없으나, 부지불식간에 그 가치를 위해 쉼과 멈춤, 배려와 나눔과 같은 것이 희생되거나 유보되어야 하는 것으로 인식되었다.

사실 그 시대를 관통하는 '하면 된다'는 긍정 정신과 근면과 성실의 가치는 기적적인 경제성장을 가능케 한 원동력이 되었음은 부인할 수 없다. 그러나 이에 대한 무조건적인 숭배는 권위주의와 연결되면서 갑질 문화와 노동 착취와 같은 어두운 그림자를 드리웠다.

그리고 놀이를 죄악시하는 무수히 많은 일 중독자들을 만들어 냈다. 이는 이윤 추구를 최우선적인 가치로 삼는 기업에서 성공하여 일정 지위에 오른 사람들에게 왜 그렇게 '꼰대 성향'이 자주 나타나는지를 설명하는 이유가 된다. 즉 이러한 근면과 성실의 이데올로기에 사로잡힌 사람은 실수하는 부하 직원을 용납하지 못하고, 팀 내 회식에 빠지는 개인주의자를 더더욱 이해하지 못한다.

둘째는 놀이에 대한 사회 일반의 부정적 인식이 형성된 배경에는 실제로 우리의 일그러진 놀이 모습이 자리하고 있다는 점이다. 그리고 보면 기성세대는 학교에서 제대로 '노는 법'을 배워 본 적이 없다. 빡빡한 직장생활에서 놀이란 그저 일로부터 파생된 문제의 배설구로밖에 볼 수 없다. 그래서 업무가 끝나면 대부분 술자리로 이어지고, 원하지 않는 사람까지 의무적으로 참석하여야 하는 자리가 되고 만다. 이런 문화 속에서 놀이의 가치는 대부분 직장일의 연장선에서 팀워크를 다지고 일을 잘하기 위한 부수적인 가치로서만 자리매김된다.

이러한 인식은 학부모에게도 똑같이 나타나고, 학교를 포함한 교육 전반에도 영향을 미친다. 체육은 그 자체로 인간됨을 갖추는 중요한 교육과정으로 생각되기보다는 공부를 더 잘하기 위한 '머리를 식히는' 정도로 치부되기 십상이다.

'잘 노는 법'을 가르치자

서두에 꺼냈던 "놀이란 인생에서 중요한 것인가?"라는 물음이 교육 시스템을 향해 던져져야 하는 이유가 여기에 있다.

> "
>
> 체육의 존재 가치는 단순히 '머리 식히기'나 '체력 단련'에 그치는 것이 아니다. 그 참된 의미는 평생 동안 가져 갈 놀이하는 법을 배우는 것이며, 그것을 통해 다른 이와 교감하고 더불어 사는 법을 배우는 데 있다. 물론 그 과정은 유쾌하고 재미있는 '놀이'이어야 한다.
>
> "

체육이 놀이가 될 때 아무리 신체적으로 힘든 훈련 과정이라도 저마다 해방과 성취의 기쁨을 맛보게 되며, 그 가운데 참다운 성숙이 이루어진다. 체육은 지식 일변도의 교육과정에서 그나마 아이들이 숨을 쉬는 숨구멍이다.

Step 01 돌아보기

◆ 운동 중에 느끼는 피로는 일상생활에서 느끼는 피로와는 다르다. 그것은 '기분 좋은 피로'이며, 만성피로증후군과 같이 피로가 피로를 부르는 악순환의 고리를 끊은 가장 효과적인 방법이다.

◆ 운동을 배우는 것은 뇌에서 새로운 신경회로를 형성하는 것이며, 그 과정에서 새로운 신경세포의 탄생과 성장이 이루어진다.

◆ 스포츠 활동에 참여한다는 것은 뇌에게 다양한 감각 정보를 처리하고 실행하는 무수히 많은 연습 기회를 주어 뇌로 하여금 최적의 발달로 이끄는 학습 과정이다.

◆ '다리로 공부한다'는 몸의 움직임이 뇌세포의 새로운 탄생과 성장을 촉진한다는 것을 의미한다. 반대로 '머리로 운동한다'는 말은 우리가 운동을 할 때 머리는 수많은 '역동적 정보(dynamic information)'를 처리한다는 뜻이다.

◆ 피로 물질인 젖산이 생성되는 운동을 자주 경험할수록 인체는 '피로에 대한 내성'과 더 높은 수준의 '무산소성 역치'를 갖게 된다. 이것은 같은 운동을 이전보다 유산소적으로 수행할 수 있는 능력을 의미한다.

◆ 유산소운동과 무산소운동을 구분하는 기준은 운동종목이나 형태가 아니라, 운동강도에 의해 결정된다. 또한 특정 운동을 행하는 사람의 체력 수준에 따라 그 운동은 유산소운동이 될 수도 있고 무산소운동이 될 수도 있다.

◆ 심폐계를 자극하는 운동에 의해서 얻을 수 있는 가장 큰 이득은 산소 수송 시스템과 산소 이용 시스템의 발달이다. 이로 인해 같은 운동을 해도 이전보다 그 운동을 유산소적으로 수행할 수 있게 된다.

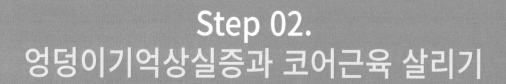

Step 02.
엉덩이기억상실증과 코어근육 살리기

근골격계의 문제와 조절

Step 02 미리보기

　현대인에게 빈발하는 근골격계 이상이나 통증은 몸의 기능적 움직임의 약화와 관련된다. 이러한 기능적 움직임의 약화는 근육의 적절한 사용법을 모르거나, 잘못된 자세와 움직임 패턴 때문에 발생한다. 운동지도자들은 이러한 문제의 근본 원인을 이해하고, 잘못 사용되고 있거나 잊고 있던 근육의 사용법을 알려 주어야 한다.

　근육에는 신경이 연결되어 있어 움직일 수 있다. 겉으로 볼 때 누구나 똑같은 신경과 근육 시스템을 가지고 있으며 비슷한 패턴으로 움직이는 것처럼 보인다. 즉 똑같이 앉고, 서고, 걷고, 달리는 것으로 보인다. 그러나 자세히 보면 움직임의 질적 수준에는 많은 차이가 있다.

　움직임의 질적 수준을 좌우하는 것은 태어나면서부터 겪는 각자의 경험이다. 태아는 조금씩 나이를 먹어 가면서 몸 안쪽 깊숙이 자리 잡고 있는 여러 근육들이 상호 협력하면서 뼈와 관절을 바르게 정렬하여 적절한 움직임을 만들어 낸다.

　그런데 현대인들은 이러한 움직임을 하나씩 잊어버리는 삶의 패턴을 유지하고 있다. 많은 사람들은 하루 중 팔을 어깨 위로 들어 올리는 간단한 동작조차 거의 하지 않는다. 몸안 깊숙이 위치하여 골반과 척추, 견갑골 등을 지지하고 조절하는 근육들은 말할 나위도 없다.

이 근육들은 오랜 기간 사용하지 않으면 신경과의 연결성을 잊어버려 적절하게 움직이지 못하게 된다. 이는 여러 가지 자세 이상과 통증 문제와 관련된다.

횡격막이라는 근육도 그중 하나이다. 많은 현대인들은 횡격막의 사용법을 잊어버리고 있다. 그로 인해 호흡이라는 생명의 근본 활동이 영향을 받게 되는데, 이는 인체의 여러 계통에 부정적인 영향을 미친다. 그 결과 많은 건강상의 문제가 발생한다. 따라서 사용법을 잊어버린 근육들을 재교육하는 운동이 필요하다.

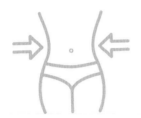

내 몸의 정렬과 근막통증증후군

회사 생활 6년차인 34세의 김 주임은 컴퓨터로 업무를 보는 일을 하고 있다. 얼마전부터 목과 어깨 부위가 뻣뻣하게 굳고 쑤시는 통증을 자주 느끼고 있다. 아플 때마다 타이마사지 샵에 가서 마사지를 받고 나면 시원하게 풀려서 자주 찾는다. 이제는 거의 마사지 중독 수준인데, 그 비용도 만만치 않다. 그런데 현재 통증이 너무 자주 오고 두통까지 생겨서 견디기 힘든 상태이다.

김 주임은 청소년기에 자주 듣던 어머니의 말씀이 생각났다. 집을 나설 때마다 "고개를 들고 어깨 좀 펴고 다녀라."라는 말을 등 뒤에서 듣곤 했다. 당시엔 매번 잔소리로 간주하고 흘려 들었지만 비로소 어머니 말씀을 흘려 듣지 말았어야 했다는 것을 느끼게 된다. 병원에서 자신의 잘못된 자세 때문에 생긴 현상이라는 것을 알게 되었기 때문이다.

몸에도 휠 얼라인먼트 조정이 필요하다

자동차 정비 중에 '휠 얼라인먼트'라는 항목이 있다. 자동차의 휠과 타이어의 정렬이 약간이라도 틀어지면 균형이 맞지 않아서 주행 중에 핸들이 한쪽으로 쏠리고 차가 떨리는 현상이 나타난다. 이를 바로잡지 않고 계속 운행하면 차축이 더 망가지고, 심지어 사고가 날 위험도 높아진다.

마찬가지로 인체의 뼈대도 올바른 정렬을 이루어야 한다. 인체의 뼈는 관절이라고 하는 연결 구조에 의해서 상호 연결되어 있다. 인체에는 약 143개의 관절이 있는데, 이들 관절의 정렬에 문제가 발생하는 것을 흔히 볼 수 있다. 인체 각 부위를 연결하는 관절들을 둘러싸서 뼈가 제자리에 있도록 잡아 주는 버팀줄 역할을 하는 것이 바로 근육과 힘줄(腱)이다.

그런데 오랜 시간 계속해서 같은 자세만을 유지하거나 일정한 부위만을 반복해서 사용하는 동작을 하면 이 버팀줄 역할을 하는 한쪽의 근육과 힘줄이 너무 과활성 상태가 되어 짧아지고 경직된 상태가 된다. 반대로 그 관절의 다른 쪽 근육과 힘줄은 늘어나서 약해진 상태로 고착되어 버린다.

"

수족관에서 사람들을 위하여 쇼를 하는 범고래를 예로 들어보자. 넓은 바다를 수만 킬로미터 유영하는 범고래가 좁은 수족관에서 쇼 연습을 할 때에는 한 방향으로만 돌고, 수압에 저항하여 몸을 움직일 필요가 없으니 등지느러미가 축 처진 상태가 된다. 이것을 '늘어진 지느러미 증후군'이라고 한다. 넓은 바다를 가로지르며 살아가는 범고래에게 수족관은 그야말로 최악의 감옥이 아닐 수 없다.

"

늘어진 지느러미 증후군

물에서 생활하는 범고래와는 달리 사람은 중력에 대항하여 서 있거나 걸어가야 하므로 어느 한 관절의 정렬이 어긋나면 다른 부위에도 연달아 문제를 일으킨다. 몸의 무게중심이 변화되기 때문이다.

보통 한 관절의 정렬이 어긋나면 인체의 다른 관절에서도 정렬을 새롭게 조정하려는 보상적인 움직임이 연쇄적으로 나타나게 되는데, 이러한 현상을 '움직임사슬(kinetic chain)'이라고 한다. 즉 발목관절 부위의 정렬이 어긋나면 무릎관절·골반·허리와 목 부위의 정렬에도 변화가 연쇄적으로 나타나게 된다. 즉 목 부위의 정렬에 이상이 생기면 어깨관절이나 등·허리의 근육조직에도 영향을 미친다.

스몸비의 거부할 수 없는 운명, 근막통증증후군

요즘 스마트폰과 태블릿의 대중화로 일명 '스몸비(스마트폰 좀비)'라고 불리는 사람들이 많아지고 있다. 머리를 숙인 자세로 스마트폰을 한참 볼 때는 평균 6~7kg의 머리를 목 뒤쪽에서 잡아 주는 역할을 하는 근육들은 죽을 맛이 된다. 머리가 정상적인 정렬 위치에서 2.5cm 벗어날 때마다 이 근육들에 추가적으로 걸리는 무게는 무려 4kg 정도 증가한다. 보통 컴퓨터 작업이나 스마트폰을 볼 때에는 머리가 5~10cm 이상 척주의 정렬에서 벗어난다고 한다. 이때 우리는 의식하지 못하지만 이 근육들은 추가적인 무게를 버티느라 하루 종일 중노동에 시달린다.

이러한 자세 이상으로 자주 나타나는 여러 문제 중의 하나가 '근막통증증후군'이다. 즉 목과 등 부위의 승모근이나 견갑거근은 쉬지 못하고 긴장 상태가 지속

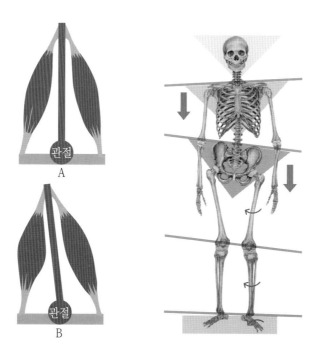

관절 이상에 의한 연쇄적인 인체정렬(움직임사슬 : kinetic chain)의 변화와 근육의 불균형

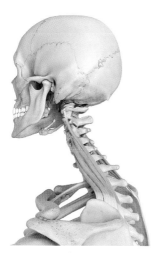

견갑거근 (어깨올림근)

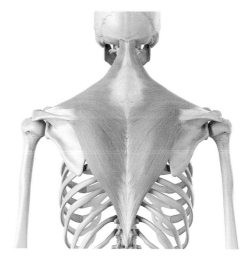

승모근 (등세모근)

된다. 이들 근육이 경직되면 뇌로 가는 혈관이나 신경을 압박하여 두통을 일으키고, 목과 등 부위 및 어깨가 뻣뻣해지고 뻐근한 통증이 일어난다. 그러다가 근육이나 근육을 둘러싼 근막 여러 곳에 매우 민감한 통증 유발점이 활성화된다. 이런 상황에서는 잠시 동안 운전하는 것만으로도 참기 힘들 만큼 통증이 심해질 수 있다.

> **66**
>
> 인체의 정렬 이상으로 인한 문제는 사무직 근로자에게서만 나타나지 않는다. 일반 생산직 근로자나 농부들에게도 흔하게 나타난다. 생산직 일을 하거나 농작물을 재배하면서 한 가지 자세로 같은 동작을 반복하는 일이 많기 때문이다.
>
> **99**

이를 예방하려면 작업 중에 틈틈이 일어나서 몸에 있는 관절들을 전체적으로 움직이고, 근육을 스트레칭해 주는 것이 좋다. 이미 심한 통증이 있다면 의사의 도움을 받아 통증의 원인을 찾아 치료하고, 지나치게 긴장된 근육은 이완시키고 반대로 약화된 근육은 강화시켜서 인체의 어긋난 정렬을 바로잡는 것이 근본적인 해결책이다.

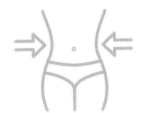

엉덩이기억상실증과 코어근육 살리기

식구가 단출한 53세의 가정주부 현숙 씨는 김장을 담그기 위해 절인 배추를 조금 사서 고춧가루와 버무리고 있었다. 얼마 동안 바닥에 앉아서 일을 하다가 일어서려는 순간 자기도 모르게 '어이쿠'하는 소리와 함께 허리에 손을 짚었다. 일을 할 때는 몰랐는데 허리에 '찌릿'하는 통증을 느꼈기 때문이다. 그 이후부터 지금까지 허리에 묵직한 통증이 지속적으로 느껴져서 병원에 가야 할까 생각 중이다.

이처럼 한동안 앉아 있다가 일어설 때 허리통증을 호소하는 경우가 많다. 이는 앉아 있는 동안 엉덩이 근육을 너무 사용하지 않아서 일어나는 현상이다. 즉 우리가 앉아 있는 동안에 엉덩이 근육은 쿠션 역할 말고는 별로 할 일이 없다.

엉덩이 근육은 몸을 세우는 역할을 한다

엉덩이 근육은 쿠션 역할도 하지만 앉아 있다가 일어설 때 더욱 중요한 일을 담당한다. 즉 엉덩이 근육은 수축하면서 엉덩이 관절을 펴게 하고 상체를 세워서 일으켜 세우는 역할을 한다.

그런데 몇 시간이든 앉아 있는 동안에는 엉덩이 근육은 쓸 일이 없으니 신경 자극도 전달되지 않는다. 그래서 모처럼 일어서려고 할 때 엉덩이 근육이 제 역할을 못하는 것이다. 그대신 허리 부위에서 척추를 잡아주는 척추기립근이 평소보다 더 많은 힘을 써서 허리를 펴고 몸을 세우게 한다. 이 현상을 엉덩이기억상실증(Gluteal Amnesia)이라고 한다.

특히 근기능이 감퇴된 나이든 사람이 일어서면서 허리를 쥐고 '아이구구'하는 앓는 소리를 내게 하는 원인이 된다. 즉 앉아서 생활하는 습관에 의해 엉덩이 근육이 비활성되는데, 이를 보상하기 위해 허리(요추) 부위의 근육이 과활성화되는 것으로 요통의 한 원인이 될 수 있다.

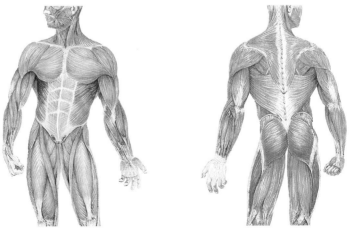

척추와 골반을 연결시켜 안정시키는 역할을 하는 코어근육

이러한 문제를 예방하거나 해결하기 위한 가장 효과적인 방법이 코어근육 단련이다. 엉덩이 근육은 심부의 코어근육으로 분류되지는 않지만, 척주와 골반 사이를 안정화시켜 주는 코어근육과 기능적으로 연결되어 있기 때문이다. 코어근육은 주로 척주와 골반을 연결시켜 안정시키는 역할을 하며, 몸통 전체에 걸쳐 몸 안쪽 깊은 부위에 위치하는 근육들을 말한다. 이러한 근육들이 약해지면 인체의 자세가 바른 정렬 상태를 유지하지 못하여 움직임을 지지하지 못하게 됨으로써 부상을 입을 위험이 높아지고 힘을 제대로 쓸 수 없게 된다.

> 66
>
> 인체가 효율적으로 움직이려면 몸안 깊숙이 있으면서 척주와 골반을 잡아주는 심부 코어근육이 안정되어야 된다. 예를 들어 류현진과 같은 투수가 공을 던질 때, 단순히 팔과 어깨의 힘만이 아니라 코어근육에서 시작된 힘이 순차적으로 어깨와 팔에 전달되어야 강한 힘으로 공을 던질 수 있다. 또 호나우두와 같은 세계적인 축구선수가 강력한 킥을 하거나 헤딩 동작을 할 수 있는 것도 강력한 코어근육이 있기 때문이다.
>
> 99

잠자는 엉덩이 근육과 코어근육을 살리자

코어근육 훈련은 일상생활에서 자주 일어나는 요통의 예방이나 개선에 도움이 된다. 정상적인 허리는 적절한 만곡, 즉 커브가 유지되어야 한다. 그런데 척주를 둘러싼 코어근육이 약해지면 이러한 허리만곡이 무너지게 된다. 허리만곡이 무너지면 어느 한 부위의 요추에 힘이 가해져 추간원판탈출증(일명 디스크)이나 요통 발생 위험이 높아진다.

엉덩이기억상실증을 예방하고 코어근육을 강화시키는 대표적인 운동은 스쿼트와 플랭크이다. 플랭크는 팔꿈치를 굽혀서 엎드려 뻗친 자세를 약 1분간 유지하는 동작이다. 이 운동의 가장 기본적 원리는 엎드려 있는 동안 복부와 등 부위의 근육이 함께 힘을 써서 몸통과 하체를 잇는 부위를 하나의 통조림 캔처럼 단단히 한묶음으로 유지하는 것이다.

66

이러한 운동을 할 때 동원되는 코어근육은 복횡근, 다열근, 골반저근, 횡격막 등이다. 이들 근육은 서로 연결되어 마치 하나의 근육처럼 긴장을 유지하게 된다. 특히 복부의 횡격막은 가장 중요한 코어근육의 하나이며, 올바른 호흡법과 함께 단련시키면 효과적이다.

99

물론 대둔근과 흉요근막, 광배근과 같이 몸 뒤편에 있는 근육과 복직근, 외복사근과 같은 몸 앞쪽에 있는 커다란 표면근육들도 자세를 유지할 때 함께 작용한다.

플랭크

스쿼트

브리지

코어근육의 단련은 기초 공사부터

코어근육의 운동 효과를 제대로 보려면 단순히 동작만을 따라 하지 말고 운동의 원리와 방법을 잘 이해한 다음 실시해야 한다. 예를 들어 척주 주변의 근육이 약화되었거나 척추 디스크에 문제가 있는 사람이 스쿼트나 플랭크 운동을 하면 허리 상태를 더욱 악화시킬 수 있다.

허리에 좋다고 해서 무조건 동작을 따라 하기보다는 단계적으로 허리나 엉덩이 근육을 강화시킬 수 있는 운동을 해야 한다. 예를 들어 올바른 호흡법과 함께 누운 자세로 엉덩이를 들어 올리는 브리지 자세 등을 먼저 배울 필요가 있다.

따라서 처음에는 스스로 횡격막의 올바른 움직임을 인지한 다음 복횡근의 긴장을 통해 복부내압(IAP: intra-abdominal pressure)을 형성하는 과정을 익혀야 한다. 코어근육 운동은 가급적 매일 조금씩 하거나 적어도 주당 2~3차례 하는 것이 좋다. 코어근육 운동법을 어느 정도 올바로 익힌 후부터는 특별한 장소나 장비·도구 없이 집에서 해도 큰 효과를 볼 수 있다.

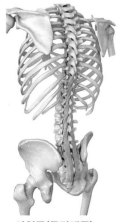

다열근(뭇갈래근)

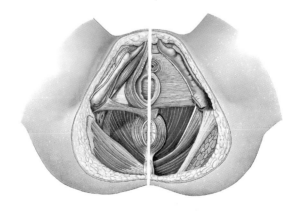

얕은 부위(왼쪽)와 깊은 부위(오른쪽)의 골반저근(여성)

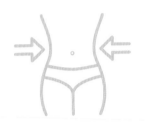

건강을 위한 두 가지 숨쉬기 방법

현철은 현재 대학교 2학년에 재학 중인 평범한 청년으로, 운동은 그다지 좋아하지 않고 게임을 좋아한다. 등이 앞으로 굽어서 구부정하고 나이에 비해 배가 나온 체형이지만, 건강상의 특별한 문제는 없다.

그런데 한 가지 고민은 강의시간에 유독 많이 조는 것이다. 다른 친구들에 비해 특별히 더 잠이 부족한 것은 아닌데 말이다. 강의 중 너무 자주 졸다 보니 마음 한켠에 죄의식이 자리잡고 있다.

또한 머리도 항상 맑지 않고 힘이 없어서 자신이 혹시 우울증이 있지 않나 걱정되기도 하였다. 그러나 자신의 일상적인 기분이나 친구 관계를 생각해 볼 때 별문제는 없는 것으로 보아 우울증은 아닐 것이라는 생각이다. 결국 다른 원인보다는 자신이 남보다 유달리 잠이 많은 탓이라고 생각하고 있다.

비정상적인 호흡은 수업 중 졸게 만드는 원인이 된다

현철은 자신의 문제가 나쁜 숨쉬기 습관 때문이라는 것을 모르고 있다.

현철이 강의를 듣는 모습을 보면 다음과 같은 문제가 있다.

첫째, 강의를 들을 때 책상에 팔꿈치를 대고 턱을 괴는 자세를 자주 취한다. 그러다 보니 의자 등받이에 기대지 않고 몸을 앞으로 잔뜩 기울이게 된다. 이러한 자세에서는 숨쉬기 운동에 주된 작용을 하는 횡격막의 움직임이 제한받는다. 이렇게 횡격막을 제대로 쓰지 못하니 자연히 가슴 상부에 있는 보조 호흡근을 과도하게 사용하는 비정상적인 호흡 패턴을 보인다. 즉 흉식호흡에 지나치게 의존하고 있다.

둘째, 현철은 코로만 호흡하는 것이 아니라 때때로 입을 벌린 채 호흡하고 있다. 어릴 적부터 갖고 있는 비염이 수시로 나타나기 때문이기도 하다. 그러나 현철은 자신의 자세 및 숨쉬기 방법에 문제가 있다는 것을 의식하지 못하고 있다. 이런 자세와 숨쉬기가 오랜 기간 습관화되어 자연스럽고 편하게 되었기 때문이다.

이런 자세로 강의를 들으며 10분, 20분이 지나면 산소를 받아 들이는 호흡기능의 효율이 떨어지게 된다. 즉 시간이 갈수록 현철의 뇌로 보내는 산소는 점점 부족해지고, 마침내 강의하는 소리가 멀리 꿈나라에서 들리기 시작한다.

흉식호흡과 구강호흡은 비정상적인 호흡이다

숨쉬기 운동과 목넘기기 운동(술을 먹는 일) 밖에 하지 않는다는 우스갯말이 있다. 숨쉬기를 하지 않고서야 살 수 없으니 당연히 누구나 숨쉬기를 한다. 그런데 어떻게 숨쉬기를 하느냐가 건강에 큰 영향을 미친다. 연구에 의하면 사람들 중 약 1/3은 바른 호흡을 하고 있지 않다고 한다.

이처럼 잘못된 호흡을 하는 원인은 다음과 같다. 현철과 같이 잘못된 자세로 오랜 시간 앉아 있거나, 음식을 먹을 때, 너무 말을 많이 할 때, 스트레스를 받을 때에도 잘못된 호흡을 하게 된다.

대표적인 잘못된 숨쉬기는 입으로 하는 구강(입)호흡과 흉식(가슴)호흡이다. 어린이가 구강호흡을 하면 얼굴형이 변하거나 턱의 발달이 빈약해지고, 구강을 건조하게 하고, 잇몸과 목의 감염 위험이 높아지며, 운동 유발성 천식 발생 위험도 높아진다.

구강호흡을 하면 차갑고 건조한 공기가 기관과 기관지로 바로 들어오므로 기도(氣道)에서 진한 점액을 많이 분비하게 된다. 이렇게 되면 공기 중의 이물질을 배출시키는 섬모의 운동, 즉 일종의 청소작용(cleaning action)이 방해를 받는다.

"

코를 통해 숨을 쉬면 들이마시는 공기가 여과되어 따뜻하게 데워지며 습도를 머금게 된다. 또 코로 들이마시는 공기는 부비동(코곁굴)이라고 하는 얼굴 뼈 안에 있는 여러 개의 빈 공간으로 들어간다. 호흡하는 동안 비강(속속공간)에서는 산화질소(nitric oxide, NO)가 생성되는데, 산화질소는 부비동 안에서 들이마시는 공기와 잘 섞인 상태로 폐로 들어간다.

이 산화질소는 강력한 기관지 확장 작용과 혈관 확장 작용을 하므로 폐에서 이루어지는 가스교환 작용을 더욱 원활하게 한다. 결과적으로 코호흡은 폐의 가스교환 기능을 돕고 혈압도 낮게 유지하는 데 도움을 준다. 코로 호흡할 때 혀의 위치는 혀끝이 입안의 앞 천장에 가볍게 닿도록 하는 것이 좋다.

"

횡격막의 움직임에 집중하자

건강을 위한 호흡법은 복식호흡이다. 이것은 횡격막을 최대로 활용하는 호흡이므로 횡격막호흡이라고도 한다. 이에 반해서 가슴 부위의 근육을 주로 사용하는 흉식호흡(가슴호흡)은 호흡의 깊이가 얕고 호흡횟수가 빠르다.

올바른 횡격막호흡은 숨을 들이쉴 때 배 부위가 위쪽과 아래쪽, 왼쪽과 오른쪽, 앞과 뒤의 세 방향으로 팽창하면서 호흡이 배에서 시작되는 것처럼 보인다. 횡격막호흡을 정상적으로 잘하고 있는지 알아보려면 앉거나 누운 자세에서 한 손은 배꼽 바로 윗부분에 얹고, 다른 손

은 가슴 위에 올린 상태에서 숨을 쉬어 보면 된다. 이때 가슴 부위는 거의 움직임이 없는 상태로 숨을 들이쉴 때는 배가 팽창하고, 반대로 내쉴 때는 배가 수축해야 한다.

횡격막호흡을 중요시하는 기공 훈련자는 횡격막의 움직임이 150mm 정도가 될 정도로 매우 크다. 이는 일반인의 횡격막 움직임의 무려 3~4배에 해당된다. 이로부터 얻을 수 있는 많은 이점 중 하나는 횡격막 아래에 있는 내장기관들을 마사지하는 효과를 거둘 수 있다는 점이다. 횡격막이 자유롭게 상하로 이동할 때 그 아래에 있는 내장기관을 마치 스펀지처럼 압박하거나 이완시킨다. 이는 소화기관에 의한 소화 작용을 촉진하고 독소물질의 처리와 제거를 촉진한다.

≫ 섬유근육통

횡격막을 사용하는 스무드하고 느린 호흡은 산소를 받아 들이는 환기효율을 높이고, 혈압과 심장 박동수를 감소시킨다. 깊고 느린 호흡을 하면 부교감신경이 활성화되기 때문이다.

반면에 가슴호흡 등 잘못된 호흡은 목과 가슴 부위 근육들의 긴장도를 만성적으로 높이고 교감신경의 톤을 높이는데, 이는 섬유근육통(fibromyalgia)과 관련된 것으로 지목되고 있다.

섬유근육통은 전신 근골격계의 만성적인 통증과 뻣뻣함, 피로감과 함께 전신 통증이 3개월 이상 지속되면서 두통·불안·우울 등을 동반하는 원인 불명의 통증성 질환이다.

깊고 안정된 횡격막호흡은 허파꽈리에서 산소를 받아들이는 환기효율을 높여 줄 뿐만 아니라 척추와 골반의 자세 안정성도 높여 준다. 이는 결과적으로 현대인에게 잘 나타나는 거북목, 요추전만, 골반경사 등과 같은 자세 이상과 그로 인한 여러 비특이적인 통증을 해결하거나 완화시킬 때 도움이 된다.

여러 가지 통증은 평소의 호흡 습관을 체크하고, 바른 호흡법을 익히는 것에서부터 해결점을 찾을 수도 있다. 중량을 들거나 심폐순환계통 운동을 할 때에도 잘못된 호흡을 하고 있는지 체크해 볼 필요가 있다. 횡격막호흡법은 요가, 명상 춤, 태극권, 기공체조 등의 수련 과정에서도 익힐 수 있다.

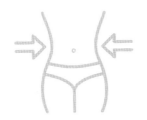

날개뼈를 움직여서 날아보자

필자가 어릴 적 날개뼈(견갑골)가 멋있게 보인 사람이 있었다. 바로 영화배우 이소룡이다. 날개뼈가 등 뒤로 불끈 솟아오른 상태로 특유의 고양이 소리와 함께 상대를 응시하는 이소룡의 모습이 아직도 눈에 선하다. 고등학생 시절에 그 모습이 멋있이 보여 곧잘 따라 했던 생각이 난다. 그런데 나이가 들면서 등 뒤의 날개뼈를 그와 같이 솟아오르게 하는 동작은 생각만큼 잘 되지 않는다.

날개뼈는 지지대 역할을 한다. 새는 날개짓을 지지하여 공중을 날아다닌다. 네발짐승의 날개뼈는 앞발이 견고하게 지면을 딛고 몸을 지지하여 앞으로 나아가게 할 때 주로 쓰인다. 사람은 팔이 날개뼈와 관절을 이루어서 전후좌우 360도 회전하면서

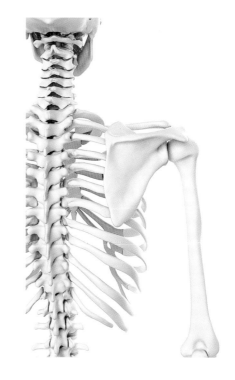

자유롭게 움직이도록 지지해 준다.

날개뼈를 너무 움직이지 않아서 탈이 난다

원래는 특별히 배우지 않았더라도 대부분은 날개뼈를 잘 움직일 수 있다. 어린아이들의 경우 등 뒤의 날개뼈가 자유롭게 잘 움직이는 것을 관찰할 수 있다. 날개뼈가 자유롭게 움직인다는 것은 날개뼈가 단순히 고정된 지지대가 아니라는 것을 뜻한다. 날개뼈는 근육이나 힘줄에 의해서 위팔뼈와 척추 그리고 갈비뼈에 연결되어 있다. 이 근육들이 날개뼈를 위아래로, 왼쪽이나 오른쪽으로, 안쪽이나 가쪽으로 회전하는 움직임을 만들어 낸다. 그래서 팔과 몸통의 움직임에 맞추어 날개뼈도 움직이면서 그 움직임을 원활하게 만들어 준다.

문제는 하루 중 대부분을 의자에 앉아서 생활하는 현대인들은 날개뼈에 붙어 있는 근육들을 잘 사용하지 않는다는 점이다. 잘 사용하지 않을 뿐만 아니라 하루의 대부분을 머리와 팔을 컴퓨터 앞으로 내밀고 손은 컴퓨터 자판 위에 올려 놓은 부자연스런 자세로 보낸다.

이렇다 보니 점점 날개뼈를 움직이는 방법을 잊어버리게 된다. 즉 팔의 움직임에 맞추어 적시에 견갑골을 당기거나 밀거나, 올리거나 내리거나, 또는 회전시키는 근육을 잘 사용하지 못하는 것이다.

날개뼈를 움직이는 근육을 재교육시켜야 한다

실제로 네 발로 기는 동물이나 날아 다니는 새와는 달리 현대인은 날개뼈를 충분히 사용할 기회가 없다. 한번 생각해 보자. 하루에 몇 번이나 팔을 어깨 위로 올리는 동작을 해 보았는지. 아마 버스나 지하철을 타고 손잡이를 잡거나,

선반 위의 물건을 꺼낼 때와 같이 기껏해야 몇 차례에 불과할 것이다. 손을 등 뒤로 보내 맞잡거나 어깨를 돌리는 동작은 더더구나 할 기회가 없다.

> 손을 드는 동작을 생각해 보자. 이때 날개뼈와 관절을 이루는 위팔뼈는 움직임의 단계별로 이른바 동시화가 이루어진다. 즉 팔이 올라감에 따라 날개뼈도 함께 위로 움직이면서 한편의 축은 고정되고, 다른 편은 회전하면서 팔의 움직임을 도와준다. 이때 어느 근육은 수축 운동을 하고, 다른 근육은 이완하여 날개뼈의 적합한 움직임을 만들어 낸다.
>
> 그런데 팔 움직임에 맞춰서 날개뼈가 제대로 움직이지 못하면, 위팔뼈를 잡아 당기는 힘줄(회전근개)과 날개뼈의 돌출된 구조물(견봉 등) 사이의 공간이 좁아진다. 이 때문에 힘줄이 쏠려서 염증과 통증을 일으키는 '어깨충돌증후군'과 같은 문제를 일으킨다.

날개뼈를 움직이는 근육 중 일부 근육을 사용하지 못하면 다른 특정근육들만 지나치게 자극하게 되어 근육의 과도한 긴장을 초래하게 된다. 예를 들어 양쪽 날개뼈를 안쪽으로 모으는 역할을 하는 능형근이나, 아래로 당기는 하부승모근

날개뼈를 움직이는 운동

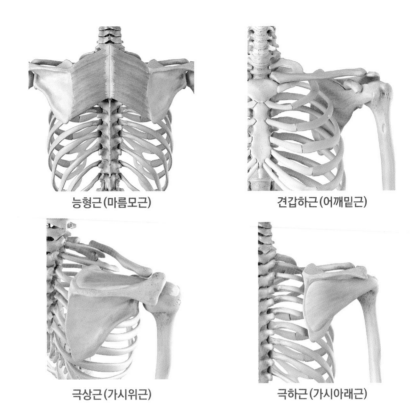

| 능형근 (마름모근) | 견갑하근 (어깨밑근) |
| 극상근 (가시위근) | 극하근 (가시아래근) |

은 거의 사용하지 못하는 대신 목 부위와 등 위쪽에 있는 견갑거근이나 상부승모근만 과도하게 자극하게 된다. 이들 근육이 과도하게 긴장하면 근육섬유가 뭉쳐서 통증점이 발생하고, 뇌로 가는 혈류에도 지장을 끼쳐서 두통 등을 일으킨다.

이를 예방하려면 책상 앞에서 틈틈이 기지개를 펴거나 팔을 뒤로 맞잡는 등의 동작을 자주 하는 것이 좋다. 하지만 이미 통증을 호소하는 상태라면 잘 사용하지 않는 근육들을 잘 사용할 수 있도록 재교육시키고, 상부승모근의 긴장을 풀어주는 접근법이 필요하다.

날개뼈를 잘 움직인다고 사람이 하늘을 날 수는 없다. 그러나 날개뼈를 잘 움직여서 통증에서 해방된다면, 그것이 바로 날아다니는 기분일 것이다.

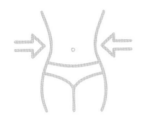

횡격막 대보수 작전

"어떤 운동을 좋아하시죠?"라고 물으면 "전 숨쉬기 운동은 잘 해요."라고 답하는 한물간 유머가 있다. 그만큼 자신이 운동과는 거리가 멀다는 뜻이기도 하다.

그런데 사실은 숨쉬기도 제대로 못하고 있을 확률이 높다. 왜냐하면 운동과 담을 쌓고 있다면 호흡근육을 잘 사용하지 못하고 있다는 뜻도 되기 때문이다. 사람에 따라서는 호흡에 관여하는 근육들의 사용법을 다시 배울 필요가 있다.

살아 있는 사람은 누구나 숨을 쉰다. 그런데 호흡만 멈추지 않았을 뿐이지 숨을 모두가 잘 쉬는 것은 아니다. 숨을 제대로 쉬는 않는다면 어떤 문제가 일어날까? 숨쉬기를 잘 하는 것은 건강과 어떤 관계가 있을까? 또 어떻게 숨을 쉬는 것이 잘 쉬는 것일까?

호흡을 하는 두 근육, 횡격막과 늑간근

호흡을 하는 목적은 공기 중의 산소를 몸안으로 받아들이고, 몸안에서 생성된 이산화탄소를 내보내기 위해서이다. 즉 우리가 코나 입으로 들이마시는 공기는 폐 안에 들어와 혈액 중으로 산소를 보내고, 반대로 혈액을 통해 폐에 들어 온 이산화탄소는 내쉬는 공기와 함께 배출된다. 이렇게 폐 안에서는 산소를 받고 이산화탄소를 내보내는 가스교환이 일어난다.

숨을 들이마시고 내보내는 것은 횡격막과 늑간근이라고 하는 두 근육의 작용에 의해서 이루어진다. 그중에서도 주로 횡격막의 작용에 의존해서 호흡을 하는 것이 복식호흡이다. 횡격막은 가슴과 배 사이를 구분하는 넓고 아래로 둥근 낙하산처럼 펼쳐져 있는 근육이다. 숨을 들이마실 때는 횡격막이 아래쪽으로 편평하게 내려가면서 가슴속공간(흉강)이 넓어지면서 공기를 받아들이게 된다. 반대로 숨을 내쉴 때는 횡격막이 위로 볼록하게 되면서 가슴속공간이 좁아지면서 폐 안에 있는 공기를 코나 입을 통해 밖으로 내보내게 된다.

반면에 흉식호흡은 늑간근을 비롯한 가슴 부위의 근육이 주된 작용을 해서 이루어지는 호흡이다. 늑간근(갈비사이근)은 늑골(갈비뼈) 사이에 붙어 있다. 이 늑간근이

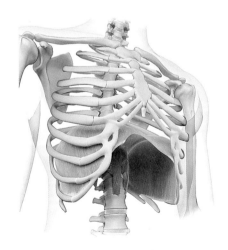

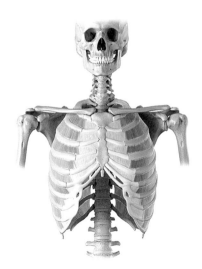

횡격막 (가로막)   늑간근 (갈비사이근)

작용하면 갈비뼈를 옆으로, 그리고 위쪽으로 잡아 당겨 가슴을 부풀어 오르게 한다. 이로 인해서 가슴속공간이 넓어지면서 공기를 폐 안으로 쉽게 받아들인다. 반대로 숨을 내쉴 때는 갈비뼈가 원래의 위치로 돌아가면서 가슴속공간이 좁아져 폐 안의 공기를 쉽게 내보낼 수 있다.

가스교환에 실제로 이용되는 공기 : 폐포 환기량

우리가 정상적으로 한 번 숨을 들이마실 때 폐 안으로 들어 오는 공기량, 즉 일회호흡량은 500ml 정도이다. 물론 내쉴 때도 동일한 양의 공기를 내보낸다. 숨을 한 번 들이쉴 때 작은 생수병 크기 정도의 공기를 마시는 것이다.

이렇게 들이마신 500ml의 공기가 모두 가스교환에 참여하는 것은 아니다. 왜냐하면 들이마신 공기 중에서 약 150ml는 최종 종착지인 폐포(허파꽈리)에 도달하기 전의 공기 통로, 즉 기도(氣道)에 머물게 되기 때문이다. 우리가 들이마시는 500ml의 공기 중에서 폐포 안에까지 들어간 약 350ml의 공기만이 가스교환에 참여하며, 나머지 150ml는 일차·이차·삼차기관지, 세기관지, 종말세기관지 등으로 갈라진 공기 통로에 머물게 된다.

"

결론적으로 들이마시는 약 500ml의 공기 중에서 약 350ml 정도만이 폐포(허파꽈리) 안까지 들어와서 산소를 받아들이고 이산화탄소를 내보내는 가스교환에 참여할 수 있다. 나머지 150ml의 공기는 공기의 통로, 즉 기도 안에 머물게 되기 때문에 가스교환에 참여할 수 없다. 이렇게 실제로 폐포 안에서 가스교환에 참여하는 350ml의 공기량을 폐포 환기량이라고 한다. 즉 우리 인체는 폐포 환기량을 통해서만 산소를 얻고, 이산화탄소를 배출한다.

"

흉식호흡은 폐포 환기량을 감소시킨다

비정상적인 호흡을 하면 폐포 환기량에 문제가 생긴다. 즉 흉식호흡과 같은 비정상적인 호흡에 의존하면 폐포 환기량이 감소한다. 흉식호흡을 하면 얕고 빠른 호흡이 되기 때문이다. 흉식호흡에 의존하면 호흡이 빨라져서 호흡횟수는 증가하는 대신 호흡을 얕게 하므로 한번에 마시는 공기량이 줄어든다.

예를 들어 흉식호흡에 주로 의존하는 호흡을 해서 한번에 들이마시는 일회호흡량이 370ml로 줄어들었다고 가정해 보자. 이렇게 되면 앞에서 설명한 바와 같이 기도(氣道) 안에 머무는 150ml의 공기를 제외하고, 나머지 220ml의 공기만이 폐포 안으로 들어와 가스교환에 참여한다. 이 경우의 폐포 환기량은 220ml로서 앞에서 예로 든 복식호흡일 때의 폐포 환기량(350ml)과 비교하면 현저히 감소된다.

횡격막의 움직임이 제한되거나 문제가 있을 때에는 흉식호흡을 하게 된다. 예를 들어 임신 중일 때에는 횡격막의 움직임이 제한을 받는다. 또 복부비만 등에 의해 복압이 높아진 경우에도 횡격막을 아래쪽으로 움직이는 데 제한을 받는다. 또 심리적으로 불안한 경우에도 흉식호흡을 하는 경향이 있다.

요즈음에는 호흡을 할 때 횡격막을 잘 사용하지 못하는 사람들을 흔히 볼 수 있다. 예를 들면 상체를 앞으로 잔뜩 구부린 자세로 장시간 컴퓨터 작업을 하는 경우이다. 이렇게 앞으로 구부린 자세에서는 횡격막의 움직임이

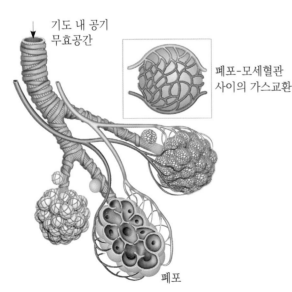

기도 내 공기
무효공간

폐포-모세혈관
사이의 가스교환

폐포

폐포 환기량

제한되므로 흉식호흡에 더 의존하게 된다. 이러한 자세로 시간이 경과되면 환기 효율은 저하되므로 뇌로의 산소 공급이 희박해져서 졸음이 오고 작업능률도 오르지 않게 된다.

횡격막은 중요한 코어근육이다

횡격막은 호흡 활동에서 중요할 뿐만 아니라 가장 중요한 코어근육이다. 즉 횡격막은 여러 개의 척추에 부착되어 척주의 안정성을 유지하는 데 매우 중요한 역할을 한다. 예를 들어 역도선수가 최대의 중량을 들어 올릴 때 순간적으로 숨을 멈추는데, 그것은 큰 중량을 지지하기 위해 횡격막의 움직임을 최대한 고정시켜서 복압을 올리고, 척추를 안정화시키기 위해서이다. 횡격막의 약화는 요통환자에게 가장 많이 발견되는 문제 중의 하나이기도 하다.

운동 부족에 시달리는 현대인에게 횡격막은 대보수 작업이 가장 필요한 근육이라고 할 수 있다. 횡격막을 강화시키려면 몇 가지 특별한 횡격막 호흡법을 연습하거나, 플랭크와 같은 코어운동, 수영 등이 효과적이다.

횡격막을 제대로 사용하는 법을 익히면 두 마리 토끼를 잡는 셈이 된다. 즉 산소를 받아 들이는 환기효율을 높임과 동시에 척주의 안정성을 높여서 허리통증을 예방하는 효과를 얻을 수 있다.

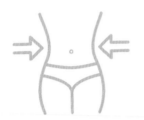

몸에는 지구력 선수들이 산다

인류 역사상 전례가 없이 가혹한 노동에 시달리고 있는 근육들이 있다. 하루 종일 컴퓨터나 스마트폰 앞으로 쑥 내민 5~6kg이나 되는 머리를 목과 등 뒤에서 붙잡고 지탱하는 후두부와 척추 사이에 붙어 있는 경판상근(목널판근)과 같은 심부 근육들이다. 이 심부 근육 중에서 가슴과 허리 부위를 지탱하고 척주와 골반을 연결하여 안정화시키는 근육을 지칭하여 '심부 코어근육'이라고 한다.

요즘 요통 등을 예방하는 코어운동이 유튜브나 방송에서 많이 소개되고 있다. 코어근육은 인체의 움직임을 확고하게 지지하며, 그것을 바탕으로 더 파워풀한 몸의 움직임을 뒷받침한다. 예를 들어 투수가 포수의 미트를 향해 빠른 볼을 던지거나 축구선수가 강력한 킥을 구사할 수 있는 힘은 팔다리에서만 나오지 않는다. 그 힘은 척추와 척추 사이, 그리고 척주와 골반을 이어주는 몸 안쪽의 근육들에서 생성된다.

심부 근육들은 주로 지근섬유로 되어 있다. 이 지근섬유는 피로에 대한 저항력이 높은 지구력을 특성으로 한다. 하루 종일 앉아 있거나 서 있을 때 척주를 잡아

주는 일을 하려면 당연히 지구력이 요구되기 때문이다. 지근섬유에 비해 지구력은 약하지만 수축 속도가 빨라서 순발력에 유리한 근육은 속근섬유이다.

100m 달리기 선수에게 마라톤은 무리

컴퓨터나 스마트폰을 보느라 잔뜩 앞으로 내민 머리를 온종일 뒤에서 잡아주는 역할은 목 뒤쪽의 심부 근육들이 하고 있다. 이들은 지구력 선수들이다. 그런데 아무리 지구력이 좋다고 해도 결국은 한계가 있기 마련이다. 마침내 목과 어깨, 그리고 등 부위에서 견디기 힘든 통증이 나타난다. 이 통증은 지구력이 좋은 선수들도 완전히 지쳤다는 신호이다. 너무 지쳐서 쉬게 해 달라고 아우성치는 비명 소리이다.

이렇게 목과 어깨 부위의 몸 안쪽에 있는 지구력 좋은 심부 근육들이 지쳐서 한계에 도달하면 이제는 몸 표면에 가깝게 있는 보다 큰근육들에게 앞으로 나가 있는 머리를 함께 붙들어 달라고 도움을 요청한다. 이때 요청을 받는 큰근육이 승모근(등세모근)이다. 목과 어깨에 걸쳐 넓은 면적을 차지하는 승모근에게 머리를 계속해서 붙들어 달라고 부탁하는 것이다. 그래서 결국 승모근도 머리를 잡아 주는 일에 참여하기 시작한다.

문제는 승모근이 큰 힘은 매우 잘 쓰지만, 지구력이 약한 단거리 선수들이라는 것이다.

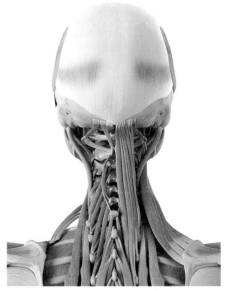

목 뒤쪽의 심부 근육

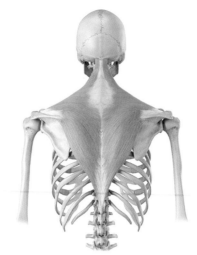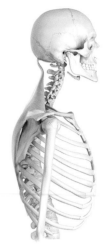

뒤에서 본 승모근   옆에서 본 승모근

승모근에는 상대적으로 속근섬유가 많이 분포되어 있기 때문이다. 이는 100m 단거리 선수에게 마라톤을 뛰게 하는 셈이다. 결국 얼마 가지 못해서 승모근도 견디지 못하고 비명을 지르게 된다. 이어서 목과 어깨, 날깨뼈 주변이 점점 뻣뻣해지고 견디기 힘든 통증이 여기저기서 나타나게 된다.

근육들에게 공평하게 일을 분담시키자

이러한 근육들이 중노동에 시달리는 동안 할 일 없이 놀고먹는 근육도 있다. 이것도 문제를 일으킨다. 바로 복횡근(배가로근)이다. 연구자들은 요통환자의 복횡근은 비활성화되어 있음을 발견하였다. 이 복횡근은 복부 근육 중 가장 안쪽에 위치하면서 척주나 골반을 안정화시키는 역할을 한다.

선 자세에서 옆으로 팔을 벌려서 덤벨을 들어 올리는 동작은 주로 어깨를 두툼하게 감싸고 있는 삼각근(어깨세모근)에 의해 이루어진다. 그런데 덤벨을 옆으로 들

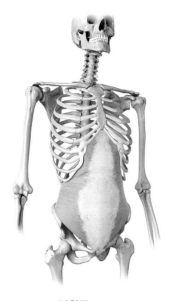

복횡근

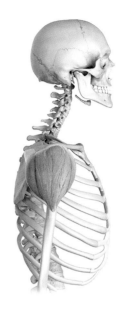

삼각근

어 올릴 때 정상적으로는 복횡근이 삼각근보다 먼저 활성화되는 특징이 있다. 팔이 올라가기 시작하면 먼저 복횡근이 긴장하여 복부 내압이 올라가서 몸통과 골반이 안정된다.

그런데 요통환자는 삼각근에 앞서서 복횡근이 먼저 활성화되는 현상이 잘 나타나지 않는다. 이는 몸의 움직임을 지지해 주는 인체 중심부의 안정성이 떨어져 있기 때문이다.

≫ 인체 안정화 측면에서 본 코어근육의 역할

코어근육의 안정화 역할을 이해하기 위해서 한 줄로 쌓인 벽돌들을 연상해 보자. 이때 벽돌들이 척추이고, 근육은 벽돌을 묶는 탄성을 가진 끈이라고 가정한다.

이 벽돌들을 탄성이 있는 끈으로 묶어서 옮길 때, 끈을 바깥으로 돌려서 크게 한 번만 묶으면 조금만 흔들리거나 기울어져도 벽돌이 삐져 나올 위험이 커진다. 그런데 각 벽

돌들끼리 작은 끈으로 먼저 묶고 난 다음 다시 바깥으로 크게 돌려서 묶는다면 안정적
으로 벽돌을 옮길 수 있다.

이처럼 코어근육은 골반 위에 세워져 있는 척주가 적절한 커브를 유지하도록 견고하게
붙잡아 줌으로써 걷거나 뛰는 운동을 안정적으로 할 수 있도록 해 준다.

이 코어근육을 강화시키는 대표적인 운동으로 플랭크 동작이 많이 소개되고
있다. 그런데 이미 허리 디스크가 있거나 척주 주위의 근육이 많이 약해진 사
람은 무작정 이 동작을 따라 하면 요통을 더욱 악화시킬 수 있다. 위에서 예로
든 것처럼 각 벽돌들을 묶은 끈이 약해져 있는 상태에서 플랭크 운동처럼 엎드
린 자세를 유지하려면 척주에 너무 과도한 부하를 주기 때문이다.

코어근육을 강화시키는 운동은 자신의 근력 수준이나 통증 여부를 고려하여
호흡 운동부터 단계적으로 실시하여야 한다. 척주는 척수라는 신경의 경로를
보호하는 매우 중요한 기둥이다. 이 기둥의 안정성과 가동성을 유지하려면 평
소 운동을 꾸준히 해야 한다.

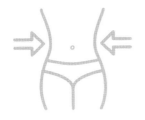

C자 허리와 민짜 엉덩이

요즘 몸매의 기준으로 힙업(hip-up)이 강조되고 있다. 힙업은 아래로 처지지 않고 위로 볼록한 엉덩이를 뜻하는 말인데, 엉덩이 근육 특히 대둔근이라고 하는 커다란 근육이 발달하여 나타난다. 힙업이라는 것이 억지로 자세를 만들면 되는 것으로 오해하는 경우가 있다. 엉덩이 근육이 이미 약화되어 있고 골반을 중심으로 근육의 불균형이 심해져 있을 때에는 허리 부위에 더 큰 부담을 준다. 대둔근이 매우 약화되어 반대쪽에서 대항 작용을 하는 장요근과 같은 근육은 경직되어 골반을 앞으로 당기는 상태가 되면 골반은 앞으로 기울어지게 된다. 이 상태에서는 억지로 상체를 세우고 힘을 주어 허리의 만곡(커브)을 더욱 크게 하려고 하는데, 이것을 힙업으로 착각해서는 안 된다.

골반이 앞으로 기울어지면 생기는 일

인류 역사상 가장 오랜 시간을 앉아서 생활하는 현대인의 골반을 둘러싸고 있는 근육들의 불균형은 점점 심해질 수밖에 없다. 오랜 시간 앉아 있으면 엉덩이를 이루는 큰근육인 대둔근은 늘어난 상태로 약해진다. 반면 엉덩관절(고관절)을 굽히는 작용을 하는 장요근이나 허벅지 앞부분의 대퇴직근 등은 그 자세에 적응하려고 짧아진 상태로 경직된다.

　이렇게 되면 골반이 앞으로 당겨져서 전방으로 기울어지는 '골반의 전방경사' 현상이 생긴다. 이처럼 골반이 전방경사되면 앞으로 넘어지려는 힘에 대항하여 본능적으로 척주를 세우려고 한다. 한편 오랜 시간 앉아 있으면 복부 근육들은 비활성화되어 점점 약해지는 현상이 나타난다. 이렇게 되면 척주를 뒤에서 붙잡아 주는 척주기립근은 매우 무리한 나머지 경직되어 버린다.

　이 과정에서 허리 부위에 있는 척주기립근이 과도하게 긴장하면서 요추 부위의 만곡이 정상범위를 벗어나게 되는데, 이것이 심해지면 요추전만이 초래된다. 이때 선 자세를 옆에서 보면 허리가 마치 알파벳의 C자처럼 휘어진 모습을

하지교차증후군에서 과긴장된 근육과 약화된 근육

장시간 잘못된 자세로 인한
골반의 전방경사

볼 수 있다. 이렇게 요추만곡이 심해져서 C자형 자세가 되면 상체의 무게가 분산되지 않고 주로 요추 3~4번에 집중되어 요통이나 추간원판탈출증, 이른바 척추디스크를 일으키는 원인이 된다. 즉 요추전만이 심해지면 척추뼈와 척추뼈 사이에서 완충 작용을 하는 추간판에 과도한 압박이 가해지고, 나아가 척추 자체의 변성도 초래할 위험성이 커진다.

≫ 하지교차증후군

골반을 중심으로 늘어나서 약화된 근육과 매우 짧아져서 경직된 근육이 X자 모양으로 서로 교차해서 나타나는 현상을 '하지교차증후군'이라고 한다. 예를 들어 하지교차증후군에서는 전형적으로 엉덩이 근육(대둔근, 중둔근 등)과 복부 근육들은 약화되고 불활성화되는 반면 허리 앞면의 장요근이나 등쪽에서 척추를 붙잡고 있는 척주기립근은 매우 긴장하여 경직된 형태를 나타낸다.
하지교차증후군은 오랜 시간 앉아서 생활하는 것과 관계가 깊고, 잘못된 자세와 코어 근육의 약화가 증상을 더욱 악화시킨다.

골반이 뒤로 기울어지면 어떤 일이 생기는가

자세가 잘못되면 골반이 앞으로 기울어지기도 하지만, 반대로 뒤로 기울어질 수도 있다. 소파나 의자에 몸을 뒤로 눕혀서 비스듬하게 앉으면 골반이 뒤로 기울어진 골반 후방경사를 초래할 수 있다. 골반이 뒤로 기울어져도 대둔근은 마찬가지로 약해진다. 반대로 허벅지 뒤쪽에 있는 햄스트링스는 매우 경직되고 과활성된 상태가 된다.

이렇게 되면 엉덩이가 아래로 처지는 소위 '민짜 엉덩이'가 된다. 민짜 엉덩이는 외관상의 문제도 있지만 C자형 허리와 마찬가지로 허리통증과 관련이 있다.

이 경우에도 요추전만을 심하게 하거나, 반대로 요추만곡이 사라지게도 한다. 허리만곡이 C자형 허리처럼 너무 심해도 허리통증을 유발하지만, 만곡이 사라져도 상체로부터의 충격을 흡수하지 못해서 허리통증의 원인이 된다. 골반의 후방경사도 대부분 자세 이상과 그로 인한 근력 불균형으로부터 시작된다. 특히 복부의 근력과 대둔근의 약화가 그 주된 원인이다.

자신의 상태를 알고 제대로 된 자세로 운동을 하자

장시간 앉아 있는 생활과 잘못된 자세가 결합되면 골반의 전방이나 후방경사로 인해 C자형 허리가 되거나 민짜 엉덩이를 만든다. 이미 잘못된 체형을 갖고 있는 사람이 힙업 자세를 만들면 체형이 교정되지 않을 뿐만 아니라 오히려 상태를 악화시킬 위험도 있다. 또한 골반의 불균형이 심한 사람이 하이힐을 신으면 상태를 더욱 악화시킬 수도 있다.

한편 피트니스센터 등에서 지도자의 도움없이 잘못된 자세로 운동을 하면 근육의 불균형을 초래하고, 나아가 자세의 불균형이 더욱 심해질 수도 있다. 예를

골반의 후방경사를 유발하는 자세

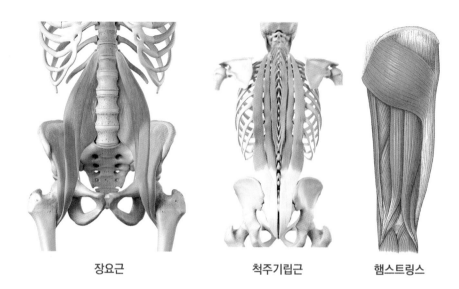

장요근   척주기립근   햄스트링스

들어 이미 복부나 엉덩이 근육이 약해졌고, 골반 경사가 있는 사람이 스쿼트나 데드리프트와 같은 운동이나 중량을 이용한 동작을 잘못된 자세로 실시하면 불균형 상태가 더 심해질 수 있다. 뿐만 아니라 허리나 무릎에 더 큰 부담을 주어 부상의 위험성도 있다.

　그러므로 자신의 상태를 임의로 판단해서 운동을 하면 더 나쁜 결과를 초래할 수 있다는 점을 꼭 기억해야 한다. 이러한 골반 경사 여부에 대한 정확한 판단은 병원에서 X-ray 등의 검사를 토대로 전문의에 의해 이루어져야 한다. 자신의 상태를 정확하게 알고 난 다음 호흡운동과 함께 복횡근 등 심부 복부 근육을 조절하는 운동이나 대둔근을 전차적으로 강화시키는 운동이 필요하다.

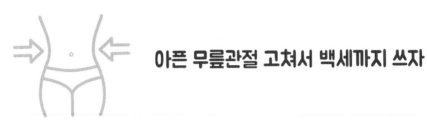

아픈 무릎관절 고쳐서 백세까지 쓰자

김 과장은 30대 후반의 회사원이다. 직장의 배드민턴 동아리에 가입해서 4년째 배드민턴을 즐기고 있다. 그런데 무릎이 시큰거리는 증상이 처음 나타난 것은 2년 전이다. 이 증세가 가끔 나타나더니 급기야 몇 개월 전부터는 무릎 안쪽이 아파서 걷기도 힘들고, 다리를 완전히 펴기도 힘든 상태가 되었다. 병원에 가서 MRI를 찍고 진단을 받았더니 무릎 안쪽의 내측측부인대가 조금 손상되어 있으며, 반월판도 부분적으로 찢어진 상태라고 했다.

기현은 축구를 매우 즐기는 20대 초반의 대학생이다. 그런데 요즘은 축구나 풋살을 즐길 수 없어서 우울하다. 발목이 매우 아파서 걷기조차 힘들기 때문이다. 사실 3년 전에 발목을 접질린 적이 있었는데, 그때 한동안 침을 맞고 이후에 통증이 사라져서 잊고 지냈었다. 그후 축구를 하다가 서너 차례 그 부위를 다치고 회복하기를 반복했다. 이제는 축구는커녕 조금 많이 걷는 날이면 계속 통증을 느낀다. 병원에 가서 진단을 받으니 발목 부위의 전거비인대가 부분적으로 파열되었다고 한다.

위의 예는 운동이 원인이 되어서 일어나는 주변에서 매우 흔히 접하는 일이다. 특히 체중을 이동하거나 점프하면서 체중이 실린 채 지면과 충돌이 반복적으로 일어나는 형태의 운동을 할 때 자주 일어난다.

≫ 관절질환의 원인

뼈와 뼈가 만나는 곳은 관절을 이룬다. 관절 중에서도 움직임이 많은 관절일수록 관절을 안정시키고 충격을 완화시키기 위해 인대나 힘줄, 연골판, 관절주머니와 같은 연부조직의 역할이 커진다. 특히 발목과 무릎관절은 체중을 이동시키거나 방향을 급격히 전환시킬 때 커다란 물리적 하중을 버텨내야 한다. 그만큼 인대와 힘줄·연골과 같은 연부조직에 손상이 나타날 위험성이 커진다는 것을 의미한다.

관절은 너무 많이 사용해도 문제가 생기고, 지나치게 사용하지 않아도 고장이 난다. 너무 사용하지 않으면 관절이 경직되어 관절의 가동범위가 제한되고, 관절을 안정되게 붙잡아 주는 근육이나 주변 조직이 위축되어 버린다.

처음 다쳤을 때 완전한 회복이 중요하다

정말 중요한 것은 관절 부위에 처음 통증이 발생했을 때이다. 절대로 이 통증을 가볍게 여겨서는 안 된다. 김 과장과 기현의 공통점은 처음 부상을 입거나 통증이 나타났을 때 이를 가볍게 보고 제대로 치료하지 않았다는 점이다. 사실 많은 사람들이 그렇다. 관절 부위를 처음 다쳤을 때 그로 인해 나타나는 통증이 사라지거나 걷기 등의 일상생활에 지장이 없으면 그 부위가 나은 것으로 생각하고 잊어버린다. 그렇게 잊고 지내다가 다시 운동에 참여했을 때 예전에 다쳤던 부위를 다시 다치는 경우가 많다.

부상 이후에 시간이 지나서 통증이 사라졌거나 걷는 데 지장이 없다고 해서 회복된 것은 아니다. 즉 손상으로 인한 통증이 사라지더라도 그 조직은 더 취약하고 약해진 상태가 된다. 급성기에는 가장 최우선적으로 부종과 염증 반응이 일어나지 않도록 하고, 만성기엔 손상된 조직 자체의 회복과 함께 관절 주변의 근육을 강화시켜 관절의 안정성과 가동성을 높여야 한다.

66

관절 부위의 인대나 연골은 손상되면 피부조직과는 달리 재생되는 기간이 매우 길다. 또 반복적인 손상에 의해 그 조직의 변성이 초래되어 탄성이나 강도 등 물리적 특성도 변한다. 이러한 조직의 변성은 결국 만성적인 부상과 통증의 원인이 될 수 있다.

99

관절의 안정성을 유지해 주는 중요한 인대·힘줄이나 충격을 완충해 주는 연골판 등이 손상되면 만성적인 관절의 퇴행성 변화를 초래하기 쉽다는 점을 잊어서는 안 된다.

≫ 퇴행성 관절염은 소리없이 찾아온다

앞서 소개한 김 과장은 10년이 지난 지금은 40대 후반의 베테랑 부장이 되었다. 10년 전 관절경 수술을 받고 재활을 열심히 한 덕에 생활하는 데는 문제가 없다.

수술하고 몇 년이 지난 후부터는 달리기를 꾸준히 즐기다 보니 매일 5~6km는 거뜬히 달릴 수 있게 되었다. 그런데 몇 개월 전부터 아침에 일어나면 무릎이 뻣뻣한 느낌이 들고 조금만 뛰어도 무릎이 붓고 아파서 걷기도 힘들었다. 특히 계단을 내려갈 때 통증을 심하게 느끼고 있었다.

김 부장은 오랫동안 거의 매일 즐기던 운동을 못하는 것이 제일 속상하다. 사실 오래

전 수술을 받은 이후에 많이 뛰면 무릎이
시큰거리고 아픈 것을 느꼈지만, 지금처럼
오래 가기는 처음이다. 며칠씩 운동을 쉬
면 괜찮아져서 병원에 갈 생각을 하지 않
았지만, 이번에는 운동을 하지 않았는데도
무릎이 계속 아파서 처음으로 병원에 갈
생각을 하였다. 병원에서 엑스레이를 찍고
의사 선생님으로부터 퇴행성 관절염이라
는 진단을 받았다.

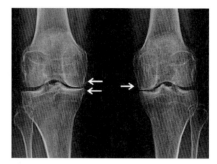

**무릎관절 안쪽의 관절연골이 닳아서 간격
이 좁아진 모습**

재활은 운동선수만 하는 것이 아니다

부상의 급성기에 나타나는 부종이나 염증, 그리고 통증이 가라앉으면 그 다음
단계는 기능의 완전한 회복을 위한 재활이 매우 중요하다. 사실 운동이 직업인
선수와 마찬가지로 일반인도 똑같이 재활 과정이 중요하다.

선수가 부상을 당한 후 기능을 완전히 회복되어 연습이나 경기에 복귀하려면
상당한 기간 동안 매우 계획적인 재활 과정이 요구된다. 또 기능을 완전히 회복
한 상태라고 생각되더라도 자신의 나이를 고려하여 관절에 과도하게 반복적인
충격이 가해지는 운동은 피해야 한다.

일반인도 운동선수와 다를 바가 조금도 없다. 이제는 100세시대가 도래했다.
100세까지 몸을 움직이는데 가장 큰 장애가 될 수 있는 취약 부위가 하체의 관
절이다. 이미 무릎이나 발목관절에 문제를 갖고 있다면, 지금부터라도 체계적으
로 재활을 시작해 보자. 사실 고장난 관절을 100세까지 사용할 수 있도록 회복
하는 일보다 중요한 일이 어디 있을까.

현대인의 고질병, 어깨질환

문명이 시작된 이후 오늘날처럼 온 인류가 겸손(?)하게 고개를 숙이며 살았던 적은 없었다. 물론 마음이 겸손하다는 뜻은 아니다. 요즈음 지하철이나 카페 등에서 허리를 굽히고 고개를 떨군 채로 스마트폰이나 컴퓨터 모니터를 보는 모습을 흔히 볼 수 있다.

심지어 거리에서도 고개를 푹 숙이고 스마트폰에 온통 정신을 뺏기고 걸어가는 모습도 볼 수 있다. 그래서 '수구리족'이니 '스몸비(스마트폰좀비)'라는 신조어까지 생겨나게 되었다.

장시간 이런 자세를 취하면 우리 몸의 근육들도 거기에 적응되어 가슴 부위의 대흉근이나 소흉근은 긴장되어 짧아지면서 날개뼈(견갑골)를 앞쪽으로 당기게 된다. 이로 인해 어깨가 앞으로 둥그렇게 말리고, 등은 굽어지고, 머리는 앞으로 내민 일명 라운드숄더(round shoulder)가 된다. 사실 이러한 자세는 도시인들뿐만 아니라 전통적인 농사일, 그것도 앉아서 밭일을 하는 분들에게도 쉽게 볼 수 있다.

어깨질환으로 나타나는 상지교차증후군

라운드숄더는 단순히 미관상의 문제에 그치지 않고 '상지교차증후군(upper crossed syndrome)'을 유발한다. 이 증후군은 가슴 앞 부위의 근육뿐만 아니라 그 근육들과 대각선으로 교차하여 목 뒤와 등 위쪽에 있는 승모근이나 견갑거근의 과도한 긴장 때문에 나타난다. 그 결과 등 부위의 견딜 수 없는 통증이나 두통·불면증·우울증 등 광범위한 증세가 나타난다. 등과 목 부위 근육이 과도하게 긴장되면 주변의 혈관을 눌러 혈류를 차단하거나 신경을 직접 압박하여 직접 그 부위에 통증을 일으키거나, 그보다 떨어진 머리의 통증이나 팔저림과 같은 감각 이상을 유발시키기도 한다.

"

우리는 일상생활에서 어깨관절의 가동범위 전체를 이용해서 팔을 쓰는 경우는 거의 없다. 예를 들어 어쩌다 버스나 지하철을 탈 때 손잡이를 잡기 위해 팔을 어깨 위로 올릴 뿐이다. 또 두 손을 몸 뒤로 돌려 맞잡는 동작은 더더욱 하지 않는다. 그러다 보니 어깨관절 부위의 힘줄이나 인대, 연골조직의 유착이 일어난다.

또 팔을 들어 올리는 동작은 간단한 것 같지만, 실제로는 날개뼈에 붙어 있는 여러 근육들이 순차적으로 서로 협응하는 작용을 통하여 이루어진다. 그런데 오랫동안 팔을 들어 올리는 동작을 하지 않다 보니 신경과 근육의 스무드한 협응 작용을 잊어버리게 되었다.

"

상지교차증후군은 어깨에도 나타난다. 어깨는 우리의 감정이나 상태를 표현할 때도 잘 이용된다. 예를 들어 '어깨가 무겁다 또는 가볍다', '어깨가 축 쳐졌다', '어깨를 으쓱거린다'라는 표현이 그것이다. 그만큼 어깨가 중요하기 때문이다.

어깨는 인체에서 가동범위가 가장 넓어서 360도 회전을 할 수 있는 유일한 관절이다. 이렇게 가동범위가 넓기 때문에 그만큼 운동성을 뒷받침할 안정성도 중요하다.

그런데 잘못된 자세로 인해 라운드숄더가 되었다면 문제가 될 수 있다. 라운드숄더가 되면 어깨관절에서 날개뼈와 위팔뼈(상완골)가 이루는 각도가 정상 상태를 벗어나게 된다. 예를 들어 문틀과 문은 경첩에 의해 연결되어 있는데, 시간이 지나 나무로 된 문틀이 비틀리면 문틀과 문이 이루는 각도가 변하여 경첩이 덜컹거리며 문을 잘 여닫을 수 없는 것과 마찬가지다.

날개뼈와 위팔뼈가 이루는 각도가 180도보다 작아진 상태에서 팔을 올리면 날개뼈의 돌출된 견봉과 위팔뼈 사이의 공간이 좁아진다. 이때 그 사이를 지나는 회전근개(돌림근띠)와 같은 힘줄이 뼈에 반복해서 닿으며 상처가 나서 염증을 일으키거나 끊어지기도 한다. 마치 부두에 정박한 배가 계속 일렁이는 물결에 의해 흔들리는 바람에 그 배를 묶은 끈이 데크 모서리에 닿아 쓸려서 마침내 끊어지는 것과 비슷하다. 이것이 흔히 나타나는 '어깨충돌증후군'의 원인 중 하나이다.

날개뼈를 움직이는 근육을 재교육하자

오랜 시간 앉아서 생활하는 사무직 근로자의 경우 어깨충돌증후군을 예방하려면 일하는 도중에 수시로 팔과 어깨·몸통을 펴 주는 스트레칭이 좋다. 보다 구체적으로는 먼저 날개뼈를 중심으로 정교한 움직임을 다시 회복시킨 다음 지나

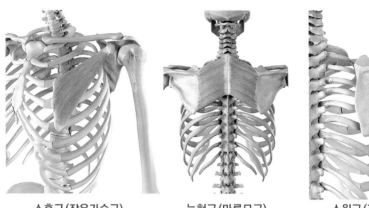

| 소흉근(작은가슴근) | 능형근(마름모근) | 소원근(작은원근) |

치게 경직된 근육을 풀어 주는 교정운동이 효과적이다. 그동안 제대로 사용하지 않아서 사용법을 잊어버렸던 날개뼈에 붙어 있는 작은 근육들이 스스로 잘 움직이도록 재교육해야 한다. 그리고 과도하게 경직되어 있는 표면근육들도 풀어줄 필요가 있다.

어깨에 발생하는 문제는 주로 가슴 앞부분의 소흉근이나 대흉근, 그리고 등 부위에 있는 넓은 근육인 상부 승모근의 과긴장 때문에 발생하는 경우가 많다. 이렇게 과긴장된 근육을 이완시켜 주고, 반대로 약화되어 있는 근육은 강화시키는 근력운동을 통해 몸의 균형을 잡아야 한다.

그러나 운동을 올바르게 하지 않으면 오히려 불균형을 심화시킬 수 있다. 예를 들어 벤치프레스와 같은 가슴 운동만 열심히 하면 가뜩이나 과활성화된 가슴 근육과 상부 승모근을 더욱 긴장시키고, 반대로 광배근이나 능형근·소원근을 강화시킬 수 있는 등 부위 운동은 소홀해지기 쉽다.

어깨관절에 염증과 통증이 있는 사람은 가벼운 스트레칭을 하여도 더 큰 손상을 초래할 위험이 있다. 따라서 이에 대한 치료를 먼저 한 다음 점진적으로 기능적 회복을 꾀하여야 한다.

횡격막호흡으로 내장을 마사지하기

깊고 자연스러운 호흡은 건강에 좋은 영향을 미친다. 그러나 숨쉬기는 무의식 수준에서 이루어지는 생명 활동이므로 많은 사람이 그 중요성을 인식하지 못하고 살아간다. 깊고 자연스러운 호흡을 위해서 가장 필요한 근육이 횡격막이다.

과거 주류 과학에서는 호흡운동을 신비적이거나 비과학적인 것으로 치부하는 경우가 많았다. 그러나 과거 십수 년 동안 이루어진 많은 과학적 연구를 통해 호흡과 건강의 깊은 관련성과 횡격막호흡의 중요성이 밝혀지고 있다.

"

횡격막은 척추에 붙어 있어서 가슴과 복부를 나누는 커다란 낙하산 모양의 근육이다. 스카이다이버가 하늘에서 낙하산을 펼 때와 지상에 착륙할 때를 상상해 보자. 숨을 내 쉴 때 횡격막은 낙하산을 펼 때와 같이 위로 볼록한 모습이 된다. 그리고 숨을 들이마 실 때 횡격막은 마치 낙하산이 지상에서 착륙하면서 편평하게 내려 앉는 모습이 된다.

"

횡격막이 얼마나 적절하게 반복해서 위아래로 움직이는지가 건강에 매우 중요하다. 정확한 호흡은 사실 횡격막의 움직임과 함께 배에서 시작되는 것처럼 보인다. 횡격막을 제대로 이용하여 호흡을 하고 있다면 복부는 위아래뿐만 아니라 좌우, 그리고 앞뒤 세 방향으로 팽창하게 된다.

이러한 횡격막의 움직임은 횡격막을 경계로 위쪽에 있는 심장과 폐, 아래쪽에 있는 위와 창자 등의 내장기관을 마사지하는 효과가 있다. 연구들에 따르면 이러한 물리적인 마사지 효과는 내장의 혈류 순환에 자극을 주고, 소화 활동에 도움을 주며, 독소 물질의 배출을 돕는다고 한다.

잘못된 호흡은 섬유근육통을 부른다

횡격막호흡에 문제가 생기면 불완전한 호흡인 흉식호흡에 더 많이 의존하게 된다. 비만이나 잘못된 자세, 임신, 정서적 불안 등이 횡격막호흡을 제한하는 원인이 된다. 잘못된 호흡은 섬유근육통(p.83 참조)과도 관련이 있다.

불안정한 호흡은 내장기관을 제대로 자극하지 못하여 혈류를 제한시키고, 내장기관으로부터의 불편한 감각 정보가 감각 및 운동신경의 뿌리가 있는 척수로 전해지게 한다. 이 경우 운동신경에 과도한 자극을 불러 일으킬 뿐만 아니라 주위의 근막이나 근육조직에 염증을 일으키기도 한다.

한편 횡격막호흡은 스트레스 반응이라고 할 수 있는 소위 '투쟁/도피 반응'에서 나타나는 교감신경계의 과도한 각

교감신경계의 과도한 각성 상태에서 발생하는 투쟁/도피 반응

성 상태를 되돌리는 작용도 한다. 반대로 흉식호흡은 만성적인 교감신경의 과도한 각성 상태를 초래하는데, 이 또한 섬유근육통과 관련되어 있다.

> 66
>
> 숨을 들이쉴 때에는 횡격막이 자유롭게 내려가면서 골반저근(골반바닥근)과 주변의 근육이 정상적으로 이완되는 현상이 나타난다. 그러나 횡격막이 제대로 내려가지 못하면 골반저근 등이 수축한 상태로 유지되고, 목과 가슴 부위에 있는 보조 호흡 근육들이 관여하면서 목과 턱·가슴 부위의 긴장도가 증가한다. 이렇게 만성적으로 긴장된 근육은 조직으로의 산소 흐름을 감소시켜 통증의 원인이 될 수 있다.
>
> 99

횡격막호흡의 효과에 대한 연구가 더욱 활발해지고 있다. 기공 수련자가 호흡을 할 때 횡격막의 아래위 움직임은 약 15cm인데, 이것은 일반인의 약 3~4배에 해당한다.

정상인의 호흡수는 분당 12~18회 정도이지만, 기공 수련자는 호흡이 매우 깊고 느려서 분당 호흡수가 2~3회에 불과하다. 그럼에도 불구하고 호흡수 감소에 의한 저산소 현상은 나타나지 않는다. 분당 2번 내지 3번의 매우 적은 호흡이지만 혈액 중의 산소 포화도는 다소 감소하지만, 실제 조직에서는 별다른 산소 부족을 겪지 않는다. 이러한 현상은 혈액으로부터 산소를 해리시키는 능력과 매우 적은 산소 소비로도 에너지를 생성하는 효율성이 높아지기 때문이다.

횡격막호흡을 통해서 의식적으로 호흡을 늦추고 깊게 하면 혈압이 감소하고, 안정 상태의 심장 박동

수도 감소한다. 이러한 신체 반응은 횡격막호흡에 의해 전체적으로 부교감신경계가 우세해면서 정서적인 안정과 함께 나타난다.

횡격막의 올바른 사용법은 자세 점검부터

횡격막을 제대로 사용하기 위해서는 자세를 먼저 점검해 봐야 한다. 구부정하게 상체가 숙여진 자세로는 횡격막을 제대로 움직일 수 없다. 또 연구들은 허리의 만곡이 증가하여도 호흡 근육의 기능이 저하되어 호흡 기능을 약화시킨다고 하였다.

횡격막을 이용한 깊고 자연스런 호흡은 복부의 압력을 적절하게 유지해서 등 허리 부위에 있는 흉요근막의 기능을 유지시키고, 척추 주위의 근육들에 걸리는 부하(심한 허리의 커브로 인해서 높아진 근육의 긴장도)를 경감시킨다.

처음에는 자세 훈련과 함께 횡격막의 올바른 사용법을 익혀야 한다. 다행히도 횡격막은 두 가지 근육으로 구성되어 있다. 즉 의식적으로 조절할 수 있는 근육(수의근)과 자율신경계에 의해서 무의식적으로 조절되는 근육(불수의근)이다. 그러므로 의식적인 호흡운동을 통해서 횡격막을 재교육할 수 있다. 이 단계를 거치면 의식하지 않고도 자연스럽게 제대로 된 횡격막호흡으로 넘어갈 수 있다.

이러한 호흡법은 주로 요가, 기공, 필라테스, 태극권 등에서 강조되고 있다. 특히 일상생활에서 자세와 호흡에 주의하도록 교육시키는 것이 중요하다.

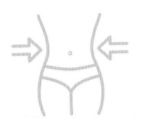

어깨를 펴야 할 또 다른 이유

사무직 근로자인 40대의 직장 여성 이 과장은 언제부터인지 왼손은 쥐어도 힘이 들어가지 않고 감각이 사라지는 듯한 증세가 나타났다. 목·어깨·손 부위뿐만 아니라 가슴 부위의 흉통까지 느껴서 협심증이 의심되어 병원을 찾아갔다. 병원에서 검사를 받은 결과 다행히 심장에는 이상이 없고, 또 목디스크나 목관절염도 아니었다.

결국 여러 가지 검사를 받고 나서 '흉곽출구증후군(thoracic outlet syndrome)'이라는 진단을 받았다. 여기서 흉곽출구란 목 아래의 쇄골과 가슴 맨 위의 첫 번째 갈비뼈가 이루는 공간을 뜻한다. 손으로 어깨에 가까운 목 아래 쇄골 안쪽을 더듬어 누르면 움푹 들어가는 부위가 흉곽출구이다. 흉곽출구는 신경이 그물망처럼 모여 있는 상완신경총에서 척수로 연결되는 부위이며, 정맥과 동맥혈관이 복잡하게 자리잡고 있다. 이 흉곽출구가 어떤 원인에 의해 눌리고 좁혀져서 신경을 누르거나 정맥혈관 또는 동맥혈관을 압박하여 나타나는 여러 가지 증세를 흉곽출구증후군이라고 한다.

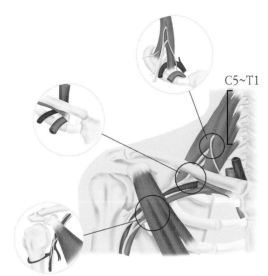

C5~T1

흉곽출구증후군의 원인

자세 이상이 흉곽출구증후군의 원인이다

이 과장의 경우 직장에서 오랜 시간 어깨를 늘어 뜨리고 머리를 앞으로 숙인 자세로 일하는 것이 원인이 되었다. 여기에 수면 자세도 문제였다. 이 과장은 몸을 왼편으로 돌려서 웅크린 자세로 잠을 자는 습관을 갖고 있다. 이런 자세를 장시간 취하면 압박을 받은 흉곽출구 아래쪽의 신경이 눌려 나타나는 증세가 흉곽출구증후군이다.

상완신경총은 척수로 들어가기 전에 그물망을 이루는 목과 가슴에 있는 신경이다. 이곳의 운동신경이 압박 받으면 손을 쥘 때 힘이 들어가지 않는 증상이 나타나고, 감각신경이 영향을 받으면 통증을 느끼게 된다. 흉곽출구증후군의 약 95%는 신경이 압박을 받아 나타나며, 나머지는 혈관이 눌려서 나타나는 증세이다. 혈관까지 영향을 받으면 손이 붓고 멍이 들거나 탈색되고, 손에 힘이 빠지면

서 팔을 포함해 상체에 더 광범위하고 심한 통증이 일어날 수 있다.

흉곽출구증후군의 일반적인 원인은 이 과장의 경우처럼 웅크린 자세로 장시간 컴퓨터를 다루거나, 한쪽 어깨에 무거운 물건을 지고 장시간 운반하거나, 공장의 조립 라인에서 같은 자세로 일할 때 발생하기 쉽다. 그리고 수영선수나 야구 투수, 배구선수처럼 팔과 어깨를 들어 올려서 반복적으로 움직이는 종목의 선수에게도 나타난다.

한편 정상체중인 사람보다는 비만한 사람에게서 더 자주 나타난다. 그 이유는 쇄골을 지지하는 근육에 추가적인 무게가 더해져서 스트레스로 작용할 수 있기 때문이다. 또 선천적으로 갈비뼈가 하나 더 있거나 흉곽출구가 더 좁은 사람에게도 이러한 증세가 나타날 수 있다.

마지막 치료 방법은 수술이지만, 대부분은 자세를 교정하고, 어깨 부위의 근육을 강화시키면 증세를 완화시킬 수 있다.

증후군의 3종 세트 : 거북목, 둥근어깨, 굽은등

오늘날 잘못된 자세로 인해 발생하는 통증으로 고통 받는 사람들이 많다. 앞으로 내민 머리, 굽어진 등, 둥그렇게 말린 어깨는 흉곽출구증후군뿐만 아니라 사각근증후군·목널판지근중증후군·어깨충돌증후군 등 통증을 일으키는 증세와 밀접한 관련이 있다.

목 부위의 경추에서 상부 갈비뼈에 붙어 있는 사각근은 머리를 앞으로 내민 자세에서는 짧아져 긴장하게 된다. 이렇게 되면 흉곽출구를 통해 드나드는 신경과 혈관이 압박을 받으면서 비슷한 증세를 일으킨다. 신경이나 혈관이 눌리면 그 위치에만 영향을 미치는 것이 아니라 멀리 떨어진 신체기관에도 감각이나 운동 이상을 나타낸다. 편두통 등도 이러한 이유로 발생할 수 있다.

이러한 증세 중 약물적·수술적 처치가 불필요한 경우에는 먼저 목과 어깨 부위의 긴장된 근육을 스트레칭하고, 상부와 하부 승모근이나 삼각근을 강화시키는 운동을 하면 개선할 수 있다. 그러나 무엇보다 같은 자세로 장시간 일하는 시간을 줄이거나 자세를 수시로 점검하여 고치려는 꾸준한 노력이 필요하다.

Step 02 돌아보기

◆ 인체는 '키네틱 체인(Kinetic chain)'을 이루고 있다. 자세 이상이나 반복된 동작에 의해 근육이나 힘줄의 불균형이 와서 어떤 부위의 정렬에 문제가 생기면 연쇄적으로 다른 부위에서 보상적으로 정렬의 변화를 초래한다.

◆ 장시간 앉아 있으면 '엉덩이기억상실증'과 같이 근육에 신경 자극을 내려 보내는 연결성이 상실된다. 특히 척추와 골반의 안정화에 관여하는 심부 코어근육들의 약화는 요통의 주요 원인이 된다.

◆ 건강을 위해서는 코호흡과 횡격막호흡이 중요하다. 코호흡은 폐의 가스교환 효율을 높여준다. 횡격막호흡은 호흡 효율을 개선하며, 내장기관을 마사지하고, 부교감신경계를 활성화시키는 등 건강상 이점이 있다.

◆ 견갑골(날개뼈)은 팔과 어깨관절을 구성하는 매우 중요한 뼈이다. 팔의 움직임에 맞추어 견갑골이 위아래로, 전후좌우로 자유롭게 회전하고 움직이도록 근육이 서로 협응하는 것이 어깨 건강에 매우 중요하다.

◆ 컴퓨터나 스마트폰을 보느라 앞으로 나온 머리를 뒤에서 붙잡아 주는 심부 코어근육(장거리 달리기 선수)이 지칠 때 승모근(단거리 달리기 선수)이 함께 무리함으로써 목과 어깨 부위에 통증을 일으킨다.

◆ 장시간 잘못된 자세로 앉아 있는 것은 엉덩이 근육의 약화와 함께 골반이 전방이나 후방으로 기울어지는 원인이 된다. 이로 인해서 척추만곡(요추전만, 흉추후만)이 지나치게 커지거나 사라져 척추에 부담을 준다.

◆ 관절 부위는 처음 다쳤을 때 완전한 회복이 중요하다. 부상 후 염증과 부종이 가라앉고 통증이 사라져서 일상생활에 복귀하더라도 완전한 기능 회복을 위한 재활 과정이 필요하다.

Step 03.
꿀벅지가 삶의 질을 결정한다

근력운동과 근육의 발달

Step 03 미리보기

오늘날 많은 사람들이 피트니스센터에서 식스팩이나 힙업, 바디라인처럼 미적인 몸매 만들기를 위하여 운동을 하고 있다. 트레이너는 신체 디자인의 목적을 효과적으로 달성할 수 있는 운동방법과 그 운동으로 변화시킬 수 있는 신체의 기능적인 측면에 많은 관심을 가져야 한다. 즉 전신의 움직임 개선과 체력 향상, 그리고 건강 증진이 일상생활의 변화에 연결될 수 있도록 하는 전략을 가져야 한다.

근육이 하는 일들을 알아보자. 근육은 우리 몸을 이동시키거나 움직일 수 있도록 한다. 또 근육의 적절한 발달은 아름답고 건강한 신체상(身體像) 형성에 도움을 준다. 최근 몸을 움직이는 일 외에도 근육이 수행하는 중요한 일들이 밝혀지고 있다. 근육은 우선 당뇨병과 같은 대사성 질환 예방에 필요한데, 이때 엉덩이나 허벅지 근육이 중요한 역할을 한다.

한편 근육은 호르몬을 분비하는 기관이기도 하다. 근육 자신을 포함해 뼈나 기타 조직의 성장에 작용하는 호르몬(IGF-1)을 분비하며, 갈색지방을 활성화시켜 에너지 대사율을 높이는 아이리신(irisin)이라는 호르몬을 분비한다. 최근에는 근육에서 분비되는 아이리신이 뇌 해마에서 신경연접의 파괴로 초래되는 치매의 예방과 관련되어 있다는 연구결과도 보고되고 있다.

운동의 형태에 따라 단순히 근육의 양만 증가하는 것이 아니라 근육의 질적 변화도 일어난다. 근육의 질적 변화 중 하나가 산소를 잘 이용하는 능력이다. 근육이 산소를 잘 이용한다는 것은 그만큼 피로를 이겨낼 힘이 커진다는 뜻이다.

근육은 자극에 대한 변화가 잘 일어나는 기관이다. 다시 말하면 가소성이 높은 기관이다. 그런데 젊을 때 근육을 만들어 놓으면 나중에 노년기의 가소성도 커지는 특성이 있다. 근육 발달 과정에서 위성세포가 근육섬유 내에서 세포핵으로 전환되기 때문이다. 그러므로 한 살이라도 젊을 때 근육을 발달시키는 운동이 필요하다.

꿀벅지가 삶의 질을 결정한다

허벅지가 굵은 것이 남자에겐 좋지만, 여자에게는 오히려 핸디캡으로 여겨졌던 시절이 있었다. 예전이라면 탄탄한 근육이 허벅지에 붙은 '꿀벅지'라는 말이 여자에게 찬사라기보다 놀리는 말로 들렸을 것이다. 한때 허벅지와 종아리가 비슷한 굵기로 젓가락처럼 가늘어야 여성답고 아름답다고 생각한 적이 있었다.

그러나 이제는 남녀 공히 건강한 섹시미를 나타내는 꿀벅지는 최고의 찬사로 쓰이고 있다. 단거리 스피드스케이트의 여왕인 이상화 선수의 허벅지야말로 꿀벅지라 할 수 있으며, 완성된 건강미를 보여 준다.

이처럼 미의 기준이 달라진 것은 정말 잘된 일이라고 생각한다. 건강 측면에서도 꿀벅지는 매우 바람직하기 때문이다. 하지만 허벅지만 굵다고 해서 꿀벅지라고 하지 않는다. 허벅지가 굵은 동시에 허리도 굵고 배가 나왔다면 꿀벅지라고 할 수 없다.

엉덩이는 주사 맞으라고 있는 게 아니다

엉덩이나 허벅지의 근육은 사람을 이동시키고 활동 반경을 넓혀 줄 때 중요한 역할을 한다. 그런데 나이를 먹으면서 나타나는 가장 뚜렷한 체형의 변화는 하체 근육의 감소이다. 물론 몸통에는 체지방이 붙어서 소위 ET체형으로 변화하게 된다.

대중 목욕탕에서는 허벅지가 매우 가늘고 엉덩이 옆부분이 움푹 들어간 모습을 한 노인들을 흔히 볼 수 있다. 이런 모습은 중둔근이 위축되어 나타난다. 중둔근이 쉽게 위축되는 까닭은 이 부위가 주사를 맞을 때가 아니면 일상생활에서 거의 사용하지 않기 때문이다.

중둔근은 다리를 옆으로 벌릴 때 작용하는 근육이다. 한 발로 서서 다른 쪽 다리를 옆으로 벌리는 동작을 반복하면 중둔근을 운동시킬 수 있다. 그런데 이렇게 의도적으로 운동하지 않으면 일상생활에서 중둔근에 제대로 자극을 주는 동작은 거의 없다.

흔히 엉덩이와 허벅지 근육을 단련시키기 위한 운동으로 스쿼트가 잘 알려져 있다.

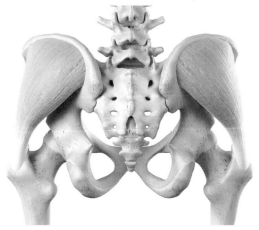

중둔근(중간볼기근)

그러나 이러한 스쿼트 운동으로도 중둔근에는 충분한 자극이 주어지지 않는다. 이 때문에 나이가 들수록 더욱 의도적이고 잘 계획된 운동이 필요하다.

≫ 인슐린 저항성

허벅지나 엉덩이 근육이 당뇨병과 같은 대사질환과 관계가 깊다는 것은 잘 알려진 사실이다. 하체 근육이 부실할수록 인슐린 저항성이 쉽게 발생한다. 여러 번 강조하지만 인슐린 저항성은 많은 질병의 뿌리가 된다. 즉 당뇨병은 물론 협심증이나 심근경색과 같은 허혈성 심질환, 뇌졸중(중풍) 등이 인슐린 저항성으로부터 시작된다.

식후 일시적으로 상승하는 혈당을 세포 안으로 넣어 주는 역할을 하는 것이 바로 췌장에서 분비되는 인슐린이다. 그런데 인슐린이 정상적으로 분비되는 데도 불구하고 세포에서 인슐린을 잘 받아 들이지 않아서 혈당이 세포 안으로 제대로 들어가지 못하는 현상이 나타나는데, 이를 인슐린 저항성이라고 한다.

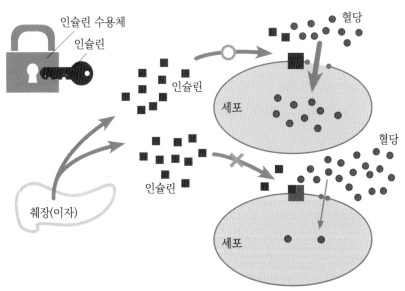

인슐린(열쇠)과 인슐린 수용체(자물쇠)의 작용과 인슐린 저항성

> "
>
> 유전적 요인을 제외하고 인슐린 저항성을 높이는 가장 중요한 요인은 운동 부족과 비만이다. 비만 중에서도 복부비만이 가장 큰 요인이다. 이는 내장지방과 관계가 깊고, 하체의 근육량 감소와도 관련되어 있다.
>
> "

한 살이라도 젊을 때 운동하는 것이 유리하다

노년기에 근력을 유지하는 것은 삶의 질을 결정한다는 점에서 매우 중요하다. 적절한 근력, 특히 하체 근력은 스스로 신체를 이동시키는 능력을 좌우한다.

하체 근력은 균형을 유지하고, 낙상이나 그로 인한 고관절 골절과 같은 치명적인 부상의 위험을 낮추어 준다.

한편 일정 수준 이상의 근력을 유지하여야 골밀도 저하를 방지하여 골다공증 발생 위험을 낮춘다.

> "
>
> 다른 사람의 도움을 받지 않고 걷거나 움직이면서 일상생활을 영위할 수 있는 최소한의 근력을 '장애역치'라고 한다. 근력이 장애역치 아래로 떨어지면 누군가의 도움 없이는 이동하거나 화장실도 가지 못하는 처지가 되므로 삶의 질이 현저히 떨어지고, 정신적으로도 우울증에 걸릴 위험이 높아진다.
>
> 요즘처럼 의학이 발달하여 수명이 길어진 시대에 장애역치 아래로 근력이 떨어진 채로 살아가야 할 기간이 길어진다면 그만큼 불행한 일은 없을 것이다.
>
> "

한 살이라도 젊을 때 근력을 키우는 운동을 하는 것이 중요하다. 왜냐하면 성장이 왕성한 젊은 시기에 근육을 키워 놓으면 그 후 나이가 들어 근육이 위축되더라도 재차 운동을 할 때 훨씬 더 쉽게 근육이 커지기 때문이다.

이것은 운동에 의해 근육 세포핵의 수가 늘어나는 것과 관계되어 있다. 근육에 일정 수준 이상의 부하가 가해지면 근육 세포막 부근에 있는 위성세포가 활성화된다. 이렇게 활성화된 위성세포가 근육세포 내로 이동하면 근육 세포핵으로 전환된다. 일단 증가한 세포핵의 수는 이후에 운동을 하지 않아 근육 자체의 크기가 줄어들어도 변화하지 않는다. 이 세포핵이 자극을 받으면 근 단백질 합성을 일으키는 장소가 되기 때문에 세포핵이 많을수록 근력운동에 의해 더 쉽게 근육이 발달하기 쉽다.

과거에 근 발달을 경험했던 근육은 먼 훗날에 다시 운동을 하면 그렇지 못한 근육보다 훨씬 유리한 입장이 된다. 이것이 바로 운동을 자꾸 나중으로 미루어서는 안 되는 이유이다.

한 살이라도 젊었을 때 근육을 키워라

근육하면 떠오르는 이미지는 무엇일까? 아마 마블의 히어로 헐크의 부풀어오른 녹색 근육을 떠올릴지 모른다. 또는 식스팩이 선명하게 드러난 멋진 복근을 연상할 수도 있을 것이다. 근육이 발달하면 외관상 보기 좋은 체형을 갖게 된다. 그리고 힘도 잘 쓰게 된다. 나이를 먹어서는 스스로 움직이는 능력을 유지하고 낙상을 방지하기 위해서 근력은 더욱 필요하다.

그렇지만 이 외에도 근육의 발달로 얻게 되는 이점이 상상 외로 많다는 점은 대부분 잘 모르고 있다. 최근 근육에 대한 스포츠의학 분야의 연구들에 의해 근육이 가져다 주는 건강상의 이점이 얼마나 많은지 속속 밝혀지고 있다.

일생 동안 우리 몸에서 크기가 가장 많이 변할 수 있는 조직은 무엇일까? 그것은 지방조직과 근육조직이다. 지방조직이 늘어나면 대부분 건강에 적신호가 되지만, 근육조직이 늘어나면 건강에 좋은 영향을 준다. 예를 들어 엉덩이나 다리의 근육량이 감소하면 인슐린 저항성이 초래되기 쉽다. 인슐린 저항성은 당뇨병뿐만 아니라 고혈압, 이상지질혈증(고지혈증), 동맥경화, 비알코올성 지방간, 치매 등과도 밀접하게 관련되어 있다.

근육이 감소하면 치매에 걸릴 확률도 높아진다

최근 근육에서 분비되는 아이리신(irisin)이라는 호르몬이 치매를 막아 주는 역할을 한다는 연구결과가 발표된 바 있다. 운동을 할 때 기억을 담당하는 뇌 해마 부위 등에서 뇌세포 생성이 촉진된다는 것은 십수 년 동안의 활발한 연구로 이미 증명되었다. 그런데 아이리신이 뇌의 해마 부위에서도 확인되었고, 치매환자의 뇌에서는 아이리신이 현저하게 감소되어 있다는 것이 밝혀졌다.

인위적으로 치매를 유발시킨 동물들에게 아이리신을 주사한 결과 파괴된 신경연접과 기억 손실이 회복되었다. 이 동물들에게 수영을 하루에 1시간씩 시켰을 때 목표물을 인식하는 기억력이 현저히 회복되었다는 보고도 있다. 그런데 이 연구에서 아이리신 생산을 차단했을 때 운동의 효과가 나타나지 않았다고 한다.

"

근육은 자극에 의해 가장 쉽게 변화되는 특성이 있다. 이러한 특성을 가소성(plasticity)이라고 한다. 이 가소성 때문에 근육은 다른 기관이나 조직에 비해 자극에 의해서 쉽게 증대하고, 자극을 받지 않으면 위축되는 특성을 보인다.

"

젊어서 근력운동은 사서라도 한다

근육은 자극을 주면 쉽게 커지므로 나중에 시간이 날 때 운동을 해도 괜찮지 않을까? 물론 어느 때라도 근력운동은 필요하지만, 한 살이라도 젊을 때 하는 것이 훨씬 효과적이다.

근력운동을 하면 근육에서는 면역물질(인터루킨-6)이 분비되는데, 이 물질은 뇌의 성장호르몬 분비를 자극한다. 성장호르몬 분비량은 사춘기 때 정점을 이루고, 나이를 먹으면서 서서히 감소하여 노년기에는 1/3 이하로 감소한다. 성장호르몬 분비가 감소하면서 복부지방은 증가하고 노화가 더 빠르게 진행된다. 그래서 나이를 먹을수록 운동에 따른 근육 증대의 효과는 감소하는 것이다.

그런데 최근 근육이 증대하는 과정에서 근세포막에 있는 위성세포의 역할이 매우 중요하다는 사실이 밝혀졌다. 위성세포는 원래 휴면 상태로 있다가 근육운동을 해서 근육섬유의 미세구조가 손상되면 활성화되어 분화와 증식을 시작한다. 이렇게 활성화된 위성세포는 미세하게 균열을 일으킨 근육섬유 안쪽으로 이

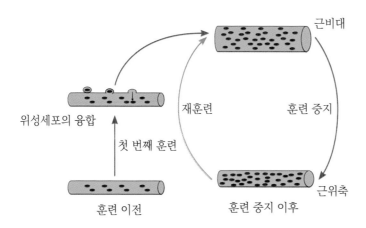

훈련과 훈련 중지에 의한 근비대와 근위축 기전

동하여 근육섬유의 세포핵으로 전환된다. 이 세포핵은 성장호르몬 등의 자극에 의해 근단백질을 합성시키는 역할을 한다.

> "
>
> 나이를 먹으면서 운동을 중지하여 근육이 위축되더라도 이미 생성된 세포핵의 수는 그대로 유지된다. 이러한 이유로 더 젊은 시절에 운동했던 사람이 근육을 키우기 위해 다시 운동을 하면 운동 경험이 없는 사람보다 훨씬 유리한 입장이 된다.
>
> "

나이를 먹을수록 복구도 더디다

노년기에 처음 근육운동을 할 때는 더욱 주의를 기울여야 한다. 왜냐하면 나이를 먹을수록 손상된 근육섬유 복구에 중요한 역할을 하는 위성세포의 활성도가 감소되기 때문이다. 그래서 부상을 입으면 그로부터 회복하는 능력이 떨어지게된다.

근육섬유는 주로 '신전운동'에서 많이 손상된다. 신전운동의 예를 들면 다음과같다.

의자에 털썩 주저앉지 말고 서서히 속도를 늦춰서 앉는 동작을 할 때 허벅지 앞부분의 근육은 신전하게 된다. 등산을 다녀온 후 하루이틀이 지나서 더 심한 통증을 느끼는 것도 산에 오를 때보다는 내려올 때 다리근육의 신전운동이 많이 일어나기 때문이다.

본격적으로 근력운동을 시작하려면 잘 계획된 운동 프로그램에 맞춰 운동을 하여야 근손상의 위험없이 효과적으로 운동을 할 수 있다.

몸안의 에너지 공장 경영 노하우

몇 년 전 꽤 많은 인기를 얻은 《본 레거시》라는 첩보 영화가 있다. 전형적인 할리우드 첩보 영화가 그렇듯 이 영화도 국가 정보기관의 거대한 음모가 배경이다. 미 국방부에서는 비밀리에 염색체 조작을 통해 매우 특별한 능력을 가진 요원을 만드는 연구를 수행한다. 그러나 조직의 권력자는 상황 변화로 인해 이 프로젝트의 존재를 감추어야 했다. 그래서 그동안 실험 대상이던 요원들을 하나둘씩 제거하게 된다. 피험자 중 한 명인 주인공이 탈출에 성공하는데, 그로 인해 숨막히는 추적과 도피, 격투가 전개된다.

특별히 관심을 끄는 것은 비밀 연구의 실체가 밝혀지는 장면이다. 연구에서는 주인공의 염색체에 변형을 가하여 미토콘드리아의 단백질 흡수율을 1.5% 높이는 데 성공하게 되었다는 것이다. 여기서 나오는 '미토콘드리아'에 대해 관객들이 얼마나 알고 있을

까 하는 호기심이 들었다.

영화에서는 지능이 약간 모자란 푼수였던 주인공의 염색체 2개에 약간의 변형을 가하여 미토콘드리아의 단백질 흡수율을 높여 초인적인 능력을 가진 특수비밀 공작 요원으로 변신시킨다. 단백질 흡수율이 겨우 1.5% 증가했지만 일반인에 비해 유연성, 근력, 피로 회복력, 신경 반응속도와 지능까지 현저히 증가한 주인공이 자신을 제거하려는 음모에 맞서 싸운다는 내용이다.

세포 내 발전소, 미토콘드리아

그렇다면 미토콘드리아는 과연 무엇일까? 미토콘드리아는 세포 안에서 에너지를 만들어 내는 에너지 생산 공장이다. 이 특별한 공장은 산소를 사용하여 영양소를 연소시켜 에너지를 만들어 낸다. 이 에너지를 이용해서 심장은 뛰고, 뇌는 사고하며, 간세포는 영양소를 처리하고, 근육은 수축하게 된다.

다시 말해서 인체의 모든 세포와 기관은 매순간 끊임없이 이 공장에서 만드는 에너지를 이용하여 생명을 이어가고 각자의 특수한 임무를 수행한다. 하나의 세포

안에 있는 이 에너지 생산 공장의 수는 평균 약 300~400개이다. 그러나 활동성이 높아서 에너지 수요가 높은 세포 안에는 더 많이 들어있다. 예를 들어 간세포는 1,000개 이상이고, 근육이나 뇌세포는 더 많으며, 쉬지 않고 펌프 작용을 하는 심장근육세포에는 수천 개의 미토콘드리아가 있다. 인체에 설립된 이 공장의 총 개수는 약 1경(1만조)이며,

총 체중의 10%에 달한다.

앞에서 소개한 영화에서 약물을 통해 미토콘드리아의 단백질 흡수율을 높인다는 것은 미토콘드리아의 DNA에서 시작되는 공장의 확장과 신설이 획기적으로 일어난다는 것을 의미한다. 물론 이는 영화에서나 가능한 이야기이다.

에너지 생산 공장을 확충하는 방법

실제로 이 공장의 크기를 늘릴 수 있는 방법이 있다. 나아가 개별 공장의 크기뿐만 아니라 공장의 수도 증가시킬 수 있다. 그 방법은 바로 '운동'이다. 어떤 운동이든지 대근육을 사용하는 운동을 정기적으로 꾸준히 하면 미토콘드리아의 크기와 수가 증가한다. 특히 심폐순환계의 운동일수록 에너지 생산 공장은 효과적으로 늘어난다. 이 공장이 늘어나면 인체는 더욱 효율적으로 에너지를 생산하는 능력을 갖게 된다.

사실 두 개의 심장을 가진 사나이로 불렸던 박지성 선수가 지치지 않고 뛸 수 있었던 비결은 실제로 그의 근육에 에너지 생산 공장이 엄청나게 많았기 때문이다.

비만이나 당뇨병은 에너지 공장을 파산시킨다

우리의 건강은 이 공장이 얼마나 잘 기능하는지에 달려 있다. 비만이나 당뇨병이 있을 때 현미경으로 살펴보면 세포 내 미토콘드리아의 형태가 변형되어 보인다. 이처럼 공장의 기능 저하는 노화를 일으키는 가장 직접적인 원인이다.

기능이 저하된 비정상적인 미토콘드리아는 에너지 생산 과정에서 너무 많은 활성산소를 만든다. 문제는 과잉 생산된 활성산소는 동맥벽이나 간세포, 뇌세포 등 인체 모든 세포에 손상을 입히는 것이다. 그로 인해 동맥경화는 물론이고 치매나 당뇨병과 같은 질병이 초래된다.

어떻게 하면 이 공장을 구조적으로나 기능적으로 건강하게 만들 수 있을까? 물론 결론은 정기적인 운동이다. 보조적으로는 과식을 하지 않고, 정제된 당 섭취량을 줄이며, 섬유소를 충분히 섭취하며, 장내 미생물 환경을 건강하게 유지하는 것도 도움이 된다.

이제 운동화끈을 매고 밖으로 나갈 때이다. 내 몸 안에서도 이 에너지 생산 공장을 확장하고 신설할 때이다.

운동 후 근육통증, 운동을 쉬어야 할까

지난 주말 이 과장은 회사 창립 기념 행사로 개최한 산행을 다녀왔다. 오랜만의 산행이어서 해발 800m 정도의 산은 조금 무리가 되는 것처럼 느껴졌지만, 정상을 정복하고 내려와 목욕탕 안에 몸을 담그면서 다녀오길 잘 했다는 생각이 들었다.

그런데 하루 밤을 자고 일어나니 종아리와 허벅지에 묵직한 통증이 느껴졌다. 발을 딛을 때마다 자기도 모르게 신음 소리가 날 정도였다. 문제는 하루가 더 지나면 가실 줄 알았던 통증이 월요일 아침에 더 심해지는 것이 아닌가. 지하철 계단 난간을 붙잡고 오르내린 끝에 간신히 출근할 수 있었다.

이러한 현상을 '지연성 근통증(delayed onset of muscle soreness)'이라고 하며, 줄여서 '돔스(DOMS)'라고도 한

다. 이 지연성 근통증은 근육의 길이가 늘어나면서 힘이 발휘되는 신전성 근수축 운동에서 더 많이 발생한다.

근육의 단축성 수축과 신전성 수축이란

우리의 몸을 움직이기 위해 근육이 힘을 쓰는 방법에는 크게 단축성 수축과 신전성 수축이 있다. 지금부터 이 두 가지 수축을 예를 들어 설명한다.

턱걸이를 할 때 보통 알통이라고 부르는 부위의 근육(상완이두근)은 수축하면서 몸 전체를 철봉 위로 끌어 올린다. 이때 이 근육은 길이가 짧아지는 단축성 수축을 하는 것이다. 즉 단축성 수축이란 전체 근육의 길이가 짧아지면서 힘을 발휘하는 형태의 운동을 말한다.

이와 반대로 철봉에서 몸이 내려올 때는 상완이두근이 어느 정도의 힘을 발휘한 채로 전체 길이가 늘어나게 되는데, 이를 신전성 수축 또는 신장성 수축이라고 한다. 이 신전성 수축은 전체 근육의 길이가 늘어나면서도 그 근육을 이루는 근육섬유 중 일부는 교대로 수축하여 일정 수준의 힘을 유지하는 것이다.

>> **신전성 수축**

예1) 철봉에 매달려 턱걸이를 할 때 올라간 다음 여전히 어느 정도의 힘을 준 상태로 내려오게 된다. 이때 상완이두근은 전체 길이가 늘어나지만, 그중 일부 근육섬유는 수축 작용을 통해 근육의 긴장도를 유지하게 된다. 이처럼 근육이 늘어나면서 일부 근육섬유의 수축 작용에 의해 근육의 힘 또는 긴장도(tension)를 유지하는 것을 신전성 수축이라고 한다. 만일 턱걸이에서 내려올 때 상완이두근이 신전성 수축을 하지 않고 바로 힘을 빼 버린다면, 체중에 의해서 어깨관절을 다치거나 탈구가 일어나게 될 것이다.

예2) 산에서 내리막길을 내려갈 때 발을 딛고 중심을 옮겨가는 순간에 허벅지 뒤편의 근육(햄스트링스)은 전체 길이가 늘어나지만, 그 근육을 구성하고 있는 일부 근육섬유는 수축하면서 계속 힘을 발휘한다. 이때 햄스트링스는 신전성 수축을 한다. 만일 내리막길에서 발을 내딛을 때 햄스트링스가 신전성 수축을 하지 않으면 체중을 지탱하지 못하여 몸이 앞으로 굴러 떨어지게 될 것이다.

지연성 근통증, 무조건 쉴 필요는 없다

지연성 근통증이 나타나면 더 이상 운동을 하지 말라는 경고 신호로 받아들여야 할까? 연구나 경험적인 사실들은 꼭 운동을 금지할 필요는 없다고 한다. 다시 말해서 지연성 근통증이 나타난 근육을 다시 사용하는 운동을 하더라도 통증은 악화되지 않고 오히려 통증이 경감되는 경우가 대부분이다.

"

지연성 근통증의 원인을 설명하는 가장 설득력 있는 이론은 근육의 미세구조에 손상이 일어나면, 그 손상을 회복시키는 과정에서 일어나는 염증 반응의 결과로 통증이 일어난다는 것이다. 즉 근육을 이루고 있는 근육섬유에 기계적인 장력이 반복적으로 걸리면 근육섬유의 미세구조에 손상이 일어나고, 손상된 근육섬유 안에 칼슘이 축적되면서 혈액으로부터의 산소 공급이 방해 받고 에너지를 합성하는 능력이 감소하게 된다. 이렇게 되면 근단백질이 변성을 일으키기 시작한다. 이 때문에 염증 반응이 일어나는데, 이때 히스타민이나 프로스타글란딘과 같은 물질이 분비되어 통증이 일어난다.

"

지연성 근통증과 근육섬유 손상 구별법

지연성 근통증(DOMS)	근육섬유 손상
근육을 움직일 때 타는 듯한 통증	날카롭고 참기 힘든 통증이 계속됨
통증이 운동 후 보통 24~48시간에 나타남	통증이 운동 중이나 운동 후에 나타남
통증이 하루 또는 일주일까지 지속됨	치료될 때까지 수개월 지속될 수 있음
스트레칭이나 운동으로 완화됨	스트레칭이나 운동을 하면 악화됨

평소에 하지 않던 신전성 근수축 이후 통증을 느낀다면, 그 근육은 같은 운동에 따른 더 이상의 손상을 감소시키도록 적응하는 현상이 신속하게 나타난다. 이러한 효과를 운동에 의한 '반복바우트 효과(repeated-bout effect)'라고 한다. 반복바우트 효과는 통증 감소뿐만 아니라 부종이나 근력 감소, 그리고 관절의 운동범위 감소와 같은 문제도 경감되는 것을 의미한다.

하지만 이러한 지연성 근통증을 임의로 판단해서 관절 부위의 염좌(삠), 또 그로 인한 인대나 힘줄 손상, 연골 손상, 활액주머니(낭)염 등과 혼동해서는 절대로 안 된다. 이러한 손상, 특히 관절 부위의 손상은 우선 염증을 가라앉히고 통증으로부터 회복을 위한 치료가 우선되어야 한다.

지연성 근통증을 예방하는 최선의 방법은 운동 전에 스트레칭이나 준비운동(워밍업)을 충분히 하는 것이다. 또 잘 맞는 탄력 양말이나 종아리 슬리브 착용도 도움이 된다. 운동 후에는 가벼운 정리운동, 마사지, 온열찜질 등을 하고, 전해질·탄수화물·단백질 등이 혼합된 음료수 섭취도 도움이 된다.

'근육 발달은 걷기부터'가 무슨 뜻

올해 68세로 몇 년 전 공직에서 은퇴한 기철 씨는 두 달 전부터 동네의 피트니스센터에 등록하여 다니고 있다. 운동을 하라고 등을 떠미는 자식들의 성화 탓이었지만, 요즘에는 운동을 시작한 것이 정말 잘한 일이라고 생각한다.

큰 병에 걸린 적은 없지만 마르고 허약한 체질에 운동과는 거리가 먼 생활을 해온 탓에 중량을 드는 것이 처음에는 너무 버겁게 느껴졌다. 하지만 얼마 전부터는 컨디션도 좋아지고 운동을 하는 재미를 느끼기 시작하였다.

그러던 차에 탈이 나고 말았다. 일주일 전 조금 중량을 높여서 레그프레스 운동을 최대까지 시도해 보았다. 운동을 할 때는 잘 몰랐지만 다음날 허벅지 안쪽에 파란 멍이 들어 있는 것을 발견하였다. 그리고 시간이 갈수록 가라앉기는커녕 점점 범위도 넓

레그 프레스 운동

어지고 통증도 심해지는 것이 아닌가. 벌써 일주일이 지났지만 좀처럼 허벅지 안쪽의 불편감이 사라지지 않는다. 이 때문에 섣부르게 운동을 다시 시작하지 못하고 있어서 보통 답답한 심정이 아니다.

저항운동과 심폐지구성 운동의 조화로운 배합

사실 기철 씨와 같은 사례는 흔히 일어나는 일이다. 근육을 발달시키려면 무슨 운동을 해야 할까? 상식적으로 중량을 드는 운동을 해야 한다고 알려져 있다. 맞는 말이다. 근육의 크기나 힘을 키우기 위해서는 자신의 체중이나 중량 기구를 이용해서 근육에 자극을 주어야 한다. 이러한 형태의 운동을 저항운동 또는 근력운동이라고 한다.

저항운동과 구별되는 또 다른 운동 형태가 심폐지구성 운동이다. 심폐지구성 운동은 심장 및 혈관의 기능, 호흡 기능을 개선하는 효과가 있다. 걷기나 달리기, 수영, 사이클, 축구나 배드민턴과 같이 신체를 이동하거나 전신 근육을 동시에 움직이는 운동이 여기에 속한다.

"

건강을 위해서는 저항운동과 심폐지구성 운동이 모두 필요하다. 그런데 매스컴의 조명에 따라서 어느 한 운동에 더 관심이 쏠리기도 한다. 예를 들어 요즈음은 노화에 대한 대응책으로 근육 발달을 위한 저항운동이 강조되고 있다. 노화가 진행되면서 근육량이 감소하는데, 특히 하체 근육의 감소가 뚜렷하다. 나아가 순발력(파워)과 관계있는 속근 섬유가 먼저 감소하기 시작한다. 이렇게 몸의 근육량은 감소하고 체지방량은 증가하면서 나타나는 저근육형 비만을 노인들에게서 흔히 볼 수 있다. 특히 근육이 병적으로 현저히 감소하는 현상을 '사르코페니아(sarcopenia, 근육감소증)'라고 한다.

"

적정량의 근육 유지는 노년기 삶의 질을 좌우하는 결정적 요소이다. 특히 엉덩이나 허벅지 근육이 중요시되고 있다. 일정 근력의 유지 여부는 다른 사람의 도움을 받지 않고 스스로 이동할 수 있는 능력을 결정하므로 삶의 질에 직접적인 영향을 미친다. 또 근육은 인슐린 저항성의 위험을 낮춤과 동시에 휴식 시 에너지 소비량 유지에도 필요하다. 뿐만 아니라 최근에는 근육이 단순히 몸을 움직이게 하는 기관일 뿐만 아니라 각종 염증 조절과 관련된 물질, 즉 면역기능에 관여하는 신호 물질이나 신경 보호 작용을 하는 호르몬도 분비하는 기관이라는 것이 속속 밝혀지고 있다.

평소에 운동 경험이 없는 사람이 노년기에 근육을 발달시키기 위하여 근력운동을 시작할 때에는 매우 조심해야 한다. 운동에 의해서 근육의 크기가 증대하는 것은 근육섬유막과 근초(뿌리집) 사이에 있는 위성세포가 작용하기 때문이다. 이 위성세포가 평소에는 잠자고 있는 상태로 있다가 근육섬유에 기계적인 자극이 가해지면 활성화되어 증식되면서 근세포핵으로 전환된다.

그리고 세포핵에서부터 시작되는 근단백질의 합성과정이 활발해지면 근육이 성장하게 된다. 운동에 의해 근육의 초미세구조에 일종의 손상이 발생하면 이 손상을 복구하는 과정이 반복된다. 이때 위성세포의 역할은 필수적이다.

≫ 속근섬유가 더 손상되기 쉽다

앞서 기철 씨가 입은 손상은 레그프레스 운동을 하면서 허벅지 안쪽의 근육섬유가 손상된 경우이다. 특히 최대까지 운동을 함으로써 평수에는 잘 동원되지 않았던 부위의 속근섬유 미세구조가 광범위한 손상을 입게 되었다.

속근섬유는 기계적 장력이 가해질 때 지근섬유에 비해 손상에 더 취약하다. 속근섬유는 근절의 제트 디스크(z-disc)와 액틴을 연결하는 데스민(desmin)과 같은 단백질이 지근섬유보다 약하기 때문에 신장성 수축과 같은 장력에 의해 더 쉽게 파열되는 특성이 있기 때문이다. 이에 더하여 위성세포까지 비활성화된 상태이어서 근육의 재생과 회복이 쉽게 이루어지지 못한 것이다.

근육을 발달시키려면 심폐운동도 필요하다

나이가 들어서 근력운동을 할 때 위성세포의 기능 자체가 떨어져 있는 상태가 문제이다. 위성세포의 기능이 많이 떨어진 상태에서는 근력운동을 해도 근육이 잘 발달하지 않는다. 더구나 사르코페니아와 같이 근육감소증이 심한 상태에서 처음부터 무거운 중량을 사용하는 근력운동을 하면 근육섬유가 쉽게 복구되지 않는다. 심하면 영구적으로 손상될 수도 있다.

최근의 연구들은 근육이 발달하려면 근육섬유당 분포된 모세혈관 수의 비율이 최소한 어느 수준 이상은 되어야 한다는 점을 전제 조건으로 보고 있다. 이것을 근비대를 위한 '모세혈관역치(capillarization threshold)'라고 한다. 왜냐하면 근육섬유는 모세혈관을 통해서 필요한 에너지원과 산소를 공급받기 때문이다. 근육에 분포된 모세혈관의 수를 증가시키기 위해서는 심폐지구성 운동이 더 효과적이다.

그러므로 사르코페니아와 같이 근기능이 많이 떨어져 있는 사람은 근육 발달을 목표로 한다고 해도 처음부터 본격적인 저항운동을 하지 않는 것이 좋다. 그 전에 일정 기간 걷기와 같은 심폐지구성 운동을 하거나, 아주 가벼운 저항운동부터 시작하거나, 아니면 두 가지 운동을 적절히 섞어서 하는 것이 바람직하다.

몸 안팎의 빨간색 근육들

혈액은 왜 빨간색을 띨까? 그 이유는 적혈구(赤血球)라는 세포가 빨간색이기 때문이다. 혈액 한 방울에 들어 있는 적혈구의 개수는 대충 4백만 개 또는 그 이상이다. 이처럼 혈액 중에는 적혈구 세포가 압도적으로 많다.

적혈구가 빨간색을 띠는 이유는 그 안에 헤모글로빈이라는 물질이 들어 있기 때문이다. 헤모글로빈이 빨갛게 보이기 때문에 혈액 중에 많은 부분을 차지하는

혈장

적혈구를 비롯한 고형물

혈액을 원심 분리했을 때

적혈구가 빨간색으로 보이고, 그래서 혈액 전체가 빨간색으로 보인다. 유리 튜브에 넣은 혈액을 원심 분리해서 적혈구를 가라앉히면 윗부분의 액체는 빨간색이 아니라 옅은 황색을 띠는데, 이 액체를 '혈장'이라고 한다.

> "
>
> 헤모글로빈은 왜 빨간색일까? 헤모글로빈의 주성분은 단백질(글로빈)과 철분인데, 철분 때문에 빨갛게 보인다. 즉 헤모글로빈의 철 원자에 산소가 결합하여 산화철이 되면 빨갛게 보인다. 공기 중에서도 쇠가 산화되면 붉은색으로 녹이 나듯이 헤모글로빈을 구성하는 철에 산소가 결합하면 빨간색을 띠게 된다. 그래서 산소가 많은 동맥혈은 정맥 혈액보다 더욱 빨간 선홍색으로 보인다.
>
> "

헤모글로빈과 비슷한 근육 안의 미오글로빈

혈액 안의 헤모글로빈과 매우 비슷한 물질이 근육에도 있는데, 그 물질이 미오글로빈이다. 미오글로빈은 혈액이 실어다 준 산소를 근육 내에서 받아 주는 역할을 한다. 미오글로빈도 헤모글로빈과 같이 단백질(글로빈)과 철분으로 구성되며, 구조도 비슷하기 때문에 미오글로빈 함량이 높은 근육은 빨간색을 띤다. 미오글로빈이 들어 있어서 빨간색으로 보이는 근육을 '적근'이라고 한다.

한편 적근과 대비되는 특성을 갖고 있는 근육을 '백근'이라고 하는데, 백근은 미오글로빈 함량이 적다. 그대신 근육섬유가 굵고 빠르게 수축해서 더 큰 힘을 발휘하는 특성이 있다.

빨간색의 적근은 미오글로빈 함량이 높아서 산소 이용 능력이 높다. 산소를 이용해서 에너지를 만드는 능력이 뛰어나므로 잘 피로해지지 않는다. 그러므로 지구력이 요구되는 활동에 매우 적합한 근육이다.

사실 우리 몸의 코어근육들은 적근 비율이 높다. 코어근육이란 주로 몸 깊숙한 곳에 위치하면서 척주나 골반의 연결과 안정성에 중요한 역할을 하는 근육들을 말한다. 우리가 하루 종일 앉아있거나 서 있는 동안 척주를 지속적으로 잡아주고 지탱하기 위해서는 이 근육들이 쉽게 지치지 말아야 한다. 코어근육에 상대적으로 적근의 비율이 높은 것은 바로 이 때문이다.

66

동물을 예로 들면 철새의 근육은 미오글로빈 함량이 매우 높다. 겨울이 다가오면 더 따뜻한 지역으로 가기 위하여 바다를 가로질러 수만 리를 쉬지 않고 날아가야 하기 때문이다. 그래서 닭가슴살은 붉은 빛이 거의 없지만, 철새인 청둥오리 고기는 매우 **빨간색**을 띤다. 벨루가라고 불리는 흰돌고래는 바다에서 수심 1km까지 잠수할 수 있다. 그 이유는 근육에 산소를 저장하는 미오글로빈 함량이 특별히 높기 때문이다.

99

청둥오리

벨루가

심폐지구성 운동은 미오글로빈 함량을 증가시킨다

어떻게 하면 근육의 미오글로빈 함량을 증가시킬 수 있을까? 가장 좋은 방법은 심폐순환계에 자극을 주는 운동을 하는 것이다. 예를 들면, 달리기, 수영, 자전거 타기, 배드민턴, 테니스, 스피닝, 축구 등 전신을 움직이면서 심장과 호흡계에 충분한 자극을 주는 운동이 좋다.

이러한 운동에 의해서 심장이나 폐의 기능도 개선되지만 근육도 더 빨간색을 띠게 된다. 미오글로빈 함량이 높아지기 때문이다. 미오글로빈 함량이 높아지면 근육의 산소 이용효율이 높아져서 예전보다 피로물질을 더 적게 생성하면서 운동을 지속할 수 있는 능력을 갖게 된다.

나이를 먹으면서 운동 습관이 없으면 당연히 전체 근육량이 감소한다. 근육량이 감소하면 당뇨병과 같은 대사질환의 위험에 더욱 쉽게 노출될 수 있다. 이와 더불어 노화와 함께 근육의 미오글로빈 함량도 감소한다.

그래서 나이를 먹을수록 근육량 감소를 예방하기 위한 근력운동과 더불어 심폐순환계를 자극하는 운동이 필요하다. 심장을 더 뛰게 하고 호흡이 거칠어지는 운동을 하면 넓적다리와 종아리 근육의 미오글로빈 함량이 증가하게 된다. 즉 심장과 폐를 자극하는 운동을 할수록 운동하는 근육의 색은 점점 빨간색을 띠게 되는 셈이다.

성장호르몬을 다시 흐르게 하자

50대 초반인 현숙 씨는 얼마전부터 매우 나른하고 피곤할 뿐만 아니라 얼굴이 붉게 달아오르고 식은땀을 흘리고 밤에 잠이 잘 오지 않는 경우가 잦아졌다. 신체적인 증세뿐만 아니라 감정의 변화가 심해지고, 혼자 있을 때 우울감이 엄습해 올 때가 많았다. 한동안 그러다 말겠지 하였지만 증세는 점점 심해져서 견딜 수 없는 수준이 되었다.

병원에 가서 진단을 받으니 전형적인 갱년기 증세라고 해서 성장호르몬 주사 처방을 받았다. 한동안 성장호르몬 주사 치료를 받고 나니 비로소 증세가 사라지고 다시 일상생활이 가능하게 되었다.

위와 같은 사례는 주변에서 흔히 볼 수 있다. 성장호르몬의 이러한 작용 때문에 성장호르몬을 '항노화호르몬'이라 부르기도 한다. 성장호르몬이라고 하면 키의 성장에 작용하는 호르몬으로 더 잘 알려져 있다. 즉 성장호르몬은 뼈의 길이와 부피 자람에 중요한 역할을 한다. 하지만 성장호르몬은 광범위한 대사작용을 갖고 있으며, 성장기에만 분비되지 않고 일생 동안 뇌하수체에서 분비된다.

"

성장호르몬은 나이를 먹으면서 점차 감소하여 60대가 되면 20대에 비하여 절반 이하로 감소한다. 보통 갱년기를 겪으면 복부지방이 증가하고, 근육량과 골밀도가 감소하고, 동맥의 경직도가 높아지면서 고혈압과 심혈관질환의 발병률이 높아진다. 이러한 노화 현상은 성장호르몬의 감소와 관련이 깊다. 갱년기 증세는 무기력과 피로감, 정력 감퇴, 불면증, 안면 홍조나 질 건조증 등으로 나타난다. 증세가 심하면 성장호르몬 주사를 처방하기도 한다.

"

운동은 성장호르몬 분비를 촉진한다

성장호르몬을 자연적으로 분비시키는 방법이 있다. 그것은 바로 운동이다. 운동을 하면 나타나는 뼈밀도 증가, 힘줄과 인대 강화, 근육 강화, 혈관 탄성 증대 등의 유익한 변화는 성장호르몬의 분비와 관련되어 있다. 운동을 할 때 성장호르몬은 운동하는 근육에 에너지를 동원시키기 위해 지방조직에서 지방을 분해하고, 간에 저장된 탄수화물을 꺼내 쓰도록 도와주는 역할을 한다. 뿐만 아니라 장기적으로는 콜라겐과 같은 단백질 합성을 촉진하여 관절을 튼튼하게 하고 근육을 강하게 만든다..

이 성장호르몬은 약 3시간 간격으로 하루에 7~8 차례에 걸쳐 파동을 일으키듯이 뇌하수체에서 분비된다. 대체로 운동을 시작해서 15~20분까지 성장호르몬은 큰 변화를 보이지 않다가 그 후 증가하기 시작한다.

그런데 지나치게 가벼운 운동을 하면 성장호르몬이 제대로 분비되지 않는다. 즉 산책을 하듯 천천히 걷는 운동만으로는 성장호르몬 분비를 기대하기 어렵다. 적어도 자신의 체력 수준에 비추어 중간 이상의 강도로 지속적으로 운동을 해야 성장호르몬의 분비가 활발해진다.

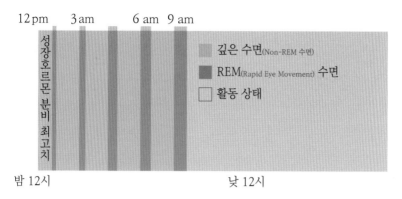

렘수면과 논렘수면, 그리고 성장호르몬의 분비

체력이 낮은 사람이 처음 운동을 시작할 때에는 욕심을 내지 말고 점차적으로 운동강도를 높여야 성장호르몬의 분비 효과도 더욱 크게 기대할 수 있다. 달리기, 사이클, 수영과 같은 심폐순환기능을 높이는 전신운동도 좋지만, 근육을 강화시키는 중량부하운동을 병행하면 더욱 활발한 성장호르몬 분비 효과를 거둘 수 있다.

운동과 숙면이 결합되면 최상이다

운동과 더불어 성장호르몬의 분비 효과를 증폭시킬 수 있는 방법은 잠을 잘 자는 것이다. 사람이 잠을 자는 동안에는 논렘수면(non-REM)과 렘수면(REM)이라는 두 가지 수면 패턴이 교대로 나타난다.

> "
>
> 렘수면은 논렘수면에 이어 교대로 상대적으로 짧게 나타난다. 렘수면 상태에서는 안구 움직임이 활발하기 때문에 렘(REM : rapid eye movement)수면이라고 부른다. 렘수면 상태에서 뇌의 활동은 깨어 있는 상태(각성상태)와 같이 활발한 뇌파 움직임(세타파, 베타파)을 보인다. 꿈은 주로 이 렘수면 상태에서 꾸게 된다. 한편 렘수면 상태일 때 근육은 매우 이완되어 있으므로, 렘수면을 역설적 수면이라고 부르기도 한다.
>
> "

잠이 들고 처음 약 한 시간 동안은 논렘수면 상태인데, 이때 성장호르몬이 가장 많이 분비된다. 첫 번째 논렘수면 상태에서는 서파라고 불리는 알파파(α wave)가 많이 나타나며, 이때 인체는 매우 깊은 무의식 상태에 들어가 있게 된다.

수면에 들어가서 첫 번째로 나타나는 논렘수면이 전체적인 수면의 질에 영향을 미친다. 왜냐하면 이때가 성장호르몬이 가장 많이 분비되면서 회복과 성장을 위한 중요한 시간대이기 때문이다. 그러므로 잠자리에 들면서 소음을 차단하고 조명을 끄는 등 좋은 수면 환경을 조성하는 것이 키 성장뿐만 아니라 전반적인 인체의 회복과 발달을 위해 중요하다.

그런데 수면의 질에는 운동이 영향을 미친다. 연구들은 하루 중 일정 시간대에 운동을 하면 그날 밤에는 수면의 질이 높아지는 현상을 보여주고 있다. 이 경우 논렘수면 시간이 길어지는데, 뇌파는 뇌가 더욱 쉬고 있음을 뜻하는 서파의 출현이 많아진다.

또 한 가지 성장호르몬의 분비를 돕는 방법은 운동과 함께 적절한 영양, 특히 단백질 섭취이다. 즉 운동이 끝나면 성장호르몬 분비를 돕는 아르기닌이나 글리신과 같은 아미노산을 적절이 섭취하는 것이 좋다. 이들 아미노산은 콩류, 견과류, 새우나 조개류, 닭고기, 달걀 등에서 얻을 수 있다.

키 성장에 대한 오해

"어머니, 애한테 그 과자 사 주시면 안 돼요. 너무 살쪄서 걱정이에요."

"괜찮다. 어릴 때 살찌는 거는 나중에 다 키로 간다."

시어머니와 며느리 사이에 있을 법한 대화다. 또 할머니의 유별난 손주 사랑이 아들 부부와 마찰음을 일으킬 수도 있는 대목이다.

어릴 때 살찌는 것이 나중에 키로 간다는 시어머니의 말은 과거에는 맞을 수도 있었다. 왜냐하면 과거에는 영양 결핍에 의한 성장 저해가 일반적이어서 어린 시기에 다소 통통한 것이 성장에 더 유리하게 작용할 가능성이 높았기 때문이다.

그러나 영양 결핍보다는 영양 과잉과 불균형이 문제가 되는 요즈음에는 '살이 쪘다'는 말은 과거보다 더 뚱뚱한 조기 비만을 의미한다. 그리고 이러한 조기 비만은 키가 지속적으로 성장하는 데 방해가 된다. 아이가 앞으로 계속해서 성장할 것인지 확인하기 위해서는 손목이나 무릎 부위를 엑스레이나 초음파로 찍어 보면 된다.

뼈끝을 촬영한 X-ray 필름을 보면 연골 부위가 검은 색으로 나타나는데, 이 부위를 뼈끝연골판(골단연골판)이라고 한다. 뼈끝연골판이 있다는 것은 아직 완전히 골화가 이루어지지 않고 성장 중임을 보여 주기 때문에 이를 '성장판'이라고 한다.

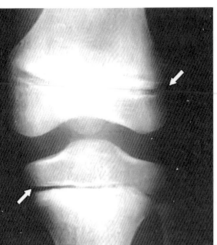
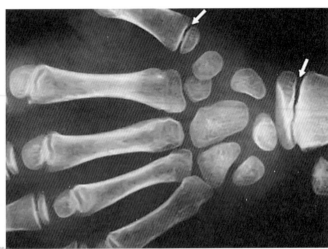

무릎관절의 성장판   손목관절의 성장판

키 성장은 성장판이 닫히기 전에

사춘기 전후의 성장판은 사춘기의 성장 급등기(남자는 만 16세, 여자는 초경이 지나고 만 14세 정도)를 지나면 폐쇄된다. 이 성장판이 폐쇄된 다음에는 성장이 거의 멈추거나 둔화되어 키가 크더라도 1년에 1~3cm 정도밖에 크지 않는다.

사람은 모두 유전적인 요인을 갖고 태어난다. 따라서 키 성장에 가장 큰 영향을 주는 사춘기 전후의 환경 요인을 잘 관리해야 한다. 키 성장에 가장 큰 영향을 미치는 환경 요인은 영양, 운동, 수면 등이다. 영양 결핍은 성장을 저해하지만, 너무 과잉한 영양 때문에 비만해지면 조기 성숙을 초래해서 성장에 장애가 된다.

"

문제는 사춘기가 너무 일찍 찾아오면 성호르몬의 분비가 시작되어 2차성징과 초경이 조기에 시작되는 것이다. 성호르몬이 너무 일찍 분비되면 성숙과 함께 성장도 촉진하지만, 성장판이 너무 일찍 폐쇄되어 최종적인 키 성장이 중지된다.

그런데 성호르몬이 분비되기 시작하는 시점은 아이의 체중과 관련이 깊다. 여자아이의 경우 체중이 30kg이고 체지방률이 17%가 되면 여성호르몬이 분비되기 시작하여 2차 성징과 초경이 나타나고, 남자아이는 체중이 45kg 정도 되면 성호르몬 분비 신호로 작용한다.

"

수면도 성장에 매우 중요하다. 수면에 들어가서 처음 한 시간 정도 될 때의 논렘(non-REM)수면 상태가 특히 중요하다. 이때는 깊은 무의식 상태의 수면으로 뇌하수체에서 성장호르몬이 가장 많이 분비되기 때문이다. 그러므로 성장기에는 늦은 시간에 잠들지 않도록 하고, 조명이나 소음으로부터 차단하여 수면 환경을 잘 조성해 주어야 한다.

성장판에 기계적 자극을 주는 운동

운동이 성장에 도움을 주는 경로는 크게 두 가지이다. 하나는 운동을 할 때 뇌하수체에서 성장호르몬 분비를 촉진시키는 경로이다. 다른 하나는 성장판에 물리적인 자극을 주는 경로이다.

성장판에 가해지는 물리적인 스트레스는 전기적인 스트레스로 전환된다. 이때 성장판을 이루는 연골세포의 증식과 성장을 자극하는 한편 뼈를 형성하는 뼈모세포를 자극하게 된다.

그렇다면 어떤 운동이 성장에 도움을 줄까? 자신의 체중이 부하되는 이동운동

이나 저항운동이 성장판에 자극을 주면서 성장 호르몬 분비를 자극하여 성장에 도움을 준다. 농구를 하면 키가 큰다는 생각은 일종의 선택 편견(selection bias)이라고 할 수 있다. 즉 초·중·고 시절을 거치고 대학이나 프로팀 선수로 활동하기까지 각 단계마다 키가 자라지 않는 사람은 도중 하차하게 된다. 그 결과 대학이나 프로팀에는 대부분 키가 큰 선수만이 남는다.

사실 키 성장은 특정한 운동종목이 아니라 성장판을 물리적으로 충분히 자극할 수 있는 체중을 이동시키는 형태의 운동이라면 어떤 운동이라도 좋다. 그리고 성장호르몬을 분비시킬 수 있을 정도의 운동강도와 운동량이 중요한 요소이다.

그러므로 키를 키운답시고 농구만을 고집하거나, 무조건 줄넘기만을 반복시키는 것은 그다지 권장하고 싶지 않다. 키 성장은 의무적인 운동이 아니라 충분한 활동량을 달성할 수 있는 유쾌하고 즐거운 놀이 가운데 이루어지는 것이 바람직하기 때문이다.

운동 후 술자리와 근육 형성

피트니스클럽에서 운동한 지 만 3년이 된 20대 후반의 기석 씨는 앞으로 5개월 후에 열리는 보디빌딩 대회에 처음으로 도전하려고 하는데, 요즘 작은 고민거리가 있다. 기석 씨 자신도 술을 좋아하는 편이지만, 함께 운동하는 동호회 회원들과 함께 운동이 끝난 후 술자리를 갖는 경우가 부쩍 많아졌기 때문이다. 운동 후에 함께 모이는 자리에 자기만 빠지는 것도 눈치가 보이지만 열심히 땀을 흘리고 마시는 한 잔의 맥주도 포기하기 어려운 유혹이다.

운동 후 마시는 술은 우리 몸에 어떤 영향을 미칠까? '맥주 한두 잔쯤은 괜찮겠지' 하는 생각과 '한두 잔이라도 열심히 운동한 효과를 없애지 않을까' 하는 생각이 충돌하여 갈등을 일으킨다. 더구나 때때로 한

두 잔이 거나한 2차, 3차로 연결될 위험성도 있으니 고민이 되지 않을 수 없다. 기석 씨의 경우처럼 근력운동을 하고 나서 마시는 술이 근육 형성에 어떻게 영향을 미칠지 궁금해 하는 사람이 많다.

알코올에는 근육 형성을 방해하는 작용이 있다

연구의 어려움 때문에 이에 관한 임상 연구들은 많지 않다. 비록 제한된 자료지만 알코올은 근단백질 합성에 장애가 된다는 보고가 있는데, 그 주된 원인은 다음과 같다.

첫째는 알코올이 성장호르몬 분비를 방해할 수 있다는 점이다. 성장호르몬은 하루 8차례 정도의 주기로 뇌하수체에서 분비되며, 운동을 하면 분비 자극을 가장 많이 받는다. 잠을 자기 시작하여 처음 한 시간 정도의 깊은 수면 상태를 논렘(non-REM)수면이라고 하는데, 이때 성장호르몬이 가장 많이 분비된다. 그러므로 잠이 들고 처음 한 시간 정도가 키 성장뿐만 아니라 근육 성장에도 매우 중요한 시간이다. 그런데 알코올을 섭취하고 잠이 들면 수면 리듬이 방해를 받아 성장호르몬의 분비가 70%까지 감소된다는 보고가 있다.

둘째는 알코올은 테스토스테론이라는 남성호르몬의 분비를 저해할 수 있다는 점이다. 테스토스테론은 매우 강력한 단백질 동화작용을 하므로 근육 형성에 직접적인 영향을 미친다. 운동은 테스토스테론의 분비를 자극하며, 특히 근력운동이 분비를 더 많이 자극한다. 체내에 들어온 알코올은 간으로 보내져서 해독과정을 거친다. 이러한 분해 과정에서 생성되는 중간 물질인 아세트알데히드도 알코올만큼은 아니지만 역시 독성이 있다. 이것은 남자의 정소에 작용하여 테스토스테론 분비를 억제한다. 즉 알코올을 섭취하면 테스토스테론 분비를 억제하여 운동에 따른 근단백질 합성작용을 저해하여 근육 형성에 부정적인 영향을 미친다.

셋째는 알코올이 체내에 들어오면 이를 해독하기 위해 추가로 에너지를 소모하게 된다는 점이다. 물론 알코올 자체도 에너지를 갖고 있지만 다른 영양소(에너지원)와는 차원이 다르다. 즉 우리 몸은 처음 섭취한 소량의 알코올에서만 에너지를 얻고, 그 이후에 섭취한 알코올은 에너지원으로 쓰지 않는다. 그래서 알코올을 '빈 칼로리(empty calorie)'라고 한다. 운동을 한 다음 알코올을 섭취하면, 운동 후 조직 회복과 성장을 위해서 쓰여져야 할 에너지가 알코올을 해독하기 위해서 쓰이므로 낭비하는 결과가 된다.

얼마만큼 마시느냐가 관건

알코올과 근육 형성의 관계는 정도의 문제로 귀결된다. 알코올 중독자를 대상으로 한 연구들은 대부분 근육 형성에 미치는 알코올의 부정적 영향을 보고하고 있다. 예를 들면 맥주 10캔에 해당하는 알코올(120g의 알코올)을 섭취한 결과 테스토스테론이 23%까지 감소하였다고 한다.

얼마 전 호주에서 근생검(넓적다리 부위를 부분 마취한 후 특수한 바늘로 근조직을 채취하는 검사)을 사용한 연구에서 매우 흥미로운 결과를 보고하였다. 실험 대상자들에게 중량 들기와 스프린트를 포함한 매우 강도 높은 운동을 수행하도록 하였다. 대상자들은 수시간 동안 일정량의 단백질과 탄수화물을 동일하게 섭취하였다. 그리고 회복 시간 동안 체중 1kg당 1.5g의 알코올 또는 위약(가짜약)을 섭취하도록 하였다. 이때 섭취한 알코올은 평균적으로 약 7.3캔의 맥주에 해당된다. 그 결과 알코올 섭취는 근육에서의 단백질 합성 속도를 현저히 감소시켰다.

또 뉴질랜드에서 이루어진 비슷한 실험에서는 체중 1kg 당 1.0g의 알코올 섭취(5캔의 맥주에 해당)가 운동 후 24시간 후에 나타나는 지연성 근통증을 현저히 악화시켰다고 한다. 그런데 그 절반인 맥주 2.5캔에 해당되는 알코올 섭취는 영향을 미치지 않았다. 결론적으로 운동 후 작은 캔 2~3개 미만의 맥주를 마시면 근육 형성에 영향을 미치지는 않지만, 그 이상은 근단백질 합성에 부정적으로 작용한다고 볼 수 있다.

주의할 점은 이러한 연구가 개인적인 차이까지는 고려하지 않은 결과라는 점이다. 어쨌든 운동을 통해 근육이 얻을 이득을 조금이라도 포기하지 않으려면 운동을 한 날은 가급적 술자리를 피하는 것이 현명한 전략이다.

근육 키우기, 새로운 연구결과들

요즈음에는 중량을 이용한 저항운동이 보편화되면서 그 운동 방법도 잘 알려져 있다. 여기에서는 새롭게 제안되고 있는 근력 향상이나 근육 발달을 위한 훈련 내용과 고령자의 저항훈련에 대한 유의점을 소개한다.

근력 향상에 일차적인 목적이 있는지, 아니면 근육을 더 키우는 데 목적이 있는지에 따라서 권장되는 중량이나 세트 수, 세트 간 회복 시간, 그리고 전체 운동량은 차이가 있다.

이를 이해하려면 RM을 이해하여야 한다. RM(repetition maximum)이란 자신이 최대로 반복해서 수행할 수 있는 횟수의 중량을 뜻한다. 예를 들어 벤치프레스를 할 때 50kg의 중량을 완전한 자세로 최대 12회까지만 들어올릴 수 있을 때, 그 50kg의 중량은 그 사람의 12RM이 된다. 그 50kg의 중량을 레그익스

텐션으로 8번까지만 반복할 수 있다면 그 중량은 8RM이 된다. 그러므로 1RM이란 자신이 한번에 들 수 있는 최대 중량을 뜻한다.

전통적인 견해로서 미국 스포츠의학회(ACSM) 등에서는 근력을 향상시키기 위해 가장 적절한 중량은 1RM의 85% 이상이며, 세트 사이에 휴식 시간은 2분에서 5분 사이를 권장한다. 반면 근육 비대에 우선적인 목적이 있다면 1RM의 70~85%(6~12RM)로서, 세트 간 휴식 시간은 60초 이상이고, 주당 3회 이상 운동을 할 것을 권하고 있다.

근육 키우기에 반드시 무거운 중량은 필요없다

근육 발달에 대한 이러한 권고는 비교적 오래된 연구를 근거로 한다. 그러나 최근 연구에서는 근육을 키우는 데는 중량이 중요하지 않다는 것이 밝혀지고 있다.

중량보다는 운동하는 근육이 최대 피로에 도달하는지 여부와 수행하는 동안 운동하는 근육에 얼마나 집중하는지가 중요하다고 한다. 예를 들면 최대 무게의 75% 중량이든 30%의 가벼운 중량이든 어떤 중량으로 수행하여도, 운동하는 근육에 대한 집중도와 함께 완전한 피로를 유발시킨다면 최종 근육 크기의 발달에는 차이가 없다는 것이다.

그러므로 근육 비대를 위해서는 무조건 무거운 중량이 필수적이라는 생각은 폐기되어야 한다. 사람에 따라서 가벼운 중량이라도 근육에 완전한 피로가 오도록 집중해서 운동하는 것이 더 효과적이다. 그 이유는 중·저강도로 반복횟수를 많이 하는 운동을 하면 처음에는 흥분역치가 낮은 지근부터 피로하게 만들고, 이어서 속근까지 동원시키는 방식이므로 근육 전체에 더 큰 대사적인 스트레스를 주어 근비대 효과를 거둘 수 있기 때문이다.

이러한 저중량과 고반복 저항운동은 특히 고령자나 암환자 등에게 적합한 운동 방법이다. 왜냐하면 그들은 대체로 위성세포가 비활성화되어 있고, 그로 인해 근재생 능력이 떨어져 있기 때문이다. 또 재활운동 측면에서는 처음부터 속근섬유가 참여하는 고중량보다는 지근섬유에 이어서 속근섬유가 동원되는 운동 중재 전략이 효과적이다. 그리고 심혈관계의 부담이나 운동자각도(운동에 대해 주관적으로 느끼는 힘들기의 정도)가 낮다는 장점도 있다.

더구나 사르코페니아(sarcopenia, 근육감소증)처럼 매우 근육이 위축되어 있는 상태에서는 근육 자극에 의한 증대 효과가 잘 나타나지 않는다. 그 이유는 근육 증대를 기대할 수 있는 최소한의 모세혈관 역치가 존재하기 때문이다. 그러므로 근육이 매우 빈약한 사람은 심혈관계에 자극을 더 오래 줄 수 있는 가벼운 부하의 운동이 적합하다.

"

고령층이 아니고 특별히 근육에 문제가 없는 일반인이나 경력자는 여전히 미국 스포츠 의학회(ACSM) 등에서 제시한 가이드 라인이 유효하다. 왜냐하면 일반인이나 경력자는 일정 수준 이상의 중량을 사용하여야 비로소 훈련 초기에 나타나는 신경계 적응을 통한 근력 개선을 더욱 빠르게 경험할 수 있기 때문이다.

일반적으로 근육의 비대 효과는 근력 훈련을 시작한 후 4~5주부터 나타나며, 그 이전에 나타나는 근력 증대는 주로 신경계의 적응 현상 때문이다. 그러므로 일반인이나 경력자는 훈련 초기 신경계 개선을 통한 근력 향상 효과를 통해서 더 무거운 중량에 도전하고, 그것을 통해 근육에 더 큰 자극을 주면 근육량 증가를 앞당길 수 있다고 본다.

"

근육 키우기에 근육당 한 주에 15세트 이상의 운동은 불필요하다

저항운동을 하면 처음 6~8주 동안은 주로 속근섬유가 더 많이 비대해지는데,

이는 속근섬유가 자극에 대한 가소성이 더 크기 때문이다. 이후에는 지근섬유도 커지면서 전체 근육의 크기 증대에 기여한다. 운동 형태는 단축성 수축보다 신전성 수축이 근비대에 더 큰 영향을 미친다. 그러므로 주동근과 대항근(길항근)을 교대로 자극하는 운동을 할 때 근육의 길이가 늘어나는 신전성 수축 운동의 국면에 더욱 집중하여 서서히 수행하는 것이 효과적이다.

> "
>
> 팔굽혀펴기를 할 때 무조건 빠르게 수행할 것이 아니라 팔을 굽혀 내려갈 때 중력의 영향에 저항하여 서서히 내려가야 상완삼두근의 신전성 수축에 따른 자극을 충분히 줄 수 있다. 또 스쿼트에서 서서히 앉는 자세를 취할 때 대퇴사두근에 충분한 신전성 수축 자극을 줄 수 있다.
>
> "

근육을 키우기 위한 주당 최소 운동량은 10회 이상의 중량들기가 적당하다. 이 정도의 운동량에 의해서도 효과가 나타나는 것은 이른바 '초보자 효과'로서 운동 경험이 없는 사람이 저항훈련에 의해서 근육이 더 크게 발달하는 현상을 가리킨다.

새롭게 밝혀진 중요한 사실은 주당 15세트를 넘게 운동한다고 해도 더 이상의 근비대 효과를 보이지 않는다는 점이다. 과거에는 투여-반응의 관계, 즉 다다익선(多多益善)으로 운동량이 많으면 많을수록 근비대 효과가 좋을 것이라고 생각하였다. 그러나 오늘날 그렇지 않다는 사실이 밝혀지면서 총운동량을 근육군당 주당 15세트 이하로 제한하고 있다.

보충제, 언제 어떻게 먹어야 하나

대학생 현수의 최대 관심사는 근육을 키우는 것이다. 어릴 때부터 멸치 체형으로 콤플렉스가 있었기 때문이다. 큰맘 먹고 학교 근처에 있는 피트니스센터에 등록해서 운동을 시작한 지 두 달째이다. 운동을 하면서 점점 중량도 늘어가고 컨디션도 좋아지면서 자신감이 붙기 시작하였다.

그러나 운동을 하면서도 가슴이 넓은 역삼각형 체형의 굵은 팔뚝을 가진 사람과 거울에 비치는 자신의 볼품없는 몸매를 비교하면 마음이 위축되는 것은 어쩔 수 없다. 자신은 언제쯤 근육질의 멋진 몸매를 드러내고 자랑할 수 있을지 급한 마음이 든다.

그러다가 우연히 한쪽 벽면에 전시되어 있는 큰 통에 담긴 여러 종류의 단백질 보충제를 보았다. '그래! 저 보충제를 먹는 만큼 더 열심히 운동하자'라는 생각이 들었다. 며칠 동안 망설였지만 결국 보충제를 구입하였다. 그 보충제를 사야 근육을 키우겠다는 자신의 의지가 더욱 확고해질 것같은 생각 때문이었다. 과연 현수가 단백질 보충제를 구입한 것이 바람직한 일일까?

단백질 보충제 섭취 여부는 운동량과 식습관을 고려해서 보다 신중하게 결정하여야 한다. 이를테면 고기류가 포함된 정상적인 식사를 하는 직장인이 퇴근 후 한두 시간 운동을 하거나, 운동을 시작한 지 얼마 되지 않아서 많은 운동량을 소화할 수 없는 현수와 같은 초보자에게는 단백질 보충제 섭취가 필요없다.

단백질 섭취는 운동 형태에 따라 타이밍이 다르다

저항운동을 하면서 단백질을 섭취하면 장시간 운동에 따른 근소실을 방지하고, 근운동 후 48~72시간 동안 단백질 합성을 증가시킨다는 보고가 있다. 그러므로 단백질 섭취의 가장 적기는 소위 '기회의 창'으로 알려진 운동이 끝난 후 1시간 또는 1시간 30분 이내이다. 성인의 일일 단백질 권장량은 체중 1kg당 1g이지만, 본격적으로 저항운동을 할 때에는 체중 1kg당 1.6g 정도가 권장되고 있다.

> "
>
> 유청단백질(Whey protein)이 카제인이나 소이단백질보다 단백질 합성 효과가 높다. 그 안에 루신이나 곁가지아미노산(BCAA)이 더 풍부하게 들어 있기 때문이다. 즉 루신과 같은 아미노산은 근육세포 내에서 근비대 합성 신호 경로상의 주효소(mTORC1)를 활성화시키는 기능이 있다.
>
> "

근력운동이든 지구성 전신운동이든 운동을 시작하기 얼마 전에는 단백질이나 탄수화물 보충제를 섭취해서는 안 된다. 왜냐하면 이 경우에는 요산과 같은 단백질 대사산물 생성을 증가시켜 혈액을 산성화시키거나 인슐린 반응을 일으켜 장시간 운동의 후반기에 근글리코겐 고갈을 초래하는 등 오히려 지구력을 감퇴시킬 위험이 있기 때문이다.

근력운동을 하는 중간에 단백질 보충제를 먹으면 운동의 목적과 시간에 따라 효과가 다르게 나타난다. 예를 들어 근력이나 근육량을 키우기 위해서 매우 긴 시간 저항운동을 하는 것이 아니라면 단백질 보충제를 운동하는 중간에 먹는 것은 바람직하지 않다. 예를 들면 2시간 이내의 저항운동을 하는 중간에 단백질 보충제 섭취는 바람직하지 않다.

그러나 강도 높은 근력운동을 더 긴 시간 동안 지속하거나 식사를 마치고 시간이 꽤 오래 지난 공복상태에서 운동을 할 때에는 운동 막간에 약간의 보충제를 섭취하는 것이 도움이 된다.

한편 지속적으로 몸을 움직이는 장시간의 전신지구성 운동을 할 때에도 운동 중간에 루신과 곁가지아미노산(BCAA)을 섭취하면 근소실을 방지하고 피로 경감에 도움이 된다. 그 이유는 운동 중 근육의 미토콘드리아 내에서 이루어지는 유산소적 에너지 생성 과정에 이들 아미노산이 사용되기 때문이다.

> "
>
> 루신과 이소루신은 지구성 운동 중 미토콘드리아에서 TCA사이클로 들어가는 아세틸조효소A로 전환되고, 이어서 크렙스사이클로 들어가서 ATP를 생산하기 위해 사용된다. 이렇게 지구성 운동 중 루신 등의 산화가 증가하면 크렙스사이클의 중간 매개물이 감소하여 피로가 초래될 수 있으므로 부신이나 곁가지아미노산(BCAA) 보충은 바람직하다.
>
> "

요약하면 저항운동이나 지구성 전신운동을 시작하기 전에 보충제 섭취는 바람직하지 않다. 대체로 아주 긴 시간 동안의 강도 높은 저항운동이 아니라면 단백질 보충제 섭취는 불필요하다.

　그러나 장시간 지구성 운동을 할 때에는 운동 중간에 탄수화물이나 루신 등 곁가지아미노산을 섭취하면 피로의 지연에 도움이 된다. 또 저항운동이든 지구성 전신운동이든 운동이 끝난 후 1시간 이내에 소화가 잘되는 단백질과 함께 탄수화물을 섭취하면 피로 회복과 손상된 근육 복구를 촉진시킨다.

　이때 섭취하는 탄수화물과 단백질의 형태나 섭취 비율은 근육비대를 우선적으로 하는 경우와 다음 경기에 대비하여 신속한 근육의 글리코겐 보충을 우선적으로 하는지에 따라서 다르다. 예를 들어 근비대를 우선적인 목표로 할 경우에는 단백질의 비율이 더 높아야 한다. 그러나 지구성 형태의 다음 경기에 대비하기 위해서는 보다 소화·흡수가 잘 되는 형태의 탄수화물을 위주로 하여 약간의 단백질이 가미된 보충제 섭취가 ` 바람직하다.

　이처럼 운동의 목적과 형태, 그리고 운동의 길이에 따라서 단백질이나 탄수화물 공급에는 타이밍이 있다.

Step 03 돌아보기

◆ 꿀벅지와 같이 튼튼한 하체의 근육은 노년기에도 근력이 '장애역치' 이하로 떨어지지 않도록 하는 데 중요하므로 삶의 질과 관계된다. 엉덩이와 허벅지 근육은 인슐린 저항성으로 인한 당뇨병 예방에도 중요하다.

◆ 근육은 치매 예방과도 관련이 있다. 또 근육을 자극하면 위성세포를 근세포핵으로 전환시켜서 근비대를 일으킨다. 이후에 근육이 위축되어도 근세포 수는 감소하지 않으므로 가급적 젊을 때 운동하는 것이 나이를 먹어서도 유리하다.

◆ 심폐순환계의 운동은 근육세포 내에 에너지 발전소인 미토콘드리아의 크기와 수를 증가시킨다. 이렇게 에너지 발전소의 크기가 확장되고, 수가 늘어나면 근육은 이전보다 효율적으로 산소를 이용해서 에너지를 만들어낸다.

◆ 지연성 근통증(DOMS)일 때 무조건 운동을 쉴 필요는 없다. 운동을 다시 시작할 때 통증 등이 감소하는 것을 반복바우트효과(repeated-bout effect)라고 한다. 그러나 염좌(삠)나 그로 인한 힘줄과 인대의 손상, 연골 손상, 활액주머니염 등과는 구분해야 한다.

◆ 근육이 매우 위축된 상태에서는 높은 강도의 저항운동은 피해야 한다. 최소한의 모세혈관의 발달이 전제되어야 근육 발달의 효과를 기대할 수 있는데, 이를 근비대를 위한 '모세혈관역치'라고 한다. 이 경우에는 심폐순환계에 자극을 주는 운동을 먼저 수행하는 것이 바람직하다.

◆ 미오글로빈은 근육에서 산소와 결합하여 미토콘드리아에 넘겨 주는 역할을 하는 물질이다. 지구력이 높으며 미오글로빈이 많아서 빨간색을 띠는 근육을 직근이라고 한다. 척주나 골반을 안정화시키는 심부 코어근육은 적근섬유의 비율이 높다.

◆ 운동은 매우 강력한 성장호르몬 분비 자극제이다. 숙면, 특히 수면 초기 논렘(non-REM)수면 상태에서 성장호르몬이 많이 분비되므로 운동과 수면은 회복과 인체의 발달에 중요하다.

Step 04.
몸안의 물자 수송 인프라 개선

심폐순환기능과 운동

요즘 많은 트레이너들이 피트니스센터에서 일하고 있다. 아쉬운 점은 트레이너들의 역할이 중량운동, 즉 근육운동을 가르치는 데에만 집중되고 있는 것이다. 사실 피트니스센터에는 몸 만들기에 대한 관심 때문에 찾아오는 고객도 많지만, 건강 문제로 찾아오는 고객도 많다. 사실 심폐순환계 운동을 통해서 건강 증진이나 순환계 및 대사성 질환에 대한 예방과 개선 효과를 거둘 수 있다는 점을 간과해서는 안 된다.

운동을 할 때 가장 뚜렷하게 나타나는 인체의 변화는 혈액 순환과 관련된 변화이다. 심장은 더 빨리 강하게 펌프질하고, 혈관은 파동을 치며 혈액을 밀어내는 동시에 조직 입구를 열거나 닫아서 흐름을 조절한다.

이러한 변화가 반복되면서 점차 심장이라는 펌프의 용량과 기능이 개선된다. 뿐만 아니라 혈관이라는 도로망도 신설되면서 물자 수송 인프라가 업그레이드된다. 또 산소나 지질을 운반하는 물자 수송차량의 기능도 개선되면서 전반적인 도로 성능과 물자 흐름이 좋아진다.

뇌졸중이나 협심증, 심근경색 등은 이 물자 수송로에 문제가 발생하여 생기는 병이다. 이는 한국인의 가장 큰 사망 원인이기도 하다. 정기적인 운동은 이에 대한 가장 훌륭한 예방책인 동시에 재활 방법이다.

근육 펌프를 작동시키자

우리 몸 구석구석을 흐르는 혈액은 심장의 펌프 작용이 순환의 원동력을 제공한다. 약 30조 개의 세포는 혈액이 날라다 주는 산소와 영양분을 먹고 산다. 이렇게 심장 펌프가 뿜어낸 혈액은 온몸을 돌고 나서 다시 심장으로 돌아온다.

과거에는 피가 간에서부터 한 방향으로만 보내진다고 믿었다. 즉 사람이 섭취한 모든 영양소는 간으로 가서 피로 만들어지고 이어서 온몸으로 보내져서 사용된다고 생각하였다. 이러한 개념은 AD 1세기의 해부생리학자인 갈레노스(Claudios Galenos)에 의해 만들어져서 거의 1,500년 동안 정설로 받아들여져 왔다.

Claudios Galenos

그런데 이 정설을 깬 사람은 17세기 영국 의학자인 윌리엄 하비(William Harvey)이다. 그는 피가 한 방향으로 보내져 사용되어 소모되는 것이 아니라 온몸을 순환한다는 '혈액순환설'을 주장하였다. 이는 의학적으로 보면 갈릴레오가 망원경을 발견한 데에 비

William Harvey

견할 만한 획기적인 발견으로 평가된다.

"

윌리암 하비는 혈액이 간에서 만들어지는 것이 아니며, 심장 수축에 의해 맥박이 생성되고 혈액도 순환한다고 주장하였다. 그는 자신의 스승인 파브리시우스가 발견한 정맥판막의 역할을 규명하였다. 윌리암 하비는 정맥판막의 방향을 보고 의문을 품기 시작하여 마침내 피가 인체의 말초조직에서 심장쪽으로도 흐른다는 사실을 발견하였다. 정맥판막은 정맥혈관 안에 무수히 많으며, 한쪽으로만 열리는 밸브여서 혈액이 역류하지 않고 심장쪽으로만 흐르게 한다. 정맥 안에 있는 수많은 판막 때문에 다리와 복부에 있는 혈액이 중력에 의해 아래로 흐르지 않고 위쪽에 있는 심장으로 되돌아가는 것이다.

"

온몸을 돌면서 모든 세포에게 산소를 공급해 주고 이산화탄소를 받은 정맥혈은 심장으로 되돌아온다. 이때 정맥을 통해서 심장(우심방)으로 돌아가는 혈액을 정맥환류라고 한다. 이 정맥환류량은 일정하게 유지되는 것이 매우 중요하다. 왜냐하면 정맥환류량이 일정하게 유지되어야 심장에 적정량의 혈액이 채워지고, 이어서 심장의 펌핑 작용에 의해 적절한 혈압이 유지되어 온몸순환이 순조롭게 되기 때문이다.

책상 앞에 오랜 시간 앉아 있다고 가정해 보자. 한동안 움직이지 않고 한 자세만 취한다면 특히 심장 아래쪽의 다리에서부터 복부를 거쳐 심장으로 들어가는 혈류 이동량이 감소한다. 이로 인해 심장으로 들어가는 정맥환류량은 점차 감소하게 된다.

심장으로 돌아오는 혈액량이 감소하면 심장이 뿜어내는 혈액량도 감소한다. 심장이 1분 동안 펌핑하는 혈액량이 '심박출량'이다. 심박출량이 감소하면 뇌로 가는 혈액량도 점차 감소하는데, 이는 시간이 갈수록 점차 두뇌의 집중력이 떨어지고 졸음이 오는 원인이 되기도 한다. 이처럼 정맥환류는 온몸의 혈류 순환에 큰 영향을 미친다.

다리를 제2의 심장이라고 부르는 이유

정맥환류를 촉진시킬 수 있는 방법은 무엇일까? 예를 들어 장시간 의자에 앉아 일을 할 때에는 수시로 일어나서 몸을 움직이는 것이 좋다. 몸을 움직인다는 것은 '근육 펌프'를 작동시키는 것이다. 근육이 수축 운동을 할 때 주변의 정맥혈관들은 기계적인 압박을 받는다. 이때 정맥판막이 심장쪽으로 열리면서 혈액을 심장쪽으로 밀어 올리게 된다. 이렇게 정맥환류를 촉진하는 근육의 작용을 근육 펌프(muscle pump)라고 한다.

더욱 빨리 걷거나 달리기 운동을 할 때는 몸에 있는 두 개의 펌프, 즉 심장 펌프와 근육 펌프가 활발하게 작동한다. 두 개의 펌프가 활발하게 작동할수록 피의 순환이 빨라지면서 혈관을 비롯한 순환계의 개선이 이루어진다. 다리를 '제2의

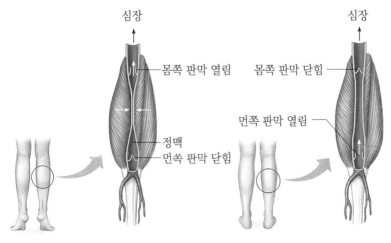

근수축에 의한 정맥혈의 펌프 작용

심장'이라고 부르는 이유가 여기에 있다.

"

부득이하게 장시간 앉아 있어야 할 때가 있다. 그런 경우에는 앉은 상태로 발목을 발등 쪽과 바닥쪽으로 약간 힘을 주어 번갈아 움직여 주면 종아리의 근육 펌프를 작동시켜 혈류를 촉진한다. 이와 함께 허리를 세우고 횡격막을 사용하여 깊은 호흡을 하면 심장 으로 돌아가는 혈류가 증가하면서 정신이 맑아진다.

"

하지의 정맥판막 형태가 변형되어 혈액 역류 방지 기능이 상실되면 그 부위에 혈액이 고이게 된다. 이 때문에 허벅지나 종아리의 정맥혈관이 부풀어 올라 심한 통증을 초래하는데, 이를 '하지정맥류'라고 한다.

하지정맥류의 원인은 뚜렷하지 않지만 가족력을 비롯하여 첫 임신 나이, 경구 피임약, 감염, 장시간 서 있는 직업 등이다. 심하면 수술이나 약물 처치가 필요하 다. 너무 심한 운동은 하지정맥류 증상을 악화시킬 수 있으므로 주의해야 한다. 증상이 가벼우면 다리에 압박 스타킹을 착용하고 가벼운 운동을 하는 것이 도움 이 된다.

혈관의 꿈틀거림, 맥파를 크게 일으키자

우리는 걷거나 뛸 때 팔과 다리를 활기차게 움직인다. 그런데 눈에 보이지는 않지만 몸안에서 매우 활발하게 움직이는 기관이 있다. 그것이 바로 혈관이다.

팔과 다리를 움직이는 운동을 하면 혈관도 꿈틀거리며 운동을 한다. 이렇게 스스로 움직일 수 있는 혈관이 '동맥혈관'이다. 동맥혈관이 움직일 수 있는 이유는 신경과 근육을 갖고 있기 때문이다. 즉 동맥혈관의 혈관벽 안에는 평활근이 있다. 이 근육은 필요에 따라 수축하거나 이완하면서 혈관의 지름을 좁히거나 넓혀서 그 속을 흐르는 혈액량을 조절한다.

동맥혈관은 온몸에 거미줄처럼 퍼져 있어서 온몸 곳곳에 혈액을 공급한다. 그런데 단순히 수도관이나 호스처럼 통로 기능만 있는 것이 아니라 스스로 움직이면서 혈액을 적극적으로 밀어 보내는 역할을 한다. 심장이 일정량의 혈액을 뿜어내면 혈액이 도달한 지점의 동맥혈관은 반사적으로 확장되어 혈액을 수용하고, 이어서 다시 수축하여 심장에서 먼쪽으로 혈액을 밀어 보낸다.

이렇게 혈관의 근육이 확장하고 수축하는 움직임에 의해서 혈관은 마치 꿈틀거리는 것처럼 보인다. 이처럼 꿈틀거리는 듯한 혈관의 움직임에 의해 심장이 뿜어낸 혈액은 심장에서 먼쪽으로 흘러나가게 된다. 이 혈관의 꿈틀거리는 움직임이 만들어내는 파동을 맥파라고 한다. 다시 말해서 심장이 혈액을 뿜어낼 때마다 파동이 동맥을 타고 온몸으로 퍼져 나가는데, 그 파동이 맥파(pulse wave)이다.

> "
>
> 우리가 몸을 움직이면 심장은 더 자주, 그리고 더 강하게 혈액을 뿜어낸다. 쉬고 있을 때는 1분에 60~70번 혈액을 펌핑하던 심장이 달리기를 시작하면 100~150회 이상 뛰기 시작한다. 안정 상태에서는 한번에 약 50~70ml의 혈액을 뿜어내지만, 심한 운동을 할 때는 두 배까지 뿜어낸다. 이때마다 혈관의 리드미컬한 파동은 더 크고 강해진다.
>
> "

맥파는 동맥이 피부 표면 가까이 지나는 곳에서 느낄 수 있다. 손목이나 목의 경동맥 부위에 손을 대면 느낄 수 있는데, 그것이 '맥박'이다. 그러므로 심장이 박동하는 횟수, 즉 심장의 박동수와 맥박수는 같다.

운동을 하면 심장은 더 강하고 빠르게 혈액을 뿜어낸다. 그로 인해서 맥파도 더 강해진다. 우리가 걷거나 달리기 시작하면 혈관의 파동도 더 크게 일어난다. 몸안의 보이지 않는 곳에서 우리 혈관은 더욱 활발하게 움직이고 있는 것이다.

운동을 하면 어떻게 혈압이 낮아지는가

운동을 할 때에는 심장이 뿜어내는 혈액량이 증가하므로 혈압도 상승한다. 혈압은 혈관 내벽에 미치는 혈액의 압력인데, 이 압력이 일시적으로 높아지면 혈관의 내벽을 이루고 있는 혈관내피세포가 자극을 받는다. 이로 인해서 혈관내피세

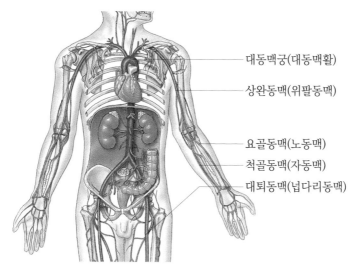

대동맥궁(대동맥활)

상완동맥(위팔동맥)

요골동맥(노동맥)

척골동맥(자동맥)

대퇴동맥(넙다리동맥)

맥파를 일으키는 주요 동맥

포는 혈관을 확장시키는 산화질소(NO : natric oxide)를 생성하여 혈관 안으로 분비한다. 산화질소에 의하여 혈관이 확장되면 혈류 저항이 감소하여 에너지가 더 필요한 근육이나 심장 등에 더 많은 혈액을 보내게 된다.

이 때문에 운동이 끝나고 나면 산화질소의 혈관 확장 작용에 의해서 안정 상태일 때보다 일시적으로 혈압이 감소하는 현상이 나타난다. 이 현상을 '운동유발성 저혈압(exercise-induced hypotension)'이라고 한다. 운동이 끝나고 수시간 또는 길게는 20여 시간까지 지속되기도 한다.

이러한 일회적인 운동 효과는 장기적으로 고혈압 상태를 개선시키는 효과가 있다. 본태성 고혈압(일차성 고혈압)은 근본 원인을 특정할 수 없는 고혈압으로 전체의 95%를 차지한다. 규칙적인 운동은 본태성 고혈압 환자의 고혈압을 개선하는 효과가 있다.

고혈압 환자의 경우 먼저 혈압을 낮추는 약을 처방받아 고혈압으로 인한 혈관 손상과 그로 인한 심질환·중풍(뇌졸중) 등 합병증 발생 위험을 낮추어야 한다. 그런데 꼭 기억해야 할 것은 규칙적인 운동을 병행하여야 혈압을 더욱 효과적으로 낮출 수 있다는 점이다.

혈압이 높은 상태가 유지되는 고혈압과 비만·고혈당·이상지질혈증 등을 함께 가지고 있으면 활성산소와 같은 해로운 분자들이 많이 증가하게 된다. 이 때문에 혈관 확장 작용을 갖는 산화질소(NO)를 만들어 내는 혈관내피세포의 기능이 저하된다. 이로 인해서 혈압이 더욱 악화되는 악순환이 초래되기도 한다.

> 66
>
> 최근 연구들은 운동이 혈관내피세포에 미치는 새로운 효과들을 밝히고 있다. 즉 운동을 하면 산화질소를 생산하는 내피세포의 기능이 향상될 뿐만 아니라 내피세포 자체의 손상을 복구하고, 혈관 신생을 돕는 순환내피기원세포(EPCs)의 생산을 촉진시킨다. 순환내피기원세포는 골수에서 만들어져서 혈액을 순환하는 희귀한 세포인데, 내피세포로 분화되어 혈관을 더욱 건강하게 만들어 주는 역할을 한다.
>
> 99

결론적으로 팔다리를 움직이면 혈관의 맥파를 더 강하게 발생시킬 수 있다. 즉 혈관을 운동시키게 된다. 이렇게 혈관을 운동시키면 혈관 내벽을 이루고 있는 혈관내피세포의 기능이 개선됨으로써 혈관은 더욱 건강한 상태를 유지하게 된다. 인체의 노화는 혈관으로부터 시작된다는 말이 있다. 혈관이 더 자주 꿈틀거리게 하자.

두 가지 수로 시스템과 두 개의 펌프

폭염과 함께 가뭄에 가장 직접적인 영향을 받는 사람은 농부들이다. 가뭄이 지속되면 농촌의 과수농가에서는 열매가 크지 않고 수확량도 떨어지므로 이만저만 근심거리가 아니다. 반대로 장마가 너무 길어져도 문제이다. 병충해가 창궐하여 낙과도 많이 발생하고 과일의 당도도 떨어진다.

가뭄이나 홍수 어느 때라도 농사에 꼭 필요한 것이 양수기이다. 가물 때에는 메마른 땅에 물을 끌어 들여야 하고, 홍수 때에는 농작물이 물에 잠기지 않도록 물을 퍼내야 하기 때문이다. 이렇게 물을 대거나 퍼내는 양수기가 고장이라도 난다면 큰 일이 아닐 수 없다.

우리 몸에도 가뭄과 홍수가 있어서 이

를 잘 조절하지 못하면 병이 나고 만다. 혈관이 막혀 혈액이 잘 공급되지 않는 것을 가뭄이라고 한다면, 혈압이 너무 높거나 혈액을 잘 거르지 못해 부종이 발생한 것은 장마로 인한 수해에 비유할 수 있다.

보내는 수로 시스템과 심장이라는 펌프

뇌와 같은 인체의 여러 기관이 제대로 기능하려면 혈액이 들어가고 나오는 과정, 즉 혈류가 순조로와야 한다. 그런데 이 혈액의 흐름(혈류)은 항상 똑같지 않고

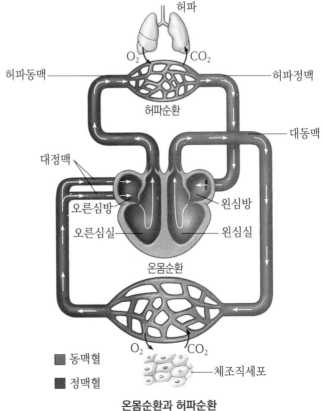

온몸순환과 허파순환

인체의 필요에 따라 적절하게 변화한다. 예를 들어 걷거나 뛰면 더 많은 혈액이 다리근육 등으로 공급되고, 밥을 먹어서 소화 과정이 진행될 때에는 위장이나 간 으로 더 많은 혈액이 보내진다. 이렇게 인체는 각 기관의 필요에 맞추어 혈류량 을 배분하는 매우 정교한 수로 시스템을 갖고 있다.

이 수로 시스템에는 양수기 역할을 하는 두 개의 펌프가 있다. 하나는 혈액을 인체 여러 곳으로 보내는 것이며, 다른 하나는 보냈던 혈액을 다시 돌아오게 하 는 것이다.

혈액을 보내는 역할을 하는 펌프가 바로 심장이다. 우리가 쉬고 있을 때 이 펌 프는 1분에 60~70 번 정도 혈액을 뿜어낸다. 그러나 활동 수준이 높아지면 거 기에 맞추어 펌프질 횟수가 증가한다. 예를 들어 숨이 턱밑에 찰 정도로 계속 달 리기를 한다면 1분에 130번, 150번 이상, 또는 최대로 운동을 할 때에는 200번 가까이도 펌프질한다. 이 심장이라는 펌프는 자주 작동시킬수록 크기도 커지고, 더 많은 혈액을 펌핑하면서도 에너지는 적게 쓰며 효율성이 높아진다. 이렇게 개 선된 심장을 '스포츠심장'이라고 한다.

> "
>
> 심장에서 나온 혈액은 처음에는 대동맥을 따라 흐르는데, 그 후로 수백, 수천 번 갈라 져서 마침내 모세혈관이라는 매우 작은 수로를 따라서 조직세포에 이르게 된다. 심장 이 혈액을 펌핑할 때마다 엄청난 역동적인 파동이 동맥혈관을 따라 인체의 모든 방향 으로 일어난다. 즉 심장에서 뿜어져 나온 혈액이 지나갈 때 동맥혈관은 순간적으로 꿈 틀거리며 파동을 일으켜서 심장에서 먼곳까지 혈액이 밀려 나가게 한다. 이 파동은 손 목 부위 등에서 느낄 수 있는데, 이것을 맥박이라고 한다.
>
> 생각해보자. 우리가 팔다리를 움직인다는 것은 단순히 팔다리의 근육만을 움직이는 것 이 아니라 심장 펌프와 온몸에 걸쳐 있는 혈관을 역동적으로 작동시키는 일이다.
>
> "

돌아오는 수로 시스템과 근육 펌프

그렇다면 인체 여러 곳으로 보냈던 혈액을 다시 심장으로 되돌리는 펌프는 무엇일까? 그 펌프가 바로 '근육 펌프'인데, 작동 원리는 다음과 같다.

혈액이 심장으로 다시 돌아오는 경로는 정맥혈관을 통해서이다. 그런데 이 정맥혈관 속은 무수히 많은 밸브 구조로 되어 있다. 이 밸브는 한 방향으로만 열리는 여닫이문처럼 되어 있어 혈액을 심장쪽으로만 흐르게 한다. 이 밸브는 몸을 움직일 때 심장쪽으로 쉽게 열린다. 즉 근육이 수축하여 정맥혈관이 압력을 받으면 밸브가 심장 방향으로만 열려 혈액은 심장쪽으로 밀려 나간다. 몸을 움직일수록 근육 펌프가 작동하여 심장으로 되돌아가는 혈액의 흐름이 촉진되는 것이다.

지금 책상 앞에 앉아 있다면 기지개를 펴듯이 심호흡과 함께 목과 상체를 움직여 보자. 또는 잠시 일어나서 주변을 걸어 보자. 그 간단한 동작만으로도 내 몸에 있는 두 개의 펌프를 작동시킨 셈이다. 내 몸의 가뭄과 홍수는 너무 오랜 동안 이 펌프를 제대로 사용하지 않아서 일어난다. 그러므로 내 몸에 가뭄이나 홍수가 나지 않도록 하는 최선의 대비책은 틈만 나면 몸을 눕히던 소파와 침대에서 벗어나서 이 두 개의 펌프를 작동시키는 것이다.

중량 운동을 할 때 숨을 참지 말라는 이유

우리가 무거운 물건을 옮길 때처럼 큰 힘을 쓸 때는 무심코 숨을 멈추게 된다. 이때 숨을 멈추는 이유는 호흡을 할 때 작용하는 횡격막이라는 근육을 고정시키기 위해서이다. 최대한의 힘을 제대로 쓰려면 호흡을 멈추어서 횡격막을 고정시켜야 한다. 왜냐하면 횡격막은 척추뼈에 붙어 있는 근육으로 호흡에만 관여하는 것이 아니라 척추를 안정화시키는 작용도 하기 때문이다. 호흡을 하면서 횡격막이 움직이면 척추의 안정성이 떨어져 최대의 힘을 낼 수 없게 된다.

그래서 최대 중량 들기에 도전하는 역도선수는 숨을 멈추어서 횡격막을 고정시키고 가슴 부위의 늑골·복부의 척추 움직임을 최소화 내지 안정화시켜 최대의 힘을 발휘한다.

그러나 단순히 근육을 키우거나 근력을 향상시키려는 목적으로 운동을 할 때에는 숨을 멈춰서는 안 된다. 숨을 멈춘 상태로 무거운 중량을 반복적으로 들어 올리는 동작을 하면 심장에 부담을 주어, 뇌출혈이나 뇌빈혈 발생 위험을 크게 높이기 때문이다.

> 역도선수처럼 최대 중량을 들기 위해서 많은 공기를 들이마신 상태에서 숨을 멈추고 힘을 발휘하면 가슴속공간(흉강)의 압력은 무려 150mmHg나 높아진다. 이렇게 목의 성대문을 닫고 복부 근육에 강제로 힘을 주면서 코를 막고 숨을 강하게 내쉬는 듯한 동작을 '발살바 동작(valsalva maneuver)'이라고 한다.
>
> 이러한 동작은 주로 공군 조종사들이 비행기가 급강하나 급상승할 때 인체 안팎으로 급격한 기압의 변화가 나타나는 것을 해소하기 위해서 사용한다. 만일 이렇게 해서 인체 안팎의 기압차를 해소하지 않으면 기압차에 의해서 고막이 파열되거나 안구 실핏줄이 터지는 등의 위험이 높아진다.

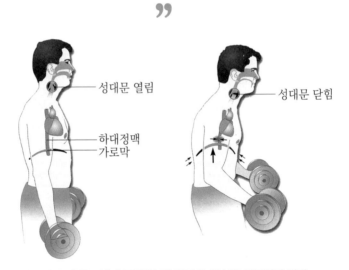

성대문 열림

하대정맥
가로막

성대문 닫힘

발살바 동작 중 가슴속공간(흉강) 압력의 상승과 대정맥의 차단

무거운 중량을 들 때 뇌출혈, 뇌빈혈의 발생 위험도 높아진다

숨을 멈춘 상태로 매우 무거운 중량을 들 때 처음 힘을 쓰는 순간에 혈압은 순간적으로 치솟게 된다. 이로 인해 뇌출혈 발생 위험이 높아진다. 그 상태로 숨을 멈추고 계속 힘을 발휘하면 혈압이 급격하게 감소하는 현상이 나타난다. 그 이유는 가슴속공간의 압력이 크게 증가하면서 심장으로 들어가는 대정맥을 누르기 때문이다. 역도선수가 숨을 멈추고 최대의 힘을 발휘할 때 가슴속공간의 압력이 150mmHg까지 증가한다는 것을 기억하자.

정맥벽은 동맥벽과는 달리 얇기 때문에 압력이 높아지면 쉽게 눌려지므로 심장으로 돌아가는 혈류가 차단된다. 이로 인해서 심장으로 돌아가는 혈액이 감소하면 이어서 심장이 펌핑하는 혈액량도 감소한다.

이렇게 되면 혈압이 안정 시 수준 이하로 떨어지고, 중력의 영향을 받는 뇌혈류량이 감소하여 뇌빈혈이 발생할 위험이 높아진다. 뇌빈혈이 발생하면 현기증이나 실신 상태가 초래된다. 이때 중량을 들고 있다면 큰 사고로 이어질 수 있다.

그런데 중량을 내려 놓을 때에 다시 위험한 순간이 찾아온다. 중량을 내려 놓고 숨을 내쉬면 가슴안의 혈관이 일시적으로 확장되어 혈류저항이 감소하면서 혈압이 재차 더 감소하기 때문이다. 바로 이어진 국면에서는 심장으로 돌아오는 혈액량이 회복되고, 심장이 반사적으로 박동수를 증가시킴에 따라 혈압은 재차 상승하면서 뇌출혈 발생 위험이 두 번째로 높아지는 순간이 찾아온다. 이처럼 호흡을 멈추고 무거운 중량을 들 때 혈압은 급격한 등락을 거듭하면서 위험한 순간이 여러 번 찾아온다.

그러므로 우리가 일반적으로 근육 증대나 근력 향상을 위해서 운동을 할 때에는 호흡을 멈출 필요가 전혀 없다. 특히 고혈압이 있거나 심장질환자는 중량운동을 할 때 특히 숨을 멈추지 말고 자연스런 호흡을 유지해야 한다.

한 가지 호흡 요령을 소개하면 "중량을 당길 때 힘을 쓰는 운동은 당길 때 숨을 내쉬고, 중량을 밀 때 힘을 주는 운동은 밀 때 숨을 내쉰다."는 것이다. 사실 이러한 호흡법은 일반적인 호흡 원리라고 할 수 있다. 따라서 중량을 드는 동작에 따라, 그리고 시도하는 중량의 무게에 따라서 보다 구체적인 호흡법을 숙달할 필요가 있다.

대체로 자신이 들 수 있는 최대중량(1RM)의 80% 이상이 될 때는 복강(배속공간) 내압을 유지하면서 중량운동을 하는 것이 좋다. 즉 무거운 무게를 들 때는 복강 내의 압력을 어느 정도 유지함으로써 척추와 주변 조직의 안정성을 확보하면서도 호흡을 완전히 멈춤으로써 발생할 수 있는 위험을 최소화시킬 수 있기 때문이다.

무거운 무게로 벤치프레스 운동을 한다고 가정하면 이때 활용할 수 있는 호흡법은 두 가지가 있다.

첫 번째는 숨을 잠시 멈춘 상태로 중량을 밀어 올리고, 최대 정점에 도달하기 바로 전부터 숨을 내쉬는 방법이다. 중량을 든 상태로 최대 정점에서 숨을 모두 내쉬고, 이어서 80~90% 정도만 들이쉰다. 다시 중량을 내릴 때는 잠시 숨을 멈춘 채로 내리다가 가슴 쪽에 가까이 왔을 때부터 숨을 내쉬고, 이어서 숨을 다시 80~90% 정도 들이마신다. 같은 요령으로 중량을 들어 올렸다 내리기를 반복한다. 무거운 중량으로 스쿼트나 시티드로우(seated row) 등의 운동을 천천히 실시할 때 유용한 방법이다.

두 번째는 중량을 들어 올리거나 내리는 동작을 하기 직전에 미리 숨을 들이마시신 다음 중량을 움직일 때는 입을 약간만 벌려서 숨을 약간씩 내뱉듯이 호흡하는 방법이다.

몸안의 물자 수송 인프라

'새벽종이 울렸네. 새아침이 밝았네. 너도나도 일어나 새마을을 가꾸세~

초가집도 없애고 마을길도 넓히고 푸른 동산 만들어~'

요즈음 세대에게는 생소하겠지만, 필자의 어린 시절을 돌아보면 동네 스피커를 통해 매일같이 들어서 귀에 익어버린 '새마을 노래'다. 새마을 운동은 관 주도라는 비판적 시각도 있지만, 도박·음주와 같은 폐단을 없애고 가난에서 벗어나고자 하는 내부적인 자각과 마을 단위의 노력을 이끌어 내는 계기가 되었다는 평가도 있다. 마을길을 넓히는 것은 경운기나 트랙터를 위한, 즉 기계영농을 위한 인프라 구축이라고 볼 수 있다. 우리 몸에도 물자 공급 측면에서 이러한 인프라를 개선시키는 좋은 방법이 있다. 그것은 바로 운동이다.

내 몸의 상·하행선을 달리는 택배차량

우리 몸을 이루는 세포의 수는 무려 30조 개이다. 이 세포들을 위한 도로망에 해당하는 것이 혈관이다. 이 도로망은 심장을 중심으로 상·하행선이 있다. 동맥이라는 하행선은 개개의 세포에 산소나 영양분과 같은 물자를 공급하는 도로이다. 또 정맥이라는 상행선은 세포가 배출한 이산화탄소나 요산과 같은 대사산물을 수거하는 역할을 한다. 우리가 정기적으로 걷거나 달리는 운동을 하면 이 도로망에 유익한 변화가 나타난다.

심장에서 바로 나온 큰동맥(대동맥)은 고속도로에 해당된다. 마치 택배차량이 먼 지역에 소재하고 있는 가정집까지 물건을 배달하기 위해서 먼저 고속도로를 이용하는 것과 같다. 물론 이 도로에는 혈액이라는 차량이 다니는데, 이 차량이 운반하는 가장 중요한 물자는 산소이다. 이 택배차량은 산소 외에도 혈당이나 여러 영양물질, 호르몬 등을 운반한다.

이 차량이 고속도로 톨게이트를 빠져 나오면 여러 갈래의 국도에 들어선다. 바로 소동맥에 해당한다. 또 계속해서 국도를 달리다 보면 지방도로로 접어든다. 이는 세동맥에 해당한다. 그런데 집의 위치가 고속도로나 지방도로의 바로 옆에 있다고 해서 택배차량이 도로에서 집으로 직접 물건을 전달하지는 못한다. 집(세포)까지 들어 가는 도로의 입구가 없기 때문이다. 그래서 주소지까지 물건을 배달하기 위해서는 반드시 고속도로 톨게이트를 나와서 국도와 지방도로를 거친 다음 마지막으로 마을길 어귀로 접어들어야 한다. 즉 마을길을 통해서만 집까지 물건을 전달할 수 있다. 이 마을길이 모세혈관이다.

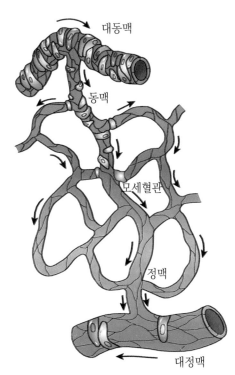

동맥, 정맥 및 모세혈관

"

모세혈관이라는 좁은 마을길을 통해 생명과 직결되는 물자, 즉 산소가 모든 주소지 (세포)에 빠짐없이 공급된다. 우리 몸안의 마을길은 총연장이 무려 12만 km나 된다. 이는 지구를 두 바퀴 반이나 돌 수 있는 거리이다.

규칙적인 운동을 통해서 얻을 수 있는 가장 큰 이점은 이 도로망이 개선된다는 점이다. 특히 마을길이 가장 크게 개선된다. 일반적으로 근육세포 하나당 모세혈관의 수는 3~4개 정도이지만, 지구성 종목의 운동선수에게서는 근육세포 하나당 4~7개까지 발견된다. 이에 따른 가장 큰 이점은 조직세포까지 물자를 훨씬 잘 공급하는 것이다. 특히 산소의 공급이 더욱 순조롭게 된다.

"

체력이 좋아지면 숨이 덜 차는 이유

규칙적으로 운동을 한 결과 같은 운동을 해도 이전보다 숨이 훨씬 덜 차는 이유가 여기에 있다. 즉 산소를 보다 효율적으로 수송하고 이용하는 능력이 좋아진 것이다. 흔히 운동에 의해서 숨이 덜 차게 되는 것이 폐기능이 발달하는 것으로 생각하기 쉽다. 또는 폐활량과 직접 관련이 있다고 생각하는 사람도 많다.

그러나 숨이 덜 차는 직접적인 원인은 체내의 산소 수송 시스템이 개선되었기 때문이다. 그중에서도 모세혈관, 즉 마을길이 늘어나는 것이 크게 기여한다. 마을길이 잘 발달되어 있으면 산소 수송의 효율성이 높아지고, 같은 운동을 해도 그 운동을 보다 유산소적으로 수행할 수 있게 된다.

> 66
>
> 같은 운동을 해도 체력 수준이 낮은 사람은 산소를 이용하는 능력이 떨어지므로 무산소적인 대사산물인 젖산을 더욱 많이 생성시킨다. 이 젖산이 운동하는 근육에 쌓이면서 근육의 피로를 초래한다. 그리고 이 젖산이 혈액 중으로 많이 흘러나오면서 전신적인 피로를 유발시킨다.
>
> 혈액 중으로 나온 젖산은 혈액을 산성화시킨다. 그러므로 인체는 이 젖산을 혈액 중에 있는 염기성 물질(중탄산염 등)을 이용해서 완충시키게 된다. 즉 젖산으로 인해 지나치게 혈액이 산성화되는 것을 막는다. 그런데 이렇게 젖산을 완충시키는 과정에서 추가적으로 더 많은 이산화탄소가 발생한다.
>
> 체력 수준이 낮은 사람은 일정 강도 이상의 운동을 할 때 더 많은 젖산을 생성시키고, 그로 인해 더 많은 양의 이산화탄소가 생성되기 때문에 숨을 더 가쁘게 몰아 쉬게 된다.
>
> 99

결론적으로 달리기, 수영, 사이클과 같은 심폐지구성 운동을 하면 산소를 수송하고 이용하는 능력이 증가한다. 체력이 좋아지면 높은 강도의 운동을 수행하더라도 젖산이 더 적게 생성되며, 그로 인해 젖산 완충 과정에서 생성되는 이산화탄소량이 감소된다. 따라서 숨을 덜 가쁘게 쉬게 되며, 피로도 덜 느끼게 된다.

내 몸의 산소 수송 시스템이 얼마나 효율적인지는 마을길이 얼마나 잘 나 있느냐에 달려 있다. 이 마을길을 새로 내는 유일한 방법이 있다. 그것은 호흡이 가쁠 정도로 몸을 움직이는 것이다. 숨이 가빠지는 운동을 자주 경험할수록 내 몸안에서는 마을길을 새로 내고 넓히는 인프라 구축 작업이 활발해진다. 운동하는 습관이야말로 내 몸을 위한 진정한 새마을운동이 아닐 수 없다.

운동을 하면 땀도, 피도 맑어진다

"이 사람, 젊은 사람이 왜 이렇게 땀을 많이 흘려. 몸이 허해서 그런 것 같은데 보약이라도 한 첩 지어 먹게나."

회사의 창립 기념일에 함께 등산할 때 땀을 많이 흘리는 김 대리를 보면서 부장님이 혀를 차며 하는 말이다. 그러나 요즘 김 대리는 테니스 동호회에 가입하여 정기적으로 운동을 하기 때문에 컨디션이 최상이다.

과연 땀을 많이 흘리면 허약한 것일까?

"

확실히 체력이 아주 약한 사람은 땀을 많이 흘린다. 허약하거나 비만한 사람은 체온조절 능력이 떨어진 경우가 많다. 그래서 같은 운동을 하너라도 체온이 빨리 상승하고, 그로 인해 땀도 더 흘리는 경향이 있다. 그렇지만 운동을 할 때 땀을 많이 흘린다고 해서 무조건 허약한 것으로 간주하는 것은 '일반화의 오류'라고 볼 수 있다. 김 대리는 허약한 것이 아니라 단지 땀을 잘 흘리는 체질을 갖고 있을 뿐이다.

"

일반적으로 훈련에 의한 효과 중 하나는 땀을 잘 흘리게 된다는 것이다. 체온이 올라갈 때 땀을 흘리기 시작하는 시점을 '발한역치'라고 하는데, 훈련은 이 발한역치를 낮춰 준다. 그래서 체온이 일정 수준 이상 올라가면 땀을 더 일찍 흘리게 하여 체온이 더 이상 높아지는 것을 효과적으로 예방한다.

신체적으로 적응하면 땀이 묽어진다

신체적인 훈련은 발한역치를 낮추어 줄 뿐만 아니라 더 묽은 땀을 흘리게 한다. 즉 신체적으로 단련된 사람의 땀을 분석해 보면 나트륨이나 염소와 같은 무기질이 더 적게 포함되어 있는 것을 발견할 수 있다. 아주 더운 환경에서 운동을 할 때 땀을 통해서 다량의 수분과 함께 무기질이 손실되는데, 이로 인해서 열사병은 물론이고 근경련이나 심장 기능에 문제가 발생할 위험이 높아진다. 신체적

으로 허약한 사람일수록 흘리는 땀에 무기질이 많이 포함되어 있을 가능성이 높다. 우스갯말로 진한 육수를 흘리는 것이다.

신체적으로 단련된 사람이 땀을 잘 흘리고, 묽은 땀을 흘리는 일차적인 이유는 몸에 수분을 더 많이 가지고 있기 때문이다. 비만한 사람도 땀을 많이 흘리는데, 그것은 완전히 다른 이유 때문이다. 비만한 사람은 반대로 몸에 수분을 훨씬 적게 보유하고 있다. 왜냐하면 근육조직은 70% 이상이 물로 이루어져 있지만, 지방조직은 20% 내외의 수분만을 갖고 있기 때문이다.

그러므로 체지방 수준이 높은 비만한 사람일수록 몸안에 물이 적다. 비만한 사람이 땀을 잘 흘리는 이

유는 몸에 수분이 많아서가 아니라 체지방이 많아서 몸안에서 발생한 열을 효과적으로 발산시키지 못해 체온이 쉽게 올라가기 때문이다. 그러므로 비만한 사람을 보고 '물살'이라고 하는 것은 생리학적으로는 잘못된 말이다.

운동을 하면 피도 묽어진다

운동에 의해 몸에 수분 보유량이 많아지면 유익한 변화가 나타난다. 먼저 혈액량 자체도 증가하고 혈액의 점성도가 떨어진다. 한마디로 피가 묽어지는 것이다. 이로 인해서 혈전 생성의 위험이 감소하고 혈액순환에 도움이 된다.

이에 따른 이점은 더운 날 운동을 할 때에 더욱 극명하게 나타난다. 더운 환경에서 운동을 하면 인체는 추가적으로 더 많은 혈액을 필요로 한다. 즉 더운 날 운동을 할 때는 근육이라는 기존의 수요처 외에도 평소보다 더 많은 혈액을 요구하는 수요처가 생긴다. 그 수요처는 피부혈관이다.

더운 환경에서 운동을 지속하기 위해서는 근육에 혈액을 계속 보내고, 한편으로는 체온을 낮추기 위해 더 많은 혈액을 피부혈관으로 보내야 한다. 그래야 체내에서 발생한 열을 바깥쪽으로 내 보낼 수 있다. 이처럼 더운 날 운동을 할 경우에는 근육 혈류량과 피부 혈류량에 대한 요구가 함께 높아지기 때문에 인체가 더 큰 부담을 느끼게 된다.

이러한 상황에서 단련된 사람은 몸에 더 많은 수분과 혈액을 갖고 있어서 수분 손실이 있더라도 순환계의 부담을 적게 느끼며 운동을 지속할 수 있다

≫ 수분 여유력

운동을 할 때 땀으로 인한 수분 손실이 일어나면 피가 부족하여 근육과 피부혈관에 충분량의 혈액을 보낼 수 없게 된다. 이런 상태로 땀을 많이 흘려 몸이 탈수상태가 된 것

을 무시하고 계속 운동을 하면 체온조절 부전에 의해 열사병에 걸릴 위험도 높아진다. 그렇지만 운동에 의해 더 많은 수분 보유량을 갖게 되면 땀을 통해 많은 수분을 손실하더라도 여전히 활동근육으로 보낼 혈류와 체온조절을 위한 혈류를 유지할 수 있는 능력을 갖추게 된다. 이러한 수분 여유력은 운동 능력과 체온조절 능력뿐만 아니라 전반적인 건강에도 큰 도움이 된다.

현대인은 만성적인 탈수상태라고도 한다. 특히 우리나라 사람은 운동을 해서 땀을 흘리지 않더라도 커피 마시는 것이 생활화되면서 카페인의 이뇨작용에 의한 탈수상태가 자신도 모르게 심해지고 있다.

혈액에 의해 산소와 이산화탄소, 그리고 각종 영양물질과 대사산물이 운반된다는 점을 생각해 보자. 뿐만 아니라 인체에서 이루어지는 모든 대사 활동, 즉 생화학적 반응은 체내에서 물을 매개로 하여 이루어진다. 평소 규칙적인 운동을 통해서 몸안에 물을 많이 보유하도록 하자. 그것을 통해 땀도 묽어지고 혈액도 묽은 상태라면 건강상 큰 이점을 갖는 셈이다.

# 심장이 빨리 뛰는 두 가지 경우

사람이 살아 있다는 것은 심장이 뛰고 있다는 것을 의미한다. 바꾸어 말하면 심장이 멈추면 완전한 사망이라고 선언한다. 예를 들어 뇌사상태는 의식이 없고 자발적으로 호흡을 할 수 없어서 호흡 유지 장치에 의존하는 상태를 말하지만, 이때에도 심장은 여전히 뛰고 있다. 이처럼 심장은 우리의 생명을 상징하는 중요한 기관이다.

심장은 인체의 구석구석에 혈액을 공급하는 펌프 역할을 한다. 심장이 펌프질할 수 있는 것은 근육으로 이루어져 있기 때문이다. 주먹 크기밖에 안 되는 심장은 자신이 담고 있는 혈액을 대동맥을 통해서 뿜어낸다. 인체의 모든 세포들은 이 혈액이 실어다 주는 산소를 지속적으로 공급 받으며 산다.

심장을 더 빠르게 뛰게 하는 경우는 두 가지이다. 그중 하나는 불안이나 분노와 같은 정서적인 스트레스를 받을 때이다. 다른 하나는 운동과 같이 실제로 몸을 움직일 때이다. 그런데 이 두 가지 원인에 의해 심장이 더 빠르게 뛰는 상황이 장기간 반복되면 그 결과는 완전히 반대로 나타난다.

심장병을 일으키는 정서적 스트레스

정서적으로 스트레스를 받으면 심장 기능이 점차 떨어져 결국 심장병 발생 위험이 높아진다. 이는 조급하고 경쟁적이며 불안 및 긴장 수준이 높고 화를 잘내는 소위 A유형 성격 소유자가 심장병 발생률이 더욱 높은 것과도 관련이 있다.

정서적 흥분에 의해 심장 박동이 빨라지는 것은 인체가 외부의 위협에 처하였을 때 이에 신속하게 대처하기 위해서이다. 이것은 수렵 채취 생활을 하던 원시시대 인류에게는 생존하는 데 필수적인 반응이었다.

그러나 현대인이 직면하는 스트레스는 보다 지속적이며, 간접적이고, 복합적인 성격을 갖고 있다. 이 새로운 형태의 스트레스에 대해 인간은 아직 생리적으로 적절한 대처 방법을 찾지 못했다. 면전에서 모욕하며 갑질하는 직장 상사 앞에서 교감신경의 흥분은 최고조에 달하고 심장은 달음박질치게 된다. 그렇다고 성질대로 주먹질하거나 36계 줄행랑을 칠 수도 없고, 그저 꾹 참을 수밖에 없다.

심장병을 예방하는 운동

이와 반대로 정기적으로 운동을 하는 사람은 심장의 펌프 기능이 개선되어, 심장병 발생 위험은 더욱 낮아진다. 정서적인 스트레스와 근본적으로 다른 점은 운동을 할 때는 실제로 높아진 에너지 수요에 대한 인체의 자연스런 반응으로서 심장박동이 빨라진다는 점이다. 근육이 실제로 움직이기 때문에 더 많은 에너지를 필요로 하고, 그러기 위해서는 더 많은 산소와 에너지원을 근육으로 보내야 한다. 이를 위해 심장은 더욱 빠르고 강하게 펌프질하여 혈액의 순환 속도를 높이고, 더 많은 혈액을 활동하는 근육으로 보내게 된다.

"

안정 상태에서 심장이 한 번 펌프질할 때마다 커피 자판기의 종이컵 용량만큼의 혈액을 뿜어낸다. 이렇게 펌프질하는 양은 하루에 15톤 가량이며, 평생 동안 약 30억 번을 펌프질한다. 한 번 뿜어낸 혈액이 온몸을 모두 순환하고, 다시 심장으로 돌아오는 데 걸리는 시간은 약 1분이다. 그러나 운동을 할 때 심장은 안정 상태보다 한번에 더 많은 혈액을 펌핑하고, 더 빠르게 뛴다. 예를 들어 조금 속도를 내어 달리기를 하면 심장이 1분 동안 뿜어내는 혈액량은 3~5배 증가하고, 심장도 두 배 정도 빠르게 뛴다.

"

이렇게 반복된 자극에 의해 심장근육은 더욱 강해지고 효율성이 높아져서 한번에 더 많은 혈액을 펌프질할 수 있게 된다. 이로 인해 나타나는 가장 뚜렷한 현상은 휴식을 취할 때나 똑같은 운동을 할 때에도 이전보다 심장이 천천히 뛰는 것이다. 즉 같은 일을 해도 심박수가 적어지게 되는 현상이 나타나는데, 이를 '운동성 서맥'이라고 한다.

또 심장근육은 관상동맥(심장동맥)이라는 혈관을 통해서 자신이 뿜어낸 혈액을 공급받는다. 일

종의 급유 장치라고 할 수 있는데, 이 빨대 굵기만한 세 갈래의 혈관을 혈전이 막으면 협심증이나 심근경색과 같은 심장병이 발생하게 된다.

정기적인 운동은 심장혈관의 상태를 건강하게 유지시키고 개선하여 심질환의 위험을 현저히 낮추어 준다. 정기적인 운동을 통해서 얻을 수 있는 가장 큰 이득은 무엇보다 펌프 기능이 개선된 심장을 보유하게 되는 것이다.

이렇게 운동에 의해 개선된 심장을 '스포츠심장'이라고 한다. 이 스포츠심장은 경기장에서만 필요한 것이 아니다. 스포츠심장을 보유하는 것은 활기차고 건강한 일상생활의 바탕을 갖게되는 것을 의미한다.

몸의 산소 수송차량 이야기

　우리 몸에서 혈액이 하는 가장 중요한 역할은 인체를 구성하는 모든 세포에 물자를 수송하는 일이다. 그중에서도 가장 중요한 물자는 산소이다. 세포들은 산소에 의존하지 않고서는 단 몇 분도 생명을 지탱하지 못하기 때문이다.

　혈액 중에서 산소 운반을 담당하는 특별한 수송차량이 바로 '적혈구(赤血球)'라고 하는 세포이다. 이 적혈구는 전체 혈액의 약 40~45%를 차지할 정도로 그 수가 매우 많다. 겨우 한 방울의 피에도 수백만 개의 적혈구 세포가 들어 있다.

　적혈구라는 이름에서 알 수 있듯이 이 세포의 색은 빨간색이다. 이 적혈구가 빨간색이어서 혈액도 빨갛게 보인다. 그런데 사실은 적혈구도 그 안에 있는 헤모글로빈이라고 하는 물질 때문에 빨간색으로 보이는 것이다. 헤모글로빈은 단백질과 철분으로 이루어져 있는데, 산소는 철 부분과 결합된 상태로 운반된다.

> "
> 쇠붙이가 공기 중 산소와 작용하면 산화철이 되어 붉게 녹이 스는 것과 마찬가지로 헤
> 모글로빈에 들어있는 철분이 산소와 결합할 때 빨간색을 띤다. 그래서 적혈구 안의 헤
> 모글로빈과 산소가 많이 결합한 동맥혈은 매우 밝은 선홍색을 띠는 것이다. 반면에 산
> 소가 적고 이산화탄소가 많은 정맥혈은 어두운 적색으로 보인다. 우리가 피 검사를 받
> 거나 헌혈을 할 때 보는 것이 바로 이 암적색의 정맥혈이다.
> "

운동은 산소 수송차량의 생산을 촉진한다

산소 수송차량은 어디에서 생산될까? 그 생산 공장은 뼈이다. 주로 척추뼈나 골반 또는 긴뼈의 말단부에 있는 적색골수에서 만들어 낸다. 이 수송차량을 만드는 주재료는 단백질이고, 그밖에 철분, 비타민 B$_{12}$, 엽산 등을 필요로 한다.

뼈의 적색골수에서 생산된 적혈구의 수명은 120일 정도이다. 이렇게 골수에서 생산되어 혈관이라는 도로를 순환하면서 산소와 이산화탄소를 운반하는 역할을 하다가 대략 120일 되면 세포막이 터지면서 죽게 된다. 죽은 적혈구는 간이나 비장에서 처리한다. 이렇게 날마다 노쇠한 적혈구가 죽으면 그만큼 골수에서는 새로운 수송차량, 즉 적혈구를 생산하여 총 적혈구 수를 일정하게 유지한다.

운동 초기에는 바로 이 수송차량이 해체되고 생산되는 속도가 빨라진다. 즉 운동을 할 때에는 수명이 다된 늙은 적혈구막이 혈관 안에서 터지는 용혈이 증가한다. 한편 새로운 적혈구를 만들어 내려는 인체의 요구도 높아진다. 즉 운동에 의해서 콩팥에서 '에리쓰로포이에틴(EPO : erythropoietin)'이라는 호르몬 분비가 촉진되는데, 이 호르몬은 뼈에서 적혈구 생산을 촉진시킨다.

이처럼 산소 수송차량의 해체와 생산 속도가 빨라지면 어떻게 될까? 그렇게 되

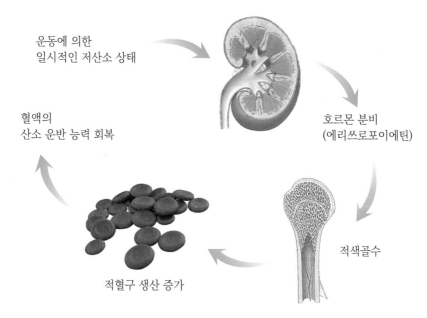

운동에 의한
일시적인 저산소 상태

호르몬 분비
(에리쓰로포이에틴)

혈액의
산소 운반 능력 회복

적색골수

적혈구 생산 증가

혈액의 산소 운반 능력 회복 메커니즘

면 노후된 차량이 새로 생산된 새 차들로 교체되는 효과가 나타난다. 이렇게 새로 생산된 차량들, 즉 젊은 적혈구가 많을수록 산소 운반의 기능성이 좋아진다.

산소 수송차량의 공급 부족, 운동성 빈혈

그런데 조심해야 할 일이 있다. 격렬한 운동을 할수록 일시적으로 파괴되는 수송차량(적혈구)은 많아지는데, 골수에서 새롭게 수송차량을 생산할 재료가 모자라는 경우이다. 예를 들면 운동은 열심히 하는데 나이어트를 한답시고 영양을 불균형하게 섭취하는 경우이다. 그렇게 되면 골수에서 적혈구를 만드는 단백질·철분과 같은 영양소가 부족해진다. 이로 인해 혈액 중 산소 수송 역할을 하는 적혈구 수나 헤모글로빈 양이 감소하게 된다.

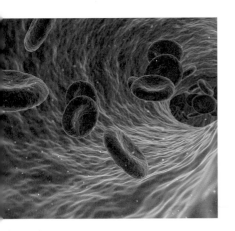

이처럼 운동을 할 때 영양 부족에 의해 적혈구 수가 감소하거나 헤모글로빈 양이 임상 하한치보다 낮아지는 현상을 '운동성 빈혈'이라고 한다.

운동과 적절한 영양은 산소 수송차량을 늘려 준다

운동과 함께 영양을 적절히 섭취한다면 운동성 빈혈을 전혀 걱정할 필요가 없다. 운동을 하면서 영양에 문제가 없다면 혈액 중 산소 수송차량의 총 대수는 15~20% 정도 증가한다.

이렇게 수송차량, 즉 적혈구가 늘어나도 교통 적체 현상은 전혀 발생하지 않는다. 왜냐하면 수송차량의 증가와 동시에 혈관 도로망이 더욱 확장되고, 혈액 중 수분 성분인 혈장은 상대적으로 더 많이 증가하여 혈액의 점성도가 낮아지기 때문이다. 다시 말해서 적혈구 수가 증가하더라도 혈액은 더 묽어져서 순환에 도움을 준다. 이러한 변화는 운동을 시작하고 불과 한두 달만에도 나타난다.

체내의 산소 수송차량 시스템의 개선에 도움을 주는 운동은 주로 심폐순환계를 자극하는 전신지구성 운동이다.

체온조절 기능을 개선하자

여름 한낮에 밭에 나가서 일하는 것은 보통 힘든 일이 아니다. 가만히 있어도 힘든데 뙤약볕 아래서나 비닐하우스 안에서 일을 하면 금세 땀이 줄줄 흐르고 숨이 턱턱 막힌다.

이러다 보니 여름철에 온열질환으로 목숨을 잃은 사람이 속출한다. 가장 일반적인 온열질환은 열탈진이다. 그 증세는 토할 것같은 느낌과 어지러움, 두통이나 경련 등이고, 계속 땀이 나면서 탈수가 진행된다. 여기서 더 진행되면 열사병에 이르게 되어 사망할 위험이 매우 높아진다.

열사병은 몸안의 체온이 높아지지 않도록 열을 몸 밖으로 배출시키는 능력이 상실되어서 일어난다. 즉 몸안에 열이 축적되기 시작하면 인체를 구성하는 성분 중

에서 열에 가장 취약한 단백질이 변성하게 된다. 그것은 단백질은 열을 가하면 그 성질이 영구적으로 변하기 때문이다.

"

단백질을 가장 많이 갖고 있는 계란을 생각해 보자. 이 계란을 깨서 열로 달구어진 프라이팬에 넣으면 액체 상태의 달걀이 고체 상태인 계란 프라이로 변한다. 이처럼 단백질은 열에 의해서 변성되는 성질을 갖고 있다.

마찬가지로 우리 몸을 구성하는 단백질도 몸안에 열이 지나치게 축적되면 변성될 위험성을 갖고 있다. 특히 우리 뇌를 구성하는 단백질은 체온 상승에 의해서 돌이킬 수 없는 치명적인 손상을 입을 수 있다. 이러한 손상에 의해 뇌의 체온조절 능력이 상실되는 것을 '열사병'이라고 한다.

"

체력이 약한 사람이 열사병에 걸린다

노약자는 열사병에 걸릴 위험이 높은데, 이는 체력적인 요인이 열사병의 발생과 매우 깊은 관련이 있기 때문이다. 더운 환경에서 일하거나 운동을 할 때, 체력이 높은 사람은 심장 박동수의 증가가 그렇지 않은 사람보다 더 적다. 또 근육에서 생성되는 피로 물질인 젖산도 더 적게 생성된다. 이것은 더운 환경에서 똑같은 일을 해도 심장의 부담이 적고 피로도 적게 느낀다는 것을 의미한다. 여기에 더하여 체온도 적게 올라간다. 다시 말해서 체력이 높을수록 체온조절 능력이 좋아지는데, 이는 몸안에 더 많은 수분을 보유하는 것과 관련이 깊다.

땀을 계속 흘리면서 일을 하는 상황을 생각해 보자. 사람이 땀을 흘리는 것은 체열을 발산시켜 더 이상 체온이 오르는 것을 막기 위해서이다. 그런데 지속적으로 땀을 분비하면 먼저 땀을 형성하는 간질액(사이질액)의 점성이 높아지고, 연쇄적으로 혈액도 감소하고 끈적거리게 된다. 이렇게 되면 혈관벽의 특별한 감각신경 세포들은 뇌의 갈증중추에 신호를 보내는데, 이때 우리는 비로소 갈증을 느끼게 된다. 혈액이 끈적거리니 어서 물을 먹어서 혈액을 희석시키라는 신호인 셈이다.

> "
>
> 문제는 혈액이 농축되어 갈증중추를 자극하기까지는 시간이 걸린다는 점이다. 그러므로 목마른 것을 느끼기 전에 탈수상태가 상당히 진행될 수 있다. 이렇게 자신은 잘 의식하지 못하지만 일을 하면 열은 자꾸만 생산되는데, 피가 모자라서 체온을 잘 발산하지 못하는 상황이 일어날 수 있다.
>
> "

이러한 상황이 어느 임계점에 도달하면 뇌의 체온조절중추가 손상을 입는 위험한 상황이 벌어질 수 있다. 즉 뇌의 체온조절중추가 기능을 상실하면 자율신경이 작동하지 못하여 땀을 더 이상 분비하지 못하고 피부혈관도 확장되지 않아서 체온을 발산시키지 못하게 된다. 이 단계에서 체온은 41도 이상 급격하게 상승하여 뇌 단백질이 변성되기 시작한다. 이렇게 되면 되돌릴 수 없는 치명적인 상황이 초래되고 만다.

운동 전 미리 미리 물 마시는 습관을 갖자

더운 날 불가피하게 일을 할 때나 운동 경기를 해야 할 때 가장 좋은 방법은 미

리 물을 마셔두는 것이다. 미리 물을 마셔두면 활동을 하면서 나타나는 수분 손실에 대비하여 수분 여유력을 가질 수 있다.

이렇게 운동을 하기 전에 미리 수분을 채워두면 물을 마시지 않고 운동을 할 때보다 생리적인 부담이 크게 완화된다. 즉 운동 전에 미리 물을 마시면 운동을 할 때 체온 상승을 완화시키고, 심장 박동수도 더 낮으며, 혈액 중 피로물질인 젖산의 축적량도 감소하게 된다. 또 일하거나 운동하는 도중에는 목이 마르지 않더라도 물을 틈틈이 마시는 것이 좋다.

한 가지 주의할 점은 한꺼번에 너무 많은 물을 마시면 '이차탈수' 현상을 초래할 수 있다는 것이다. 한꺼번에 많은 양의 물을 마시면 혈액은 일시적으로는 증가하지만, 이때 삼투현상에 의해 혈관 안에서 간질액쪽으로 수분이 이동하게 된다. 그리고 항이뇨호르몬 분비를 막아서 신장의 사구체 여과량이 증가한다. 이 때문에 소변 생성량이 증가하여 오히려 혈액이 재차 급격히 감소하는 현상이 나타난다. 이로 인해 현기증과 메스꺼움, 의식 상실 등을 일으킬 수 있다.

그리고 땀을 통해 수분과 함께 나트륨·칼륨과 같은 무기질이 손실된다. 이것은 혈압 조절이나 심장 운동 이상을 초래할 수 있으므로 수분과 함께 식염 등을 섭취하는 것이 좋다. 무엇보다 중요한 점은 평소 운동을 하여 체력 수준이 높아진 사람은 열질환 발생 위험도 낮아진다는 사실이다.

누웠다 일어날 때 어지러움을 느낀다면

한가한 주말 오후에 잠시 누워 있다가 일어나는 순간 갑자기 눈앞이 깜깜해지면서 어지럼증을 느낀 기숙 씨는 요즘 들어서 부쩍 이런 증세가 자주 나타난다. 병원에서 빈혈은 아니고 '기립성 저혈압'이라는 진단을 받았다. 이처럼 자세 변화에 따라 나타나는 증세를 '자세성 저혈압'이라고도 한다.

기립성 저혈압은 몸을 일으켜 세울 때 혈액을 뿜어내는 심장이 거기에 맞추어 민감하게 반응하지 못하기 때문에 일어나는 현상이다. 우리가 누운 자세에서 일어설 때는 복부쪽에 있는 혈액이 순간적으로 원활하게 심장이 있는 가슴쪽으로의 이동하지 않는다. 그것은 중력의 영향 때문이다. 이때문에 심장으로 들어가는 혈액량이 일시적으로 감소하게 되는데, 그 양은 700ml 정도이다

기립성 저혈압은 심장의 반응이 늦기 때문에 발생한다

심장으로 들어가는 혈액량이 감소하면 바로 이어서 심장이 펌핑하는 혈액량도

감소한다. 이렇게 되면 인체는 갑작스런 압력 저하에 대응하여 심장 활동을 높여서 혈압을 유지하려는 보상 반응을 일으킨다. 압력의 변화는 목동맥의 혈관벽에 있는 특수한 센서에 의해서 감지되는데, 이 센서를 '압력수용기'라고 한다.

압력수용기는 압력의 감소를 뇌에 보고한다. 보다 정확하게는 뇌에 있는 심장운동중추라는 특수한 뇌세포에 보고한다. 그러면 심장운동중추는 혈압이 떨어지지 않도록 즉각 심장에게 더 빨리 뛰라는 명령을 내려 더 많은 혈액을 뿜어내게 한다.

누운 자세에서 일어설 때 혈압이 떨어지지 않도록 하는 이러한 반응을 '압력반사'라고 한다. 기립성 저혈압이 발생하는 원인은 이 압력반사 작용이 잘 이루어지지 못해서 누운 자세에서 일어설 때 혈압이 순간적으로 저하함으로써 뇌혈류량이 일시적으로 감소하기 때문이다.

≫ 기립성 저혈압

기립성 저혈압은 눕거나 앉은 상태에서 일어설 때 수축기 혈압은 20mmHg 이상, 이완기 혈압은 10mmHg 이상 떨어지는 것을 말한다.

기립성 저혈압은 여성에게서 자주 나타나고, 나이를 먹은 사람에게서 더 흔하게 나타나는데, 그 원인은 다양하다. 탈수가 원인이 될 수도 있다. 즉 땀을 많이 흘리는 심한 운동이나 구토, 설사, 이뇨제 복용 등에 의해 탈수가 진행되어 혈액량이 감소하는 것도 원인이 될 수 있다. 또 심장질환이나 당뇨병, 파킨슨씨병 등도 원인이 될 수 있다. 당뇨병환자의 경우에는 자율신경계가 손상되어 기립성 저혈압이 유발될 수 있으며, 파킨슨씨병 환자의 경우에도 뇌신경의 기능 이상으로 기립성 저혈압이 유발될 수 있다.

또 고혈압 치료제로 쓰이는 베타-차단제, 칼슘채널차단제, 안지오텐신전환효소억제제, 니트레이트 등의 혈관확장제나 심장활동억제제, 일부 항우울제의 복용도 원인이 될 수 있다.

기립성 저혈압에 도움이 되는 운동

미국심장협회(American Heart Association)에서는 기립성 저혈압에 대해서 걷기·조깅 등의 유산소 운동, 지구성 운동을 권장하고 있다. 이러한 운동을 하면 근육 펌프의 작용이 촉진되어 심장으로 돌아가는 혈액 순환이 활발하게 이루어지고, 심장 자체의 펌프 기능도 개선된다. 또 보다 장기적으로는 총혈액량도 증가시켜 기립성 저혈압의 개선에 도움이 된다.

눕거나 앉은 자세에서 잠깐 하는 종아리 운동도 많은 도움이 된다. 즉 자리에서 일어나기 전에 발끝을 앞으로 뻗거나 당기는 동작을 통해 종아리 근육의 수축과 이완을 반복시킨다. 또 일어나기 전 가위차기와 같이 두 다리를 엇갈리는 운동을 통해 허벅지 부위의 근육을 운동시키는 것이 좋다. 이때 머리가 심장보다 낮게 위치하는 동작을 피해야 한다. 예를 들어 선 자세에서 자세를 낮출 때 허리를 굽히는 대신 무릎을 굽히고, 반대로 누운 자세로부터 일어설 때는 서서히 일어나는 것이 좋다.

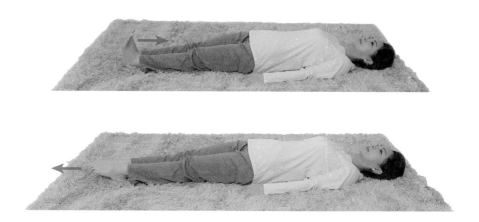

Step 04 돌아보기

◆ 다리를 '제2의 심장'이라고 부르는 이유는 하체 부위의 근육이 수축운동을 할 때 정맥을 압박하여 심장으로 돌아가는 혈액의 흐름, 즉 정맥환류를 촉진하기 때문이다. 이 작용을 근육 펌프(muscle pump)라고 한다.

◆ 운동은 심장 펌프가 혈액을 보다 빠르고 강하게 박출하도록 한다. 이는 동맥혈관의 능동적인 꿈틀거림을 만들어 내어 혈액이 심장에서 먼쪽으로 흘러가도록 한다. 이 혈관의 꿈틀거림을 맥파라고 하며, 이로 인해 혈관내피세포의 기능도 향상된다.

◆ 중량운동 시 숨을 멈추지 않아야 하는 이유는 숨을 멈추면서 힘을 쓰는 순간 혈압이 급상승하여 뇌출혈의 발생 위험이 높아지며, 이어서 가슴속공간(흉강) 내압 상승으로 정맥환류량이 감소하고 혈압이 떨어져서 뇌빈혈 발생 위험이 높아지기 때문이다.

◆ 심폐지구성 운동에 의해 마을길에 해당하는 모세혈관의 분포가 크게 증가한다. 이는 같은 운동을 더욱 유산소적으로 수행하며, 이전보다 숨이 덜 차는 현상과도 관계가 있다.

◆ 운동에 적응이 되면 땀을 통한 무기질 손실이 적어지는데, 이는 더 묽은 땀을 흘리는 것을 의미한다. 또 혈액량 전체는 증가하지만 수분 성분이 더욱 증가하여 혈액의 점성도는 더 낮아지므로 혈류 순환에 유리하고 혈전 생성 위험도 낮아진다.

◆ 일회적으로 심장이 빨리 뛰는 경우는 운동을 할 때와 정서적 스트레스를 받을 때이다. 장기적인 정서적 스트레스는 심장병의 원인이 되고, 운동은 심장의 형태적·기능적인 개선을 가져온다. 이러한 심장을 '스포츠심장'이라고 한다.

◆ 운동을 할 때 일시적으로 모세혈관 내에서 적혈구가 기계적 압박을 받거나, 혈액의 산성화에 의해 적혈구가 깨지는 적혈구 용혈 현상이 일어난다. 이로 인해 운동성 빈혈 발생 위험이 높아진다. 적절한 조혈 영양소의 섭취는 적혈구 수를 늘려 혈액 내 적혈구 분포를 좋게 한다.

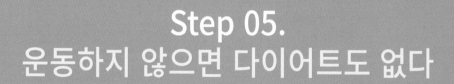

Step 05.
운동하지 않으면 다이어트도 없다

체중조절과 다이어트

트레이너는 그냥 살을 빼달라는 대로 빼주는 사람일까? 무조건 몸을 맡기면 언제까지 기한을 맞추어 틀림없이 체중을 몇 kg까지 줄여주는, 체중계 위에 표시되는 숫자로 성과를 평가받는 그런 존재일까? 필요에 따라 그런 역할도 할 수 있다. 그러나 좋은 트레이너는 고객이 다이어트의 원리를 깨닫고 일상생활 속에서 실천하도록 도와줌으로써 실질적인 삶의 질을 향상시키는 데 도움을 주어야 한다.

현대인에게 다이어트는 영원한 숙제처럼 보인다. 많은 사람에게 다이어트란 숫자와의 싸움처럼 생각된다. 물론 체중계가 가리키는 숫자가 객관적인 지표임에는 틀림이 없다. 그러나 유일한 지표가 아니라 하나의 지표일 뿐이며, 그 숫자에는 잘못된 해석과 오해가 개입될 수 있다. 숫자에만 매달리는 이상 그 싸움은 삶의 질 향상에 이르지 못한다. 단지 체중계 위의 숫자를 줄이기 위한 일정 기간의 이벤트에 그치기 쉽다.

다이어트의 원리를 알면 그 숫자의 의미를 제대로 읽을 수 있고, 제대로 다이어트를 할 수 있다. 한두 해를 주기로 찾아 오는 유행성 다이어트의 광풍에 휘둘리지 않고, 건강하면서도 요요가 없이 자신의 삶의 질을 높이는 제대로 된 방향을 찾아갈 수 있다.

물론 잘못된 식습관을 그대로 둔 채 운동만으로 체중계 위의 숫자를 줄이는 것은 힘들다. 그러나 운동을 다이어트를 올바른 방향으로 안내하는 네비게이션으로 활용한다면 보다 근본적이고 장기적인 해결점을 갖는 셈이다. 잘못된 네비게이션을 사용하다 보니 '운동은 아무 소용이 없다'라는 말을 하게 된다. 그래서 '뱃살 빼는 운동'이라는 이름으로 수많은 운동이 소개되며, 여전히 잘못된 신화가 전수되고 있다.

아침을 거르는데 왜 살이 찔까

"나는 아침도 안 먹는데 왜 살이 찌는지 모르겠어요."

트레이너인 성호 씨는 대화 중에 자신에게 운동을 배우고 있는 직장 여성 기숙 씨로부터 이 말을 듣고 빙그레 웃었다. 아침도 안 먹는데 살이 왜 찌는지 모르겠

다는 푸념은 이전에도 여러 번 들어왔던 차였다.

사실 그는 살을 빼고 싶다고 하는 기숙 씨와 이야기하는 과정에서 살이 찌는 원인이 아침을 먹고 안 먹고의 문제가 아니라 그녀의 생활리듬에 문제가 있다는 것을 알고 있었다. 그녀의 말에는 한 가지 선입견이 개입되어 있다. 바로 '다이어트＝끼니 거르기'라는 생각이다. 이처럼 다이어트를 끼니 거르

는 것과 동일시하는 잘못된 인식이 널리 퍼져 있다.

아침 거르기가 잘못된 습관과 연결되어 있을 때 문제가 된다

끼니 거르기, 특히 아침 거르기가 오히려 살을 더 찌게 만드는 원인으로 작용하는 경우가 많다. 이 말에 고개를 갸웃거릴 사람도 있을 것이다.

그런데 단순히 아침을 먹느냐 안 먹느냐의 문제보다는 아침을 거르게 된 근본 원인이 무엇인가가 훨씬 중요하다. 한끼 정도 거르면서 자신의 생활리듬을 건강하게 지키고 식습관을 건강하게 유지하면서도 전체적인 칼로리 섭취를 유지한다면, 아침 거르기가 문제될 것은 없다.

하지만 아침 거르기로 인한 잘못된 수면 습관, 간식과 야식을 먹는 습관, 그리고 전반적으로 불규칙한 생활리듬과 연결되어 있는 사람이 많다. 사실 아침은 하루 24시간 중 혈당이 가장 낮은 수준을 기록하는 시간대이다.

그럼에도 불구하고 외부적 요인과 정서적 긴장에 의해 식욕을 느낄 틈이 없는 생활을 반복하는 사람이라면 문제가 발생한다. 기숙 씨의 예를 들어 보자. 기숙 씨는 아침 7시에 일어나 집에서 1시간 가량 걸리는 직장에 출근하기 위해 매일 아침 정신없이 서두르는 일이 일상이 되었다. 그러다 보니 아침은 당연히 거르게 되고, 그러면 혈당은 하루 중 최저 상태로 떨어진다. 직장에 도착하여 업무가 시작되면 정신적으로 매우 각성된 상태가 된다. 이는 그녀의 뇌가 혈당을 빠른 속도로 먹어치우고 있음을 의미한다.

이러한 상황이 지속되면 오전 내내 가뜩이나 낮은 수준의 혈당은 더 떨어진다. 이렇게 되면 그녀의 뇌는 '혈당 비상 사태'를 선포하게 된다. 왜냐하면 정상적 조건에서 뇌는 혈당만을 에너지원으로 이용하기 때문이다. 비상 사태가 선포되면 몸안의 부신에서는 소위 스트레스 호르몬을 분비하게 된다.

"

스트레스 호르몬이 하는 중요한 역할 중 하나는 떨어진 혈당을 다시 올리는 것이다. 그래서 이 호르몬은 간에 저장되어 있는 탄수화물(글리코겐)을 풀어서 혈액으로 나오게 함으로써 혈당(글루코스, 포도당)을 일시적으로 올린다. 사실 스트레스 호르몬은 인체가 긴박한 상황에 대처하도록 에너지체계를 긴급하게 발동시키기 위해 심장 박동을 빠르게 하고 기관지나 근육의 혈관을 확장시키는 등의 역할을 한다. 이러한 역할과 더불어 신경이 예민해지고 조급하고 초조한 정서적 상태를 초래할 수도 있다.

"

기숙 씨의 몸은 오전 내내 자신도 모르게 이러한 북새통을 겪게 된다. 드디어 맞이하게 된 점심 시간. 그녀의 몸은 혈당 저하와 스트레스 반응이라는 비상 사태에 시달린 끝에 들어오는 꿀같은 에너지원을 최고의 효율을 발휘하여 받아들이려고 한다. 즉 음식으로 섭취하는 에너지원을 가급적 최대한 체내에 저장하려는 반응을 보인다. 그러한 반응 중의 하나가 인슐린을 정상보다 과잉 생산하여 분비하는 것이다.

비상 사태를 겪고 나서는 무조건 쉬고 싶어진다

점심을 먹고 난 후 비정상적으로 과잉 생산된 인슐린은 혈당을 빠르게 다시 떨어뜨린다. 왜냐하면 인슐린은 혈당을 지방세포를 비롯한 여러 조직세포 안으로 집어 넣어주는 역할을 하기 때문이다. 이처럼 혈당이 다시 급격히 떨어지면 오후에 허기증이 다시 시작된다.

그래서 기숙 씨는 점심을 먹은 지 두 시간도 지나지 않아 무언가 달달한 것, 즉 혈당을 빨리 올리는 스낵이나 케이크를 생각한다. 이렇게 혈당의 급격한 상승과 하락이 반복되는 동안 식욕은 안정적으로 조절되지 않는다. 더구나 오전 내내 에

너지 비상 동원 체재를 가동하느라 지친 몸
은 점심식사 후에는 식곤증이라는 놈을 불
러내서 정신없이 졸리게 만든다. 이 역시
비상 사태를 겪고 난 인체가 에너지 소비를
최소화시키는 에너지 절약 시스템을 가동
한 결과이다.

　그녀는 더욱 무기력하고 피곤한 상태로
일과를 마치고 다시 저녁 만찬을 맞이한다.
이러한 상태에서 운동하고 싶은 생각은 저
멀리 달아나고 만다. 그녀의 내장지방은 이러한 잘못된 생활리듬의 악순환에 빠
져 점점 늘어나게 된다.

　잘 조절된 생활리듬 가운데 스스로 선택해서 실천하는 아침 거르기가 아니라
면, 오히려 살을 찌게 하는 원인이 되기 쉽다. 자신을 거세게 밀어대는 삶의 풍랑
속에서 생활리듬을 잃고 있는 와중에 아침을 거르는 행위를0 다이어트라고 합리
화시켜서는 안 된다.

 # 스트레스를 받으면 왜 뱃살이 늘어날까

꾸준히 식사량을 줄이고, 운동을 열심히 하여 체중을 10kg 감량한 최 부장은 한동안 보지 못했던 지인을 거리에서 마주쳤다. 그 지인은 최 부장의 모습을 보고 깜짝 놀라며 묻는다.

"무슨 힘든 일이 있으셨나요? 혹시 아프신 것은 아닌지요?"

이처럼 체중이 빠지면 심한 스트레스나 아픈 것과 연관지어 생각할 때가 많다. 실제로 심한 스트레스는 식욕을 잃게 하고 살이 빠지게도 한다. 최 부장은 이전의 그 어느때보다도 컨디션이 좋은 상태이지만, 이런 말을 듣고 마음이 흔들리는 것을 느낀다. '살을 너무 많이 뺐나?'

최 부장의 경우와는 다르게 일상생활에서 받는 대부분의 스트레스는 반대로 살을 찌게 하는 원인이 된다. 그 이유는 사람마다 정도의 차이가 있지만 정서적 불안이나 다양한 욕구를 먹는 것을 통해 해소시키려는 심리적 경향성이 있기 때문이다. 이러한 경향성은 아주 어릴 적부터 형성된다. 예를 들어 젖먹이 아이가 한밤중에 깨어나서 울 때는 배가 고파서만 우는 것이 아니다. 무서운 꿈을 꾸거나, 엄마의 존재를 확인하고 싶거나, 실내가 춥거나 더워서, 또는 기저귀가 젖었기 때문일 수도 있다. 이때 젖을 물려주거나 우유병을 물려주어 우는 아이를 다시 재운다. 이러한 일이 반복되면서 심리적 불안이나 다양한 욕구를 먹는 것을 통해 해소시키려는 심리적 경향성이 형성된다.

현대인은 새로운 형태의 스트레스에 아직 적응하지 못했다

거듭된 스트레스 반응의 결과 뱃살은 오히려 증가한다. 현대인이 받는 스트레스는 전혀 새로운 형태의 스트레스이다. 과거 원시인류처럼 맹수나 적대적인 이웃 부족과 마주쳐서 목숨을 걸고 싸우거나 삼십육계 줄행랑 칠 필요가 없다. 그 대신 업무 마감 시한에 쫓기며 갑질하는 직장 상사의 모욕적인 말을 꾹꾹 눌러 참아야 한다. 즉 과거와 비교해 볼 때 현대인이 겪는 스트레스는 보다 간접적이고 복합적이며 지속적인 성격을 갖고 있다.

≫ 인체의 스트레스에 대한 반응

원래 스트레스에 대한 인체 반응은 생명을 지키기 위한 긴급한 생리적 반응으로 나타난다. 즉 심장은 더욱 빨리 뛰어서 혈액을 빨리 순환시키고, 근육의 혈관은 확장시켜서 움직임의 중추적인 역할을 담당하는 근육으로 더 많은 혈액을 보낸다. 또 간에 저장된 탄수화물과 지방조직에 저장된 중성지방을 분해시켜 혈액으로 나오게 하여 더 많은 에너지원이 근육으로 가도록 한다. 이 모두 싸우거나 도망치거나 근육에 필요한 에너지를 총동원하기 위한 행동이다.

이러한 반응은 콩팥 위의 부신에서 분비되는 코티졸이나 아드레날린과 같은 소위 '스트레스 호르몬'의 작용에 의해 이루어진다. 문제는 상사의 갑질을 꾹 눌러 참아야 하는 직장인들의 부신에서 이 스트레스 호르몬이 시도 때도 없이 분비된다는 점이다.

> 66
>
> 스트레스 호르몬은 간에 저장된 탄수화물을 빨리 분해시켜 혈당을 올리고 지방조직에 저장된 중성지방을 분해시켜 혈액으로 흘러 나오게 한다. 이것은 근육에 보내서 에너지원으로 사용되게 하기 위해서이다.
>
> 그렇지만 우리의 근육은 이렇게 흘러 나온 연료를 사용하지 않는다. 단지 얼굴이 붉게 달아 올라서 죄없는 휴지통을 걷어 차거나 물건을 내동댕이칠 뿐이다. 그것도 상사가 보는 앞에서는 할 수 없고, 대부분은 꾹꾹 눌러서 참을 수밖에 없다.
>
> 99

자! 이렇게 스트레스 반응에 의해 혈액으로 흘러 나왔으나 쓰여지지 못한 혈당과 지질은 어디로 가야할까? 갈 곳을 잃은 이 연료들은 다시 저장되는데, 이번에는 원래의 저장소가 아니라 내장지방조직에 저장된다. 앞으로 또다시 벌어질 수 있는 비상 사태에 대비하기 위해 에너지원을 쉽게 꺼내 쓸 수 있는 장소에 저장하는 것이다. 허리둘레가 스트레스의 한 지표가 될 수 있는 이유가 바로 여기에 있다.

인체의 연료 저장고, 피하지방과 내장지방

인체가 갖고 있는 대부분의 지방은 두 군데에 저장된다. 그 한 군데는 피부 아래층에 있는 피하지방조직이다. 피하지방조직은 인체의 전체 표면을 덮고 있는 피부층 아래에 걸쳐 있다. 복부나 엉덩이와 같이 피하지방조직이 많이 발달한 곳이 있는 반면 얼굴이나 손과 같이 피하지방조직이 얇은 곳도 있다.

또 다른 지방 저장고는 내장지방조직이다. 내장지방조직은 복부 내 소화기관 주변에 주로 발달되어 있다. 내장의 그물망 조직은 지방이 적을 때는 얇은 어망이 늘어져 있는 것처럼 보이지만, 지방이 많이 저장되면 지방조직이 두꺼워져 그물망 무늬를 찾아 볼 수 없게 된다. 이 내장지방은 지방을 저장하는 것 외에는 하는 일 없이 깡패처럼 행동한다. 예를 들어 내장지방조직이 커지면 다른 장기를 압박하거나 밀어 내면서 못살게 군다. 뿐만 아니라 내장지방조직에 저장된 지방은 간으로 이동하여 동맥경화를 일으키는 저밀도지질단백질(LDL) 생산을 촉진한다.

또 이 내장지방은 당뇨병, 이상지질혈증, 고혈압, 심장혈관계 질환 등과 매우 깊은 관련이 있다. 이것이 '스트레스'를 만병의 근원이라고 하는 이유 중의 하나이다.

운동을 꼭 해야만 하는 이유가 여기에 있다. 운동을 하면서 내장지방조직에 저장된 지방이 우선적으로 연료로 쓰인다. 흔히 다이어트를 한다고 하면서 체중에만 신경을 쓰지만, 실제로 운동을 통해 얻을 수 있는 더 큰 효과는 내장지방 축적에 따른 합병증을 낮추고 스트레스에 대한 인체의 저항력을 높여주는 데 있다.

뱃살 빼기 운동 - 사라지지 않는 신화

피트니스센터에서 가장 인기있는 운동 장비 중의 하나가 벨트 마사지기이다. 이 기구에는 항상 많은 사람들이 모여 있다. 현숙 씨는 이 벨트 마사지기의 벨트를 배에 걸치고 벌써 10분 이상 출렁이는 배를 진동시키고 있다. 그러면서 중얼거린다. "이렇게 열심히 하는데 왜 뱃살이 안 빠지는지 몰라."

그때 옆에 있던 트레이너 성호 씨는 어떻게 설명해야 할지 난감하다.

현숙 씨가 벨트 마사지기를 운동 후에 근육을 풀어 주는 용도보다는 뱃살 빼기용으로 생각하게 된 데는 이유가 있다. 그것은 매스미디어를 통해 접하는 광고 탓이 크다. 건강 잡지, 유튜브, 케이블TV의 상업광고 채널, 그리고 공중파 방송에서 뱃살을 빼준다는 운동기구가 소개되는 것을 자주 볼 수 있다. 또 팔뚝 부위나 허벅지 지방을 제거한다는 운동도 소개된다.

한 예로 복부의 운동 방법을 실연하면서 뱃살 빼는 데 좋은 운동이라고 소개하는 것이다. 그렇다면 윗몸일으키기와 같은 운동은 뱃살을 빼는 효과적인 운동일까? 그 대답은 '아니다'이다. 특정 신체부위를 움직이는 운동을 하면 그 부위의 지방을 제거할 수 있다는 믿음은 좀처럼 사라지지 않는 미신이다.

운동생리학의 기초 지식을 갖고 있다면 그것이 완전한 오해임을 알 수 있다. 그럼에도 불구하고 방송에서 특정 신체부위를 움직이면서 그 부위의 지방을 빼는 운동이 꾸준히 소개되는 것을 보면 허탈감마저 느끼게 된다.

뱃살을 빼려면 총에너지소비량을 높여라

우리 인체는 특정 신체부위를 움직일 때 그곳의 지방조직에서만 연료를 가져다 쓰지 않는다. 그러므로 신체의 특정 부위를 집중적으로 반복하여 운동해도 그 부위의 체지방이 제거되지 않는다. 예를 들어 윗몸일으키기를 할 때 쓰여지는 연료는 복부의 지방조직에서만 동원되는 것이 아니라 그 운동에 의해 소비되는 '총에너지소비량'에 비례하여 전신에 분포된 지방조직에서 공급된다.

운동을 할 때는 에피네프린, 코티졸, 성장호르몬 등이 분비되어 지방조직에 저장된 지방을 연료로 꺼내 쓸 수 있도록 도와준다. 이들 호르몬은 지방조직에 분포된 모세혈관 벽에 있는 지질분해효소를 활성화시킨다. 그 결과 지방조직의 저장지방에서 분해되어 나온 지방산이 혈액을 통해서 운동하는 근육으로 보내져서 연료로 쓰인다.

이렇게 혈액으로 분비되어 순환하는 호르몬은 운동하는 특정한 신체부위에만 작용하는 것이 아니라 전신에 영향을 미친다. 이 경우에는 인종이나 성별 등과 같이 사전에 결정된 개인차가 다소 작용할 뿐이다. 즉 호르몬과 결합하는 수용체의 종류와 분포상태에 따라 에너지원으로서 지질이 상대적으로 많이 동원되는 부위가 사람마다 차이가 있을 수는 있지만, 특정 부위의 운동이 그 부위의 지질 동원을 더 일으키지는 않는다.

"

더 쉽게 설명해 보자. 오른손 또는 왼손잡이 엘리트 테니스 선수의 양팔 근육이나 뼈 밀도를 비교하면 잘 쓰는 팔의 근육량이 더 많고, 뼈 밀도도 더 높다. 그렇지만 매일 엄청난 운동량을 소화하는 엘리트 테니스 선수도 양팔의 체지방량은 차이가 나지 않는다.

그런데 특정 부위만을 더 움직이거나 간단한 스트레칭을 통해서 그 부위의 지방을 제거한다는 것은 어불성설이다. 그러므로 복부든 팔뚝이든 특정 신체부위의 지방을 제거하기 위한 목적으로 하는 일부 신체부위만을 움직이는 운동은 매우 비효율적인 운동일 뿐이다.

"

물론 윗몸일으키기와 같은 복부운동을 열심히 하면 허리둘레가 약간 감소하는 효과는 거둘 수 있다. 그런데 그것은 복부지방이 빠져서가 아니라 복부를 이루고 있는 복횡근이나 내외복사근의 긴장도가 높아져서 일어나는 현상이다. 사실 복근을 강화시키는 운동은 복부지방을 빼는 목적이 아니라 몸의 중심근육을 강화시키고 요통 등의 위험성을 낮추는 효과가 있어서 충분히 가치 있는 운동이다.

전기자극 장비는 살빼기용이 아니라 재활 기구이다

간혹 한술 더 떠서 복부에 전기자극을 주어 뱃살 빼는 기구를 광고하는 경우가 있다. 한마디로 이러한 기구는 복부지방을 빼는 데는 전혀 효과가 없다. 왜냐하면 그러한 장비를 아무리 오래 사용해도 전기자극에 의해 수동적으로 수축하는 근육이 소비하는 에너지는 극소량에 불과하기 때문이다. 다만 이러한 장비는 손상된 근육이나 관절의 재활을 돕거나 근육의 이완 효과가 있을 뿐이다.

그렇다면 어떤 운동이 뱃살 빼기에 가장 좋은 운동일까? 신체 어느 부위의 체지방이든지 그것을 제거하기 위한 가장 좋은 운동은 총에너지소비량을 높이는 운동이다. 그리고 이 총에너지소비량을 증가시키기 위해서는 온몸의 큰근육들을 가급적 동시에 움직이는 전신운동이 좋다.

명심하자. "근육이 자발적으로 움직이지 않으면 에너지 소모가 없고, 에너지 소모가 없으면 지방의 연소도 없다."

제발 이제는 엉터리 뱃살 빼기 운동의 신화에서 벗어나자!

뇌를 훈련하면 다이어트가 쉬워진다

김 주임은 회사 팀원들과 뷔페 식당에서 모처럼 단합 대회를 마치고 나오는 길에 후회가 밀려오는 것을 느낀다. 뷔페 식당에서 네 번째 접시는 역시 먹지 말았어야 했다는 생각이다. 처음에는 가장 좋아하는 스시 몇 개와 칼로리가 높지 않은 메뉴 위주로 선택해서 먹었으나 결국은 구수하게 코를 자극하는 피자와 달콤

한 케이크와 과자, 그리고 아이스크림까지 먹지 않을 수 없었다.

먹을 당시에는 약간 허전하고 모자란 배를 채운다는 생각으로 먹었지만, 먹고 나서 집으로 돌아가는 길에는 배가 터질 듯하고 숨쉬기도 힘든 포만감을 느끼면서 마지막 디저트는 괜히 먹었다는 후회가 찾아온다.

이처럼 식사 후에 뒤늦게 포만감이 찾

아오는 이유는 무엇일까?

포만감을 느끼는 과정

우리는 배가 부르다는 느낌을 어떻게 갖게 될까? 배가 부르다는 느낌은 우리 뇌의 시상하부에 있는 특수한 뇌세포들에게 신호가 전달되기 때문이다. 그 특수한 뇌세포의 이름은 식욕중추이다.

> "
>
> 위와 지방조직은 식욕중추에 가장 강력한 신호를 보내는 곳이다. 위와 지방조직에서는 각각 호르몬을 보내서 식욕중추에 신호를 보낸다. 위에서는 그렐린(ghrelin)이라는 호르몬이 분비된다. 약 30분 간격으로 분비되는 이 호르몬은 식욕중추에 신호를 보내서 배고픔을 느끼게 한다. 그런데 식사를 하여 음식물에 의해 위가 채워지면, 그렐린 분비가 억제되어 식욕중추로 가는 신호가 중지되어 배고픔이 가시게 된다.
>
> "

한편 지방조직에서는 렙틴(leptin)이라는 호르몬이 분비된다. 식사를 통해 흡수된 영양소가 지방조직에까지 보내지면 지방조직에서는 렙틴을 분비시킨다. 그런데 렙틴은 그렐린과는 반대로 식욕을 억제하고 포만감을 느끼게 하는 역할을 한다. 이 렙틴이 뇌의 식욕중추에 있는 수용체와 결합되면 식욕이 억제되어 포만감을 느끼게 한다.

식사를 하고 나서 렙틴을 통한 신호가 식욕중추에 전달되기까지는 적어도 20분 정도 걸린다. 이런 이유 때문에 식사를 마치고 시간이 좀 지나서야 포만감을 느끼는 경우가 많다. 그러므로 다이어트를 위해서는 빨리 먹는 습관을 고치는 것이 중요하다. 식사를 허겁지겁 먹으면 위에서의 그렐린 분비가 중지되면서 일차적인 배고픔은 감소시킬 수 있지만, 렙틴이 보내는 신호가 미처 도착하지 않았기 때문에 허기증은 완전히 가시지 않기 때문이다. 비만한 사람의 공통적인 식습관으로 지적되는 것은 식사에 걸리는 시간이 너무 짧다는 점이다.

≫ 렙틴 저항성

1994년에 동물을 대상으로 한 연구에서 지방조직에서 분비되는 렙틴이라는 호르몬이 식욕을 억제한다는 사실이 밝혀졌다. 즉 렙틴이 유전적으로 결핍된 생쥐는 비만이 초래되며, 렙틴을 재주입했을 때 체중이 감소하는 것을 발견하였다.

이 렙틴이 발견된 당시에는 연구자들이 비만을 획기적으로 치료할 수 있는 방법을 발견했다고 생각했지만, 얼마 지나지 않아 인간의 경우는 그렇게 간단하지 않다는 것이 밝혀졌다. 비만한 사람은 혈액 중 렙틴 수준이 결핍된 것이 아니라 오히려 렙틴 수준이 매우 높았기 때문이다. 결국 렙틴을 분비하는데 문제가 있는 것이 아니라 식욕중추에서 렙틴과 렙틴수용체의 결합에 문제가 있다는 사실을 알게 되었다.

렙틴이 정상적으로 렙틴수용체와 결합하지 못하니 아무리 먹어도 포만감을 잘 느끼지 못하게 된다. 이를 보상하기 위해서 지방조직에서는 더 많은 렙틴을 만들어 분비하게 되므로 혈중 렙틴 수준이 높아진 것이다. 이러한 현상을 '렙틴 저항성'이라고 하는데, 비만한 사람에게서 흔히 나타나는 문제이다.

렙틴 저항성을 해결해야 다이어트에 성공한다

렙틴 저항성이 나타나는 이유는 몸에 지방조직이 늘어나서 렙틴 생산량이 늘어나면 혈액 중 렙틴 수준이 비정상적으로 증가하고, 이로 인해 렙틴 수용체의 민감도가 떨어지기 때문이다. 렙틴 저항성이 생기면 식욕이 잘 억제되지 않아서 과식을 하게 된다. 이것은 다시 지방조직에서 더 많은 렙틴을 생산하는 악순환을 일으킨다.

짧은 기간에 체중을 10kg 이상 줄였어도 원래의 체중으로 돌아오기 쉬운 이유가 여기에 있다. 따라서 이 렙틴 저항성을 개선하는 것이 다이어트 성공의 관건이다. 사실 3개월 후에 있는 결혼식에 웨딩드레스를 입기 위해 체중을 5%나 10% 빼는 것은 누구나 가능한 일이지만, 꿈같은 허니문 기간이 지나면 어느새 힙과 복부에 차오르는 지방을 발견하게 된다.

이렇게 요요가 오는 이유는 단기간에 체중을 줄이더라도 렙틴 저항성이 해결되지 않기 때문이다. 이 렙틴 저항성 문제를 해결하기 위해서는 적어도 6개월 이상의 장기 전략이 필요하다. 특히 운동을 하는 것이 큰 도움이 된다. 운동을 자신의 생활리듬을 건강하게 지켜나가는 좋은 습관으로 정착시키게 되면, 렙틴 저항성이 더욱 효과적으로 감소되며, 체지방 분해가 촉진되는 동시에 식욕을 잘 조절할 수 있게 된다. 결국 근본적인 방법은 뇌를 훈련시키는 것인데, 운동은 뇌를 훈련시키는 좋은 방법이다.

슈거 스파이크, 슈거 크래시 탈출

'슈거 스파이크, 슈거 크래시'라는 말은 한마디로 혈당이 급격히 상승하다가 다시 곤두박질치는 현상을 말한다. 이렇게 혈당이 급격하게 등락을 거듭하면 살을 찌게 할 뿐만 아니라 피로감과 무기력증을 일으킨다. 이런 현상은 대사증후군이나 질병에 수반되어 나타난다.

어떤 경우에 혈당이 정상 범위 이상으로 급격히 상승하다가 다시 하락하는 일이 반복될까?

정 대리의 예를 보자. 30대 초반인 정대리는 요즘 심한 피로감에 시달리고 있다. 특별한 취미가 없다 보니 회사에서 돌아오면 밤 늦게까지 TV를 보거나 컴퓨터 게임을 즐기다가 잠이 든다. 아침에 일어나면 거의 자동 모드로 씻고 회사에 가고, 다시 돌아와서는

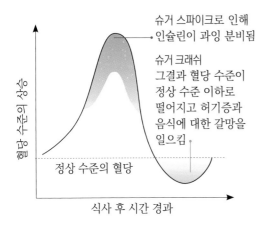

슈거 스파이크로 인해 인슐린이 과잉 분비됨

슈거 크래쉬
그결과 혈당 수준이 정상 수준 이하로 떨어지고 허기증과 음식에 대한 갈망을 일으킴

정상 수준의 혈당

혈당 수준이 상승

식사 후 시간 경과

똑같은 일상을 반복한다. 배가 조금씩 나오기 시작하더니 조금만 신경을 쓰지 않으면 와이셔츠가 바지 위로 밀려 나온다.

아침에는 허겁지겁 회사에 출근하다 보니 아침을 거르는 것이 습관이 되었다. 그저 우유 한 잔과 식빵 한 조각을 먹고 출근한다. 일단 회사에 출근해서는 거의 배고픈 것은 모르고 점심을 맞이한다.

잘못된 습관은 인체를 에너지 저장 모드로 전환시킨다

회사 업무에 몰두하면 그나마 낮은 혈당이 더욱 떨어져서 마침내 맞이하는 점심시간에는 하루 중 혈당이 최저로 떨어진 상태가 된다. 이렇게 혈당이 떨어진 상태를 뇌는 심각한 위기 상황으로 인식한다. 왜냐하면 뇌는 혈당만을 에너지원으로 이용하기 때문이다. 결국 햄버거, 핫도그, 도넛과 달콤한 치즈케이크, 탄산음료와 같이 혈당을 빨리 올려 주는 식품들이 매력적인 색깔과 모습으로 그를 유혹한다.

오전 내내 혈당 저하에 시달린 끝에 맞이한 점심시간. 마침내 유혹에 굴복한 그의 몸은 꿀같은 에너지원을 최대의 효율과 속도로 받아들인다. 이로 인해 혈당이 급격히 상승하는 '슈거 스파이크'가 일어난다.

그런데 문제는 이렇게 급격히 상승한 혈당은 이자의 베타세포가 인슐린을 더욱 과도하게 분비하도록 자극하는 데 있다. 물론 인슐린이 상승한 혈당에 맞추어 알맞게 분비되면 좋겠지만 급작스럽게 혈당이 높아지면 생리적으로 필요한 양보다 인슐린이 더 과잉 생산되어 분비된다. 이러한 인슐린 과잉 분비는 저혈당을 경험한 인체가 에너지 재저장 반응을 더욱 촉진하도록 유도한다.

이렇게 과잉 분비된 인슐린은 다시 급격하게 혈당을 떨어뜨리는 '슈거 크래시'의 원인이 된다. 즉 인슐린은 더 많은 양의 혈당을 인체의 큰 창고에 해당하는 지방조직에 저장시켜서 혈당을 다시 떨어지게 한다. 이렇게 혈당이 급격한 상승과 저하를 반복하는 동안 식욕은 안정적으로 조절되지 못하게 된다. 이것이 점심 이후 심한 식곤증과 무기력증에 시달리는 원인이다.

물론 의도적인 단식과 운동 등을 통한 계획적인 저혈당은 반대로 인슐린 저항성을 낮추고 성장호르몬의 분비를 촉진하는 등의 순효과로 나타날 수 있다. 그러나 정 대리와 같이 잘못된 식습관과 생활 패턴에 의한 저혈당은 인슐린 저항성을 더욱 악화시키고, 더욱 비만하게 만드는 원인이 된다.

> **"**
>
> 혈당 저하라는 쓴맛을 경험한 정 대리의 몸은 지방 합성 효소의 활성도를 높이고, 먹는 족족 에너지를 더 쉽게 꺼내 쓸 수 있도록 내장지방조직에 저장한다. 이는 앞으로 또 올 수도 있는 기아 사태에 대비하기 위해서이다. 결론적으로 비상 사태를 반복적으로 경험한 몸은 에너지를 잘 저장할 수 있는 에너지 저장 모드로 전환되는데, 이것도 일종의 체질의 변화라고 할 수 있다. 물론 매우 바람직하지 못한 변화이다.
>
> **"**

이러한 습관의 가장 큰 문제는 '인슐린 저항성'의 악순환을 초래할 수 있다는 점이다. 인슐린 저항성은 당뇨병은 물론 각종 심혈관계 질환이나 지방간과 같은 질병의 뿌리가 된다. 이러한 악순환의 고리를 끊기 위해서는 무엇보다 식습관 개선과 함께 운동을 하루 중 중요한 일과로 삼아야 한다. 흔히 운동을 시작하지 못하는 이유로 너무 피곤하기 때문이라고 말하는 사람이 많은데, 바로 그 피로의 악순환을 깨는 것이 운동이라는 점을 꼭 기억해야겠다.

 ## 근육이 움직이지 않으면 지방의 연소도 없다

간혹 TV의 상업 광고나 건강 잡지 등에서 복부를 진동시키거나 전기자극을 주어 뱃살을 빼는 기구의 광고를 볼 수 있다. 심지어 호날두와 같은 유명인이 그러한 기구를 자신의 멋진 복근 둘레에 차고 모델로 나오니 혀를 차게 된다.

이렇게 수동적으로 근육을 움직이게 하는 방법으로 특정 신체부위의 지방을 제거할 수 있다면 얼마나 좋을까?

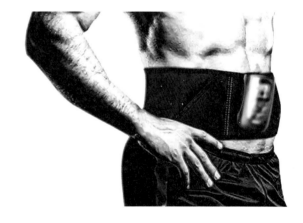

그러나 그것은 환상일 뿐이다. 그러한 기구는 근육을 일시적으로 이완시키거나 수술 이후 재활의 목적으로 쓰여 질 수 있지만, 에너지 소모의 측면에서는 매우 비효율적인 방법이다. 이는 근육의 구조와 기능에 대한 기본적인 지식이 무지해서 벌어지는 일이다.

하나의 근육이 수축하여 운동을 일으키는 것은 그 안에 무수히 많은 근육섬유(근세포)가
수축 운동을 해서 나타나는 결과이다. 하나의 근육 안에 얼마나 많은 근육섬유가 동시
에 수축을 하는지에 따라서 그 근육이 발휘되는 힘의 수준이 결정된다.

그런데 하나의 근육섬유는 또 자신 안에서 길이가 변화하는 특성이 있는 여러 모양의
단백질들을 가지고 있다. 이들은 수축하는 성질이 있다고 해서 수축성 단백질이라고
한다. 이 단백질들이 실린더 모양으로 가지런히 배열되어 있어서 상호작용을 하게 되
면 근육섬유는 길이가 짧아지는 운동을 한다. 다시 말해 한 근육이 수축 운동을 하면
그 근육 안에 있는 무수히 많은 근육섬유가 동시에 수축하는 것이다.

근육섬유의 능동적 수축 과정에서 에너지가 소모된다

우리가 능동적으로 근육을 움직일 때 수많은 근육
섬유에서 수축 작용이 일어난다. 또 하나하나의 근육
섬유 안에서 굉장히 많은 수축성 단백질이 상호작용
한다. 운동을 할 때의 에너지는 근육섬유 안에서 수축
성 단백질이 상호작용을 하는 과정에 쓰인다. 하나의
움직임을 만들어 내기 위해 동원되어야 하는 근육섬
유의 수는 수만 내지 수십만 개에 달한다. 뿐만 아니
라 주도적으로 움직임을 만들어 내는 근육뿐만 아니
라 그 움직임을 도와주거나, 대항하는 근육도 에너지
를 쓰게 된다. 또 근육을 능동적으로 움직인다는 것은
대뇌로부터 근육까지의 신경 전달이 지속적으로 이루

어짐을 의미하는데, 이 역시 에너지 소모가 요구된다.

더구나 단순히 신경-근육계의 작용만 개입되는 것이 아니라 심장혈관계, 호흡계, 내분비계 등이 함께 관여하여 에너지 소비 수준이 높아진다. 그만큼 에너지 소모량은 막대하게 된다.

그러나 전기자극 등의 수동적인 방법에 의해 동원시킬 수 있는 근육섬유의 수는 매우 제한될 수밖에 없으며, 실제적인 몸의 움직임으로 연결되지도 않는다. 그리고 근육의 부분적 수축에 의한 움직임 자체도 인체의 다른 계통과 상호 관련되어 일어나지 않는다. 그러므로 에너지 소모를 기대하기 어렵고, 설혹 에너지 소모가 있다고 해도 무시할 정도로 아주 미약한 수준에 불과하다.

전기자극 기구는 근육이나 관절의 재활용으로만 의미가 있다

전기자극으로 특정 부위의 지방을 제거할 수 있을까? 이것 역시 불가능하다고 볼 수 있다. 왜냐하면 인체가 근육을 움직일 때 지방이라는 에너지를 사용하는 방식 때문이다.

우리가 운동을 할 때 쓰는 지방이라는 에너지원은 운동하는 부위의 지방조직에서만 꺼내 쓰지 않는다. 그보다는 온몸에 분포된 지방조직에서 꺼내 쓴다. 특히 내장지방이나 최근에 지방이 축적된 부위부터 많이 꺼내 쓰게 된다. 그리고 에피네프린 수용체의 분포와 같이 이미 결정된 유전적 요인에 의해 신체부위별로 지방을 꺼내서 쓰는 정도는 개인차가 있을 수 있다.

결론적으로 인체의 어느 특정 부위에 전기자극을 주어서 소모시킬 수 있는 에너지 소모량은 매우 적어서 효과가 없을 뿐만 아니라 그 부위의 지방만을 따로 제거할 수도 없다.

그러므로 인체의 어느 부위가 되든 체지방을 감소시키는 최선의 운동은 가급적 온몸의 큰근육을 동시에 동원하는 운동이 좋다. 큰근육들을 동시에 사용하여야 에너지 소비량을 최대로 높일 수 있다. 이러한 운동은 대체로 신체를 이동시키는 운동으로 걷기, 조깅, 수영, 사이클, 배드민턴 등이다.

다시 한 번 말하지만, 운동을 하지 않으면 다이어트는 성공할 수 없다.

"근육이 스스로 움직이지 않으면 에너지 소모가 없고, 에너지 소모가 없으면 지방의 연소도 없다."

물살과 지방살, 무엇이 다를까

중년 여성인 현숙 씨는 요즘 자꾸만 팔뚝 뒤에 처지는 살이 늘어나서 고민이다. 여름에 민소매 옷을 입을 때 적잖이 신경이 쓰인다. TV 방송 프로그램에서 소개하는 스트레칭 자세를 따라서 하고, 종편에서 광고하는 전기자극 기구도 사서 써 보았지만 소용이 없었다.

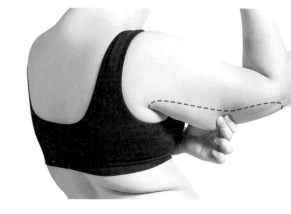

물론 팔뚝살은 그런 방법으로는 빠지지 않는다. 앞에서도 설명했지만 가장 좋은 방법은 전신운동을 통해 몸이 사용하는 전체 에너지 소비량을 높이는 것이다. 그리고 팔뚝 부위의 지방을 빼는 것은 아니지만 팔의 근력운동을 통해서 그 부위 조직이 탄력성을 갖도록 하는 것이 팔뚝살을 해결하는 최선의 방법이다.

많은 사람들은 현숙 씨처럼 늘어진 팔뚝살을 만지면서 물살이라고 말한다. 그런데 이것을 물살이라고 지칭하면 부지불식간에 오해가 발생한다. 뚱뚱하면 몸에 수분이 많다고 생각하거나, 물살이므로 물을 빼면 될 것이라는 착각에 빠지게 된다. 그런데 해부생리학적으로 말하면 팔뚝 뒤에 늘어진 살은 물살이 아니라 지방살이다. 지방조직의 수분 함유량은 20~25%에 지나지 않으며, 대부분은 지방과 결체조직으로 이루어져 있다.

≫ 근육은 말 그대로 물살이다

사실은 근육이야말로 '물살'이다. 왜냐하면 근육조직은 70% 이상이 수분으로 되어 있기 때문이다. 그러므로 우리가 살을 빼고 싶다고 할 때, 그 살이 의미하는 것은 지방살이다. 우리 몸에서 근육이 차지하는 비율은 남자는 40% 내외이고, 여자는 25% 정도이다. 이 근육이 차지하는 비율이 나이를 먹으면서 점점 줄어들고, 반대로 지방이 차지하는 비율이 높아지는 현상을 사르코페니아(sarcopenia) 또는 노인형 비만이라고 한다.

요즘엔 무조건 굶기를 반복하는 다이어트 때문에 여성 중에 사르코페니아와 비슷한 저근육형 비만인이 많다. 겉으로는 여윈 것처럼 보이지만 안으로는 체지방이 많다고 해서 '토피족(Tofi: thin outside, fat inside)'이라고도 한다.

몸에는 수분이 많을수록 좋다

몸에 근육이 많을수록 당연히 체내 수분도 많다. 몸에 수분이 많으면 여러 가지 생리적인 이점이 있는데, 그중에서도 뚜렷한 이점은 두 가지이다.

첫째는 혈액이나 림프액의 순환이 순조롭게 이루어진다는 점이다. 몸에 수분이 부족하면 혈액의 점성도가 높아져 혈전 생성 위험이 증가하여 뇌졸중이나 허혈성 심질환의 위험성도 높아진다.

둘째는 체온조절 능력이 높아진다는 점이다. 무더운 여름철에는 이 능력이 매우 중요하다. 왜냐하면 체내 수분 보유량이 많으면 체온조절에 유리하기 때문이다. 즉 체내 수분 보유량이 많을수록 땀을 분비하거나 피부 혈류를 증가시키는 방법을 통해서 높아진 체온을 밖으로 발산시키는 능력이 높아진다. 반대로 몸에 지방조직이 많을수록 수분이 차지하는 비율이 줄어든다.

> 66
>
> 비만할수록 땀을 많이 흘리게 되는데, 이러한 현상을 보고 몸에 수분이 많기 때문이라고 오해하는 경우가 많다. 그러나 앞서 말했듯이 지방조직에는 수분이 매우 적게 포함되어 있어서, 체지방이 많을수록 몸의 수분 보유량이 적을 수밖에 없다. 몸에 수분이 적기 때문에 똑같은 조건에서도 더 쉽게 탈수상태가 초래된다.
> 땀을 많이 흘리는 이유는 몸에 수분이 많아서가 아니라 두꺼운 피하지방층이 체온을 밖으로 발산되는 것을 막는 단열재 역할을 하여 체온이 쉽게 상승하기 때문이다.
>
> 99

물살을 늘리고 지방살은 줄이자

살을 뺀다고 할 때 어떤 살인지 명확히 할 필요가 있다. 단기간의 체중 감량 효과를 선전하는 소위 '유행성 다이어트'는 대부분 체지방은 제대로 감소시키지 못하고 수분 감소, 근육 위축으로 체중을 줄이는 것이다.

무턱대고 체중계 위의 숫자에만 집착하는 다이어트는 실패하기 쉽다. 다이어트를 하는 근본 목적은 몸매를 보기 좋게 만드는 데 있다. 좀 더 구체적으로 말하면 몸을 보다 슬림(slim)하게 보이도록 하는 것이다.

내 몸을 보다 슬림하게 보이게 하는 방법은 체지방은 줄이고, 대신에 근육이나 수분량이 차지하는

비율을 높이는 것이다. 즉 물살의 비율을 높이는 것이다. 근육조직은 밀도가 높아서 같은 무게의 지방조직보다 부피가 20% 정도 작다. 지나치게 많은 지방살은 줄이고, 물살의 비율을 높이면 궁극적으로 보기 좋은 몸매를 갖게 할 뿐만 아니라 보다 장기적이고 건강하게 다이어트하는 비결이기도 하다.

체중이 정체되는 시기가 많이 나타날 수 있는데, 그것에 실망할 필요는 없다. 체지방이 감소하는 대신 밀도가 높은 근육조직과 수분이 증가하여 나타난 현상일 수 있다. 그러므로 체중계의 숫자만을 보고 일희일비할 필요가 없다. 내 몸에서 '지방살'의 비율이 줄고 건강한 '물살'이 점차 늘고 있다는 신호이기 때문이다.

레슬링 선수의 체중 감량법과 우리의 살빼기

거리의 현수막이나 인터넷 등에서 흔히 접하는 광고가 있다. '2주만에 5kg 책임 감량'과 같은 다이어트법이나 다이어트 식품을 소개하는 광고이다. 매우 획기적인 방법으로 보인다. 그러나 단기간에 많은 양의 체중을 줄여 주겠다는 광고일수록 신뢰하기 어렵다.

사실 단기간에 체중을 줄이려면 먹는 양을 줄이면 된다. 단식을 하면 일주일만에 체중이 크게 감소하는 현상이 나타난다. 그러나 시합을 앞두고 한계 체중을 맞춰야 하는 레슬링 선수가 아니라면 단기간에 체중을 그렇게 줄일 필요가 있을지 생각해 봐야 한다. 그렇게 체중계 위의 숫자를 줄이는 것이 과연 '제대로' 된 다이어트일까.

예를 들어 레슬링 선수와 같은 체급별 선수는 시합을 앞두고 일주일만에도 보통 5~10kg 정도는 쉽게 감량한다. 이때 체중을 감량하는 방법은 대부분 운동량도 늘리지만, 그보다는 식사량을 대폭 줄이고, 시합이 다가오면 땀복이나 사우나를 이용하여 땀을 뺀다. 레슬링 선수의 체중 감소가 절대로 체지방이 감소한 것

이 아니다. 사실 레슬링 선수의 체지방률은 대부분 10% 미만으로 몸안에 더 줄일 지방이 남아 있지도 않다. 단기간에 체중이 감소한 원인은 몸안의 수분이 배출되었기 때문이다.

이에 더하여 간과 근육에 저장되어 있는 탄수화물인 글리코겐이 거의 고갈된다. 이 글리코겐이 저장될 때 결합된 수분도 함께 배출되기 때문에 체중 2~3kg 정도는 금식과 함께 자연스럽게 감소한다. 무제한급 미만의 레슬링 선수는 근육량이 많고 체지방량은 적기 때문에 일반인보다 훨씬 많은 수분을 갖고 있어서 더 쉽게 체중을 줄일 수 있다. 근육조직의 수분함량은 약 75% 정도로 지방조직보다 훨씬 많은 수분을 갖고 있기 때문이다. 지방조직은 약 20% 정도의 수분만을 갖고 있다.

"

재작년까지만 해도 레슬링 경기의 계체량은 경기 하루 전에 열렸다. 바로 이 계체량에 통과하기 위해 체중을 급격히 감량하는데, 재미있는 것은 이 계체량을 마친 후 다음날 경기를 시작할 무렵이면 대부분 원래 감량하기 전의 체중으로 돌아가게 된다. 이는 일반 사람이 레슬링 선수처럼 체중을 줄여서는 아무런 효과가 없다는 것을 의미한다.

"

'제대로' 살을 빼는 다이어트를 하자

우리가 '왜 다이어트를 시도하려 하는지' 본래의 목적을 생각해 보자. 우리는 거의 반사적으로 다이어트의 목적이 '체중 줄이기'라고 생각한다.

그러나 다이어트를 시작하는 보다 궁극적인 목적은 사실 체중 줄이기가 아니라 '몸매'를 보기 좋게 만들기 위해서이다. 다시 말해서 체중 줄이기는 보기 좋은 몸매를 갖기 위한 수단일 뿐이다. 그런데 그 본래의 목적을 잊어버리고 어느새 체중계 위의 숫자에만 매달리게 되다 보니 잘못된 다이어트 방법에 현혹되는 것이다.

"

체중 줄이기는 몸매를 보기 좋게 하는 하나의 방법일 뿐이다. 그것만이 몸매를 좋게 하는 유일한 방법이라는 착각에서 벗어나야 한다. 체중 줄이기만이 다이어트라고 생각한다면 무조건 끼니를 굶어서 단기간에 체중이 많이 빠졌다고 좋아하거나, 사우나를 한 다음 일시적으로 탈수상태가 되어 체중이 감소한 것을 보고 좋아하게 된다. 그리고 다시 속절없이 늘어나는 체중계 위의 숫자를 보고 실망하는 일이 반복될 뿐이다.

"

엉뚱한 상상이지만 누군가 총을 들고 나타나서 2주 이내에 8kg을 빼지 않으면 목숨을 빼앗겠다고 위협하는 상황을 생각해 보자. 그리고 먹는 것을 줄이든지 운동을 하든지 한 가지 방법만 선택하라고 한다면 어떻게 해야 할까. 물론 있을 법한 일은 아니지만 양자택일의 상황에 놓여 있다면 어떻게 해야 할까? 필자라면 당연히 먹는 것을 최소한으로 줄일 것이다.

그러나 기간을 정하지 않고 '제대로' 체중 감량을 해야 한다면, 즉 체중 감량에 '제대로'라는 조건이 붙는다면 어떻게 할까? 그렇다면 당연히 운동을 선택할 것이다. 여기

서 '제대로'란 본래의 목적, 즉 보기 좋은 몸매 만들기에 더해서 다시 요요가 올 위험이 적은 건강한 다이어트를 말한다.

하지만 먹는 것과 운동은 양자택일의 문제가 아니라 두 가지 모두 다이어트에 필수적이라는 사실을 잊어서는 안 된다. 일반적으로 먹는 것을 조절하지 않고 운동만으로 체중을 줄이는 것은 더 힘이 들거나 실패하기 쉽다. 반대로 식이조절만으로 체중을 빼는 것은 단기적으로 가능하지만, 장기적으로 요요없이 건강하게 체중을 유지하기 어렵다.

나를 기만하는 가짜 배고픔

요즈음 TV와 유튜브를 보면 가히 먹방의 홍수라고 할 만하다. 출연자의 리액션을 통해 전달되는 오묘한 미각의 세계는 점점 우리의 상상력을 확장시켜 기어코 침샘을 자극하고 만다. 이렇게 감각기를 통해 전해지는 시청각 정보들은 끊임없이 뇌의 시상하부에 위치한 특수한 뇌세포들에게 '당신은 지금 배가 고프다'고 설득하기 시작한다.

한창 인기를 얻고 있는 유튜버 쯔양의 먹방 채널

이 특수한 뇌세포들을 식욕중추라고 한다. 이 중추에는 계속해서 신호들이 입력된다. 혈관, 위·십이지장벽, 지방세포 등에서 구심성 신경이나 호르몬을 통해 보내지는 신호들이다. 어떤 신호들은 몸에 음식이 충분히 들어 왔으니 그만 먹으라는 신호이고, 또 어떤 신호들은 음식을 더 보충하라는 신호이다. 후자의 신호가 식욕중추에 강하게 전달되면 심한 배고픔이 엄습하기 시작한다.

의지에만 의존하는 다이어트는 잘못

식욕중추에 강한 신호가 전달된다고 해서 무조건 음식을 먹게 되는 것은 아니다. 식욕중추보다 더 고위 중추인 대뇌피질은 '의지력'을 발휘하여 먹는 행위를 연기시킬 수 있다. 그런데 이 '의지력'은 개인이 처한 상황이나 동기에 의해 영향을 받으며, 분명한 한계가 있다. 그러므로 뇌에서 벌어지는 식욕과의 치열한 싸움을 순전히 우리의 '굳센 의지'에만 맡긴다면 그 싸움은 결국 패배로 끝나고 말 것이다.

그러므로 이 싸움을 보다 현명하게 할 필요가 있다. '지피지기 백전불태(知彼知己 百戰不殆)'라는 말처럼 다이어트에 성공하려면 싸워야 할 적군이 누군지 알아야 한다. 여기서 실제로 일어나는 공복감은 진짜 적이 아니다. 진짜 공복감이 찾아오면 먹으면 된다.

물리쳐야 하는 진짜 적들은 나에게 '지금 배고프다'라고 최면을 거는 녀석들이다. 나로 하여금 지금 배가 고프다고 믿게 만드는 이 가짜 공복감의 기만 전술을 모르면 시도 때도 없이 늦은 밤에 냉장고 문을 열게 된다.

가짜 공복감의 정체

가짜 공복감에는 어떤 것들이 있을까? 한 가지 예를 들어보자. 서너 시간 동안 컴퓨터 앞에 앉아 일에 몰두하거나 게임을 하고 나면 매우 허기를 느끼게 된다. 그런데 이 허기증은 사실 우리가 많은 에너지를 소비

했기 때문에 나타나는 현상은 분명 아니다. 우리는 부지불식간에 배가 고프거나 식욕이 높아지는 것은 에너지를 많이 소비한 탓이라고 자연스런 인과 관계로 인식한다. 하지만 천만의 말씀이다. 고작 손가락으로 컴퓨터 자판을 부지런히 두드렸을 뿐이고, 큰근육을 쓰지 않았으니 에너지 소비량이 높을 리가 없다.

> **"**
>
> 허기증을 느끼게 되는 이유는 컴퓨터 작업을 하는 동안 우리의 뇌가 혈당을 부지런히 먹어치웠기 때문이다. 뇌는 다른 연료를 먹지 않고 혈당을 유일한 에너지원으로 삼는다. 그래서 컴퓨터 게임을 하는 동안 뇌가 혈당만을 집중적으로 사용하고, 연쇄적으로 간에 저장된 탄수화물을 꺼내 쓴 결과 배가 고프게 된 것이다.
>
> **"**

몇 시간 앉아 있는 동안 에너지 소비량은 보잘 것 없이 적고 체지방도 거의 소모하지 않았다. 그런데 우리의 뇌는 설탕을 잔뜩 바른 도넛을 먹어서 더 빨리 혈당을 올려 달라고 탐욕스럽게 재촉한다. 이때 느끼는 공복감을 잠시 참고 큰근육을 움직이는 운동을 하면 가짜 배고픔은 어느새 사라지고 실제로 더 많은 지방을 연소시킬 수 있게 된다.

만성 수분 부족은 다이어트의 가장 큰 적

한편 체내 수분이 부족해도 가짜 배고픔을 일으킨다. 불과 십수 년 전만 해도 커피를 테이크 아웃한다는 말이나 거리에서 커피를 손에 들고 다니는 풍경은 생경한 모습이었다.

그러나 요즘 우리 사회는 열풍이라는 말이 어울릴 정도로

카페인에 푹 빠져 있다. 그러다 보니 현대인은 '만성탈수증'에 걸려 있다고 할 정도로 만성 수분 부족 상태를 겪고 있다. 그런데도 불구하고 우리가 목이 마른지 잘 모르는 것은 우리의 갈증중추는 그다지 민감하지 않아서 탈수가 꽤 진행되어서야 갈증을 느끼기 때문이다.

문제는 이러한 체내 수분 부족에 의해서도 식욕중추가 자극된다는 점이다. 인체는 수분 부족을 허기증으로 착각하도록 해서 음식 섭취를 통해서라도 수분 부족을 해소시키려 한다. 그러므로 하루에 1~1.5리터 정도의 물을 가지고 다니면서 마시는 습관을 갖는 것이 다이어트에 도움이 된다.

다음 편에서는 그밖의 가짜 배고픔들과 싸우는 방법에 대해 더 자세히 알아보기로 한다.

가짜 배고픔과 놀이

어릴 적 학교가 끝나고 집에 돌아오자마자 부리나케 밖으로 나가서 놀이 친구들을 찾아 나서던 일들이 생각난다. 가방을 대충 던져 놓고 뛰어나가는 등에 대고 일찍 들어오라고 소리 치시던 어머니의 모습도 새록새록 떠 오른다. 이골목 저골목 옮겨 다니며 딱지치기·구슬치기·비석치기를 하다가, 편을 나누어 닭싸움도 하고, 조그만 고무공으로 골목 축구도 하였다. 그러다가 어둑어둑해서야 집에 들어가는 일이 다반사였다. 저녁을 먹고 나서는 다시 나와 숨바꼭질을 하며 놀았다. 어린 시절을 돌이켜 보면 방과 후의 시간은 온통 놀이와 놀이가 주는 설렘으로 채워졌던 것 같다.

지금 스마트폰과 컴퓨터 앞에서 정신없이 자판을 두드리고 있는 아이들을 보면 세상이 바뀌었음을 실감할 수 있다. 그 모습을 볼 때 어쩐지

측은하다는 생각이 든다. 나만의 착각일 수도 있지만, 친구와 웃고 떠들고 어깨 동무하고 놀았던 예전의 놀이 모습과는 완전히 다른 요즘 놀이에서는 사람 냄새 나는 건강한 기쁨이 느껴지지 않기 때문이다. 혼자서 차가운 기계 상자를 마주하 고 들려 오는 총성과 포성의 기계음에 정신을 빼앗긴 모습을 보면 과거의 놀이와 본질적 차이가 있음을 느끼게 된다.

놀이의 형태는 식욕과도 관련이 있다

각설하고 놀이와 식욕의 관계를 알아보자. 지난 어린 시절은 먹거리가 부족하 였다. 한편으로는 노느라 바빠서 먹는 것도 잃어버린 때도 많았다. 저녁식사 때 노느라 집에 늦게 들어 가면 어머니의 꾸중을 통과의례처럼 자주 들어야 했던 것 을 생각하면 말이다.

앞에서 밝혔듯이 식욕이 높아지거나 배고픔을 느끼는 것이 반드시 많은 에너 지를 소비한 결과 때문은 아니다. 그것을 부지불식간에 인과관계로 받아들이게 된 것은 우리의 오래된 본능 때문이다. 즉 수렵 채취라는 삶의 패턴을 인류 역사 의 대부분을 차지할 정도로 장기간 겪어온 인간은 대체로 '허기증'이란 '많은 에 너지 소비의 결과'라는 등식으로 간주하였다. 그러나 수만 년이라는 오랜 기간 인간의 몸에 학습된 이 등식은 산업혁명 이후 순식간에 일어난 생활 패턴의 변화 로 인해 더 이상 들어 맞지 않게 되었다.

≫ 아이들의 놀이 형태와 비만의 관계

지금의 어린아이들의 놀이 형태와 비만은 어떤 관계가 있을까. 독일이나 미국에서 진 행된 여러 연구들은 아이들의 놀이 형태와 비만의 관계를 말해 주고 있다.

그 연구들 중 한 가지를 소개한다. 한 그룹의 아이들에게 집안에서 컴퓨터 게임을 하도록 하고, 다른 한 그룹의 아이들에게는 밖에서 친구들과 뛰어 놀게 하였다. 그리고 두 그룹 모두 자유롭게 음식에 접근할 수 있도록 하였다. 수주일 동안 아이들이 음식을 통해서 얻는 칼로리 섭취량을 비교해 보니, 예상과는 달리 컴퓨터 게임을 마음껏 하도록 한 그룹의 어린이들이 훨씬 많은 양의 칼로리를 간식 등을 통해 섭취한 것으로 나타났다.

서너 시간이 넘도록 컴퓨터란 요상한 물건 앞에 앉아서 손가락으로 무언가를 두드리는 후손들의 모습은 수렵과 채취 생활을 하던 조상들은 말할 나위도 없고, 불과 한 세기 전의 사람들에게도 상상하기 어려웠을 것이다. 만일 이 후손들의 머릿속에 있는 뇌신경들 사이에서 엄청난 양과 속도로 주고받는 정보의 물동량을 모니터로 볼 수 있다면 그 경이로움에 입을 다물지 못할 것이다.

"

몇 시간 동안 이 정보의 교통에 필요한 에너지를 얻기 위해 뇌는 빠른 속도로 혈당을 먹어 치우게 된다. 정상적인 조건에서 다른 조직세포와는 다르게 뇌는 오로지 혈당만을 에너지원으로 이용하기 때문이다. 그래서 컴퓨터 자판을 두드리는 손가락 근육만을 열심히 사용했기에 에너지 사용량은 보잘 것 없지만, 뇌는 우리로 하여금 그동안 떨어진 혈당을 빠른 시간 동안 높여줄 수 있는 설탕을 잔뜩 바른 도넛과 감자튀김, 치즈를 넣은 퓨전 라면에 입맛을 다시도록 한다.

"

진짜 놀이를 빼앗기고 대신 가짜 놀이에 탐닉하면서 가짜 배고픔의 속임수에 넘어가게 된 것이다. 우리의 미래 세대가 가짜 배고픔괴의 전투에서 이기노톡 하는 방법은 학교에서, 또 집에서 그들에게 진짜 놀이를 되찾아주는 것이다.

가짜 배고픔과 운동

"운동? 그거 아무리 해도 소용 없어. 살 빼려면 안 먹어야 돼!"

간혹 듣는 말이다. 과연 맞는 말일까? 때로는 전문가를 자처하는 사람 입에서도 이런 말이 나온다. 듣기에는 그럴 듯하다.

그러나 이 말은 전형적인 '단순화의 오류' 내지 '일반화의 오류'에 해당한다. 전문가 입장에서는 어떤 조건을 전제하고 이야기했거나, 아니면 다른 맥락 내에서 한 말이었을 테지만, 일반 대중은 거두절미하고 이를 불변의 진리로 받아들일 때가 많다. 그러므로 전문가임을 자임하는 사람은 전달하는 과정에서 나타날 수 있는 단순화 및 일반화의 오류를 조심해야 한다.

물론 다이어트를 계획할 때 먼저 식이조절을 고려하는 것은 당연하다. 즉 자신의 잘못된 식습관을 찾아서 수정하는 것이 기본이다. 그러나 식이조절을 강조한답시고 "운동을 죽어라 해도 소비 열량이 스낵 한 봉지 열량도 안 된다."거나, "30분간 열심히 걸어도 그 칼로리는 밥 반 공기에 불과하다."고 말하는 것은 장님 코끼리 만지기와 마찬가지로 사실의 한 측면만을 보는 것이다.

왜냐하면 그 말은 단지 운동하는 동안만의 에너지 소비량을 단순 비교한 것이기 때문이다. 다시 말해서 운동이 끝난 후에도 운동량에 따라 수시간 동안 대사량이 10~30% 증가한다는 사실이나, 운동에 의한 식욕 조절 기능의 근본적인 개선 효과를 고려하지 못한 소치이다. 또 체성분이 변화하여 기초 및 휴식 시 대사

율이 증가하는 것도 식이조절만으로는 얻을 수 없는 효과라고 볼 수 있다.

그뿐이랴! 운동은 근골계뿐만 아니라 심폐순환계, 뇌·신경계, 소화기계, 내분비계 등의 기능 개선을 통해 궁극적으로 대사 능력을 활성화시킨다. 이것은 보다 효과적인 다이어트를 위한 기초 공사가 된다.

그러므로 앞에서 예로 들은 말은 식이조절의 중요성을 강조하려는 취지라고 이해할 수 있지만, 맞는 말이 아니다. 즉 기계적인 칼로리 비교만이 다이어트 전부가 아니며, 다이어트를 시도하는 많은 사람들에게 잘못된 인식을 심어줄 수 있는 '단순화의 오류'에 빠진 말이다.

다이어트 성공의 열쇠는 결국 체력

식이조절과 더불어 운동이 다이어트를 위해서 꼭 필요한 이유는 다음 두 가지이다.

첫 번째 이유는 섭취 열량을 줄이는 식이조절만의 다이어트로는 체중의 정체

기가 쉽게 나타나게 되기 때문이다. 초기에 체중이 어느 정도 감소하는 이유는 체지방뿐만 아니라 몸안의 수분과 제지방량의 감소 때문이다. 이것이 한계에 이르면 기초대사량의 감소가 수반되면서 정체기가 나타난다. 그렇다고 해서 먹는 열량을 더 줄이면 영양 불균형에 봉착하게 된다. 그러므로 이러한 정체기를 극복하기 위해서는 운동량을 늘리는 것이 좋은데, 이때 체력의 개선이 다이어트 성공의 중요한 열쇠가 된다.

계속 먹는 것만 줄여가면 체중은 줄더라도 몸의 컨디션에 문제가 생기기 쉽다. 즉 탈수상태가 지속되거나 저항력이 약해져 결국 활동량도 줄어들어 무기력증이나 현기증에 시달리다가 다시 살이 찌는 요요를 반복할 위험이 높다.

두 번째 이유는 렙틴 저항성이나 인슐린 저항성을 극복하는 것이 다이어트에 궁극적으로 성공하는 길이기 때문이다. 비만한 사람은 식이조절과 관련된 호르몬인 혈중 렙틴 수준이 정상보다 높아져 있는 렙틴 저항성을 갖고 있는 경우가 많다. 이는 식욕 조절 기전이 정상적으로 작동하지 않는 것을 의미한다.

그런데 다이어트로 단기간에 체중을 5kg 또는 10kg 줄였다고 해서 렙틴 저항성이 바로 낮아지지 않는다. 단식 등으로 짧은 기간 동안 체중을 줄이면 요요가 찾아오는 원인이 된다. 정기적인 운동은 장기적으로 렙틴 저항성을 떨어뜨려 식욕을 안정적으로 조절할 수 있도록 해주는데, 이러한 과정은 약 5~6개월이 걸린다.

또 운동은 인슐린 저항성을 함께 낮추어 더욱 효과적으로 체중 증가에 대처하게 해준다. 그뿐이 아니다. '뇌의 당뇨'라고 하는 치매의 위험을 낮추어 주는 효과를 덤으로 얻게 된다.

가짜 배고픔과의 긴 전투에서 최후의 승리를 거두고 싶은가? 그렇다면 운동이 최선의 답이다.

살찌는 체질, 내 몸의 벽난로를 지펴라

지인과 대화 중에 흔히 듣는 말이 있다. "먹는 족족 살로 간다."는 푸념이다. 반대로 "제발 살 좀 쪘으면 좋겠다."는 소리도 듣는다. 똑같이 먹고, 똑같이 움직여도 살이 더 많이 찌는 사람이 분명 있다. 이러한 불공평한 현상을 가장 편리하게 설명하는 말이 '체질'이다.

그런데 막상 이 체질을 과학적으로 설명하기란 결코 쉬운 일이 아니다. 그 차이를 발생시키는 데에는 기초대사량에 영향을 주는 호르몬이나 효소, 소화기의

상태, 식욕중추의 민감도 등 여러 요인들이 관여하고 있기 때문이다. 그리고 어느 한 요인만으로는 그러한 차이를 결정적으로 설명하지 못한다.

비교적 최근에 체질과 관련하여 많은 관심을 받는 것이 갈색지방이다. 우리가 일반적으로 알고 있는 지방조직은 몸안에 지방을 저장하는 역할을 하는 백색지방 조직인데, 우리 몸에는 백색지방 조직 말고도 아주 소량 존재하는 갈색지방 조직이 있다.

"

갈색지방 조직은 곰이나 다람쥐와 같이 동면하는 동물이 많이 가지고 있다. 가을철에 이 동물들은 동면을 준비하기 위하여 연료로서 지방을 최대한 비축하려고 한다. 그리고 겨울철에 동굴이나 땅속에 들어가 동면을 취하는데, 이때 비축했던 체지방을 갈색지방 조직에서 연소시켜서 열을 발생시킨다. 즉 동면하는 동안 체온이 떨어져 얼어 죽지 않도록 갈색지방 조직에서 지속적으로 지방을 연소시켜 열을 발생시키는 것이다. 백색지방은 지방이라는 장작을 가득 쌓아놓은 연료 창고이고, 갈색지방은 그 장작을 때서 온 집안을 덥히는 벽난로인 셈이다.

"

사람에게도 갈색지방이 있다

사람에게도 이 갈색지방이 있는데, 주로 신생아에게 많다. 신생아는 아직 근육이 발달되지 않아서 스스로 근육을 떨어서 열을 생산하지 못한다. 그래서 반드시 이 갈색지방이 필요하다. 신생아는 가슴과 겨드랑이, 그리고 등 뒤의 날개뼈 주변에 약 150g 정도의 갈색지방이 있다.

과거에는 이 갈색지방이 성인이 되면 사라지는 것으로 생각했다. 그러나 최근 연구들은 갈색지방이 없어진 것이 아니라 성인에게는 비활성화된 상태로 존재한

다는 것이 밝혀졌다.

이 잠재된 갈색지방은 추위에 노출될 때 활성화되는 특성이 있다. 과거 대부분의 사람들은 겨울철에도 아침에 우물가에서 양치질과 세수를 하였기 때문에 갈색지방이 활성화되었던 것으로 볼 수 있다. 그러나 요즈음에는 대부분 실내에서 세면을 하고, 외출할 때도 오리털 패딩에 몸을 꽁꽁 숨기고 다니는 것을 보면 좀처럼 갈색지방을 활성화시킬 기회는 없다는 생각이 든다.

그런데 마른 사람과 비만한 사람을 대상으로 하는 열적외선 연구에서 추위에 대해 갈색지방 조직의 반응에 차이가 있다는 사실이 밝혀졌다. 즉 상체를 벗은 상태로 섭씨 4도 정도의 추운 날씨에 노출시켰을 때 마른 사람은 갈색지방 조직이 뚜렷하게 활성화되지만, 비만한 사람은 갈색지방 조직이 잘 활성화되지 않는 것으로 나타났다. 더욱 놀라운 사실은 갈색지방이 운동에 의해서 활성화된다는 사실이다.

"

최근 사람의 근육에서 분비하는 새로운 호르몬이 발견되었는데, 그것은 아이리신이다. 이 아이리신(irisin)이라는 호르몬은 근육이 일정한 저항을 이기며 수축할 때 근육세포로부터 분비된다. 이렇게 분비된 아이리신은 백색지방 조직 사이에 비활성화된 상태로 잠재되어 있는 갈색지방 전구세포를 활성화시켜 성숙한 갈색지방 세포로 전환시키는 역할을 한다.

"

운동은 갈색지방을 활성화시킨다

광고에서 갈색지방 조직을 활성화시키는 약물이나 특별한 식품, 스트레칭 방법 등이 소개되기도 하는데, 이는 전혀 근거가 없다. 이 갈색지방 조직을 활성화시키는 가장 좋은 방법은 결국 몸의 큰근육들에 일정 강도 이상의 자극을 주는 운동이다.

다이어트를 계획할 때 단순한 칼로리 계산이 아니라 운동을 통해 내 몸의 벽난로를 지피는 것이 장기적으로 더욱 효과적인 방법이라는 것을 꼭 기억하자.

나의 다이어트 유전자와 운동

"나는 물만 먹어도 살찌는 체질이에요."

흔히 듣는 소리이다. 이 말은 일종의 과장화법이다. 실제로 물만 먹어도 살이 찐다고 믿는 사람은 없을 것이다. 오히려 다이어트를 위해서는 물을 자주 먹는 것이 좋다는 것은 상식이 되었다.

어쨌든 똑같이 먹어도 살이 쉽게 찌는 사람이 있다. 반면에 제발 살 좀 쪘으면 좋겠다는 사람도 있다. 이것을 흔히 '체질'이라는 말로 표현하는데, 이 체질은 선천적으로 지니고 태어나는 유전자의 영향을 많이 받는다고 볼 수 있다.

우리가 섭취하는 에너지원을 저장하거나 분해하고 연소시키는 과정에는 많은 호르몬이나 효소들이 관여하고 있다. 이러한 호르몬과 효소를 만들어 내는 유전자는 사람마다 차이가 있기 때문에 어떤 사람은 쉽게 살이 찌고, 어떤 사람은 살이 잘 찌지 않는다. 사람이 생존하기 위해서 필요한 최소한의 에너지 소비량이 기초 대사량이다. 이 기초 대사량은 갑상선 호르몬 등 여러 호르몬들과 에너지 대사 과정에 관여하는 효소들의 총합적인 상호작용에 의해 결정된다.

“

식욕 조절과 관련된 유전자가 있다. 이 유전자의 차이에 의해서 같은 양의 음식을 먹어
도 포만감을 느끼는 사람이 있는 반면에 여전히 허기증을 느끼는 사람도 있다. 이러한
유전자가 실제로 작용하는지 여부는 외부의 환경 요인에 달려 있다. 즉 에너지 대사나
식욕 조절과 관련된 특정 호르몬이나 효소를 만들어내는 특정 유전자는 과도한 칼로리
섭취, 스트레스, 운동과 같은 환경 요인에 의해서 발현되기도 하고, 반대로 억제될 수
도 있다.

”

이렇게 잠재된 유전자를 깨우는 것은 마치 ON/OFF 스위치를 켜거나 끄는 것
으로 비유할 수 있다. 즉 부모나 윗대의 조상으로부터 물려받은 잠재된 유전자의
스위치가 과도한 칼로리 섭취나 스트레스로 인해서 'ON'상태로 켜지면, 비만과
관련된 특정 효소나 호르몬 수용체의 생산이 활발하게 일어나거나 억제된다.

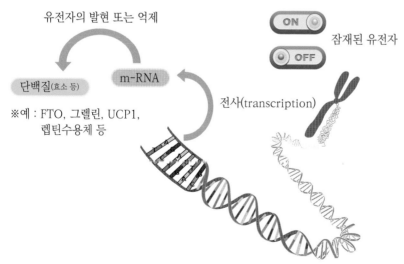

잠재된 유전자의 발현에 의한 효소 등의 합성 촉진과 억제

식욕 조절에 문제를 일으키는 FTO 유전자 변이

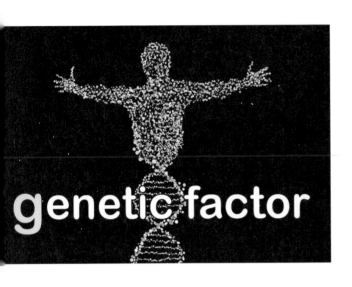

최근에 식욕 조절과 관련하여 많은 주목을 받는 유전자는 제16번째 염색체에 위치하고 있는 FTO 유전자이다. 이 유전자는 FTO(지방과 비만 관련 단백질)라는 효소를 생산한다.

영국에서 이루어진 최근 연구는 FTO 유전자 변이를 하나만 갖고 있으면 비만이 될 확률이 30%이며, 두 개 모두 갖고 있으면 비만이 될 확률이 무려 70%라고 보고하였다.

또한 이 유전자 변이를 갖고 있는 사람은 그렇지 않은 사람에 비해 하루에 섭취하는 칼로리 양이 5% 정도 많다고 밝히고 있다. 하루에 5% 정도의 칼로리 섭취량은 언뜻 적은 것 같지만, 이 정도의 추가 칼로리 섭취가 몇 년 동안 누적되면 체지방량은 매우 많아질 것이다.

FTO 유전자 변이가 식욕 조절에 장애를 초래하는 원인은 위에서 분비되는 식욕 관련 호르몬인 그렐린과 관련이 깊다는 사실이 밝혀졌다. 그렐린은 위에서 분비되어 배고픔을 느끼게 하는 호르몬인데, 약 30분 간격으로 분비되어 뇌의 식욕중추를 자극한다. 우리가 음식을 섭취하여 위에 적절한 압력이 가해질 때 비로소 분비가 억제되므로 정상적으로는 식후에 혈액 중의 그렐린 수준도 낮아진다. 그러나 FTO 유전자 변이를 갖고 있는 사람은 식사 후에도 혈액 중 그렐린은 여전히 높은 수준을 보인다.

운동은 FTO 유전자 변이의 영향을 감소시킨다

미국 노스캐롤라이나대학교 연구팀이 20만 명을 대상으로 체중, 운동 습관, 유전자 변이의 관련성을 조사한 대규모 연구에 따르면, 신체활동이 유전자 변이로 인한 영향을 약 30% 정도 감소시킨다고 보고하였다. 즉 FTO 유전자 변이를 갖고 있는 사람이 운동을 할 때 식후에 보이는 높은 혈중 그렐린 수준이 낮아지는 현상을 볼 수 있다. 운동이 단순히 칼로리를 소비하는 작용뿐만 아니라 비만 유전자의 스위치에 영향을 미치는 요인으로 작용할 수도 있음을 보여 준다.

흥미로운 결과는 자신이 유전자 변이를 갖고 있다는 사실을 통보받은 사람은 스스로 식사량을 더 잘 조절해서 먹으며, 이로 인해 체중 감량을 성공시킬 확률이 더 높다는 사실이다.

자신의 유전적 한계를 인식하고 자신의 잘못된 식습관, 신체활동 습관 등을 자각하는 것이 다이어트 성공의 첫걸음이라고 할 수 있다.

잠 잘자는 것이 살 빼는 길

우리나라를 방문한 외국인들의 눈에 특별하게 보이는 문화가 있다. 바로 늦은 밤 여전히 분주한 거리와 화려함을 뽐내는 네온 불빛, 그 아래 호프집이나 식당에 사람들이 모여 와자지껄 대화를 나누는 모습이다. 이러한 '잠들지 않는 문화'에 많은 외국인들은 신기해 하고 매료되기도 한다. 하지만 이런 밤 풍경을 자아내는 생활 패턴이 심신의 건강에 좋을 리 없다.

늦은 밤까지 깨어 있다 보니 정상적인 생활리듬이 깨져 있는 경우가 많다. 밤 시간대에 수면 부족이 반복되면 낮 시간을 무기력하고 졸린 상태로 보내기 쉽다. 이렇게 되면 인체의 호르몬 분비 리듬도 변화를 겪게 된다.

수면 부족과 비만의 관계에 대한 최근 연

구를 보면 하루 5시간 자는 사람과 8시간 자는 사람을 비교한 결과, 5시간만 자는 사람에게서 렙틴이라는 호르몬은 15%가 감소하고, 반면에 그렐린이라는 호르몬은 14.9%나 증가한 것으로 나타났다. 렙틴은 지방조직에서 주로 분비되는 식욕을 억제하는 호르몬이며, 그렐린은 위장의 하부에서 30분 간격으로 분비되어 허기증을 불러 일으키는 호르몬이다.

≫ 생활리듬의 불규칙성이 가져오는 것

생활리듬의 불규칙성은 수면 호르몬인 멜라토닌의 분비 리듬에도 영향을 미친다. 뇌의 송과체(솔방울샘)에서 분비되는 멜라토닌은 해가 진 다음 평균적으로 저녁 8시 경부터 점차 분비량이 많아지다가 늦은 밤에 최고 수준에 도달한다.

그런데 이러한 리듬에 맞추어 잠들지 못하고 더 늦은 시간까지 활동하면 각성 수준을 높이는 코티솔 분비 수준은 높아지는 반면 멜라토닌 분비가 감소되면서 연쇄적으로 세로토닌이나 도파민과 같은 신경전달 물질이 감소하게 된다. 이렇게 되면 뇌의 식욕중추에서는 식욕을 높이는 작용을 하는 신경펩타이드 Y(NPY)라고 하는 신경전달 물질이 크게 증가한다. 이로 인해 늦은 시간에 냉장고 문을 자꾸만 열었다 닫거나, 야식 배달의 유혹에 굴복하게 된다.

늦은 밤까지 깨어 있으면서 식욕과의 치열한 전투에서 이기는 것은 쉽지 않다. 왜냐하면 우리의 뇌가 계속해서 혈당을 먹어 치우는 동시에 깨어 있는 상태를 지속하기 위해 혈당 수준을 유지하려고 하기 때문이다. 그러한 반응으로 단음식, 즉 탄수화물에 대한 강력한 욕구가 일어나게 된다.

수면 부족은 결국 내장지방 축적과 만성피로를 부른다

수면 부족이 당뇨병의 전 단계처럼 인슐린 저항성이 불러 일으킨다는 설득력 있는 주장도 있다. 이 역시 뇌를 제외한 인체의 나머지 부분들이 혈당을 잘 사용하지 못하게 함으로써 뇌를 위한 연료인 혈당 수준을 안정적으로 유지하려는 반응이라고 볼 수 있다.

결국 늦은 밤에 각성 상태를 높이는 코티졸 수준은 높아지고, 식욕 억제 작용을 하는 호르몬인 렙틴 수준이 매우 낮아지면서 야식의 치명적인 유혹에 굴복하게 된다. 이렇게 유혹에 넘어가서 야식을 먹고 잠이 들면 호르몬 분비 주기도 뒤바뀌어 아침에 일어나서는 렙틴 수준이 아직 높은 상태로 아침밥 생각이 전혀 나지 않게 된다. 반면에 코티졸 수준이 낮아져 매우 졸리고 무기력한 상태로 아침을 맞이하게 된다.

직장에서 힘든 오전 시간을 보내고 점심식사를 한 후에 오는 식곤증과의 치열한 싸움이 일어난다. 직장에서 고도로 높아진 경계령을 유지하는 과정에서 코티졸과 같은 스트레스 호르몬의 수준이 만성적으로 다시 높아진다. 이렇게 되면 복부에 차오르는 달갑지 않은 손님, 즉 내장지방을 피할 수 없게 된다. 잘못된 생활 패턴과 수면 패턴에서 비롯되는 만성적인 스트레스의 악순환은 결국 만성 피로를 초래하는 지름길이다.

이 악순환에서 빠져 나오는 가장 좋은 방법이 있다. 그것이 운동이다. 운동은 그 자체로도 좋지만, 수면의 질을 높여서 이러한 악순환의 수렁에서 빠져나오게 해주는 최상의 수단이 된다.

Step 05 돌아보기

◆ 생활리듬을 잘 조절해 가면서 아침을 거르는 것이 아니라면 아침 거르기가 인체의 에너지 재저장 반응을 자극하여 오히려 비만을 초래하는 원인으로 작용한다.

◆ 인체의 스트레스 반응은 인체를 비상 사태에 대비하여 에너지 동원 상태로 만든다. 그러나 실제적인 에너지 소모가 수반되지 않기 때문에 동원된 에너지원은 이후에 동원되기 쉬운 내장 지방조직에 재저장된다.

◆ 신체의 특정 부위만을 운동하거나, 전기자극 등의 방법으로는 그 부위의 지방을 선택적으로 제거할 수 없다. 뱃살이든 팔뚝살이든 지방을 빼기 위한 가장 좋은 방법은 총에너지소비량을 증가시키는 전신의 대근육운동이다.

◆ 얼마 동안 체중을 목표 수준으로 감량하였더라도 다이어트에 성공한 것은 아니다. 뇌의 식욕중추에서 렙틴에 대한 저항성이 개선되기까지는 최소한 6개월은 걸린다.

◆ 체지방은 전기자극을 이용해서 근육을 자극하거나, 저주파나 기계적 진동, 열자극 등에 의해서 빠지지 않는다. 근육이 스스로 움직이지 않으면 에너지 소모가 없으며, 에너지 소모가 없으면 지방의 연소도 없다.

◆ 근육조직의 수분함량은 70% 이상이지만, 지방조직은 20~25%에 지나지 않는다. 같은 체중이라도 근육이 많을수록 체밀도가 높아지며 체표면적이 적어서 슬림하게 보인다.

◆ 뇌 식욕중추로 하여금 '지금 배가 고프다'라고 착각하게 만드는 가짜 공복감에 유의하자. 늦은 밤 컴퓨터 작업에 의한 혈당 감소, 갈증 등은 실제적인 에너지 소모가 없는 데도 에너지 보충 욕구를 불러 일으킨다.

◆ 제16번째 염색체에 있는 FTO 유전자 변이를 갖고 있는 사람은 비만이 될 확률이 높다. 이런 사람은 식후에도 여전히 식욕을 일으키는 그렐린이란는 호르몬 수준이 높게 나타난다. 운동을 하면 이러한 유전자 변이에 따른 영향을 감소시킬 수 있다.

Step 06.
허약한 땀, 건강한 땀

만성퇴행성질환과 운동

Step 06 미리보기

많은 사람들이 건강상의 이유 때문에 피트니스클럽을 찾거나 운동을 새로 시작하려고 한다. 대부분의 퇴행성 질환들은 건강과 질병의 경계선이 모호한 특성이 있다. 예를 들어 자신의 혈당이나 혈중 지질 수준이 당뇨병이나 이상지질혈증 등의 임상 기준치를 넘지 않는다고 해서 반드시 건강하다고 볼 수 없다. 운동지도자는 질병 및 아질병(亞疾病)상태에 있는 사람에게 운동을 적용시키기 전에 기본적인 병인학과 운동의 관계를 알고 있어야 한다.

운동은 만병 통치약은 아니다. 하지만 가장 효과적인 예방약임에는 틀림없을 뿐더러 아주 좋은 치료제로 쓰일 수도 있다. 예를 들어 만병의 뿌리라고 할 수 있는 '인슐린 저항성'은 운동을 하면 효과적으로 개선된다. 또 치매를 예방하거나 암을 예방할 때에도 많은 증거에 입각하여 운동의 효과들이 발표되어 왔다.

체내에서 일어나는 염증반응으로 여러 가지 질병의 발생 원인을 설명한다. 물론 몸안의 염증반응은 우리가 먹는 식품이나 접하는 환경과의 상호작용에 의해 양태가 변화되며, 그것의 조절기능이 깨지면서 질병이 발생한다. 운동은 이러한 염증반응에 대한 적응소(adaptogen) 역할을 한다. 지나치게 과한 것은 줄여 주고, 지나치게 부족한 것은 채워 주는 작용이 적응소의 역할이다.

운동에 따른 염증반응의 조절 기능은 항산화 작용과 관련되어 있다. 일회적인 운동에 의해 활성 산소가 다량 발생한다. 이 활성 산소는 인체 여러 세포를 손상시킨다. 그러나 운동을 정기적으로 하면 인체는 함부로 행동하는 불한당, 즉 활성 산소로부터 인체를 보호하는 능력이 크게 증가한다.

내 몸의 불한당, 자유기에 대처하는 방법

자유기라고 불리는 녀석이 있다. 이름이 그럴싸하지만 사실은 우리 몸의 건강을 위협하는 최고의 악당이다.

이 녀석이 누구인지 알기 위해서 비유를 통해 설명해 보자. 이상한 관습과 규칙이 있는 어느 마을이 있다고 가정해 본다. 이 마을은 남녀노소를 막론하고 모두 양손에 팔찌를 하고 다닌다. 또 이 마을에선 팔찌를 잃어버리면 마을의 대소사에 참여하지 못하게 하는 규칙이 있다.

그런데 때때로 누군가 한쪽 팔찌를 분실하는 사건이 생긴다. 이런 일이 생기면 대부분은 그것을 운명으로 받아들이고 체념하지만, 어떤 사람은 그 팔찌를 찾기 위해 미쳐 날뛰기 시작한다. 혼자 날뛰다 제풀에 지치면 좋겠지만 기어코 다른 사람의 팔찌를 빼앗으려고 한다. 그러다 보니 마을은 평안할 날이 없다. 즉 팔찌를 빼앗긴 사람이 다른 사람의 팔찌를 강제로 빼앗는 사건이 연쇄적으로 일어나게 된다.

자유기란 이렇게 한쪽 팔찌를 잃어버린 사람이 다른 사람의 팔찌를 빼앗으려고 돌아다니는 악당에 비유할 수 있다. 이 악당들이 몸안을 휘젓고 다니면 여기저기 부서지고, 깨지는 곳이 생기며, 말썽이 생긴다.

> 자유기를 사전적으로 정의하면 '전자를 잃어버려서 한 개 이상의 쌍을 이루지 못한 전자를 갖고 있는 원자'를 말한다. 전자에 해당하는 것이 바로 팔찌이다. 이 전자는 원자핵의 주위 궤도에서 쌍을 이루어 안정되려는 성질을 갖고 있다. 그런데 원자에 따라서는 전자를 잃어버려서 쌍을 이루지 못하여 매우 불안정한 상태가 되는 경우가 있다. 이처럼 전자를 잃어버려 다른 원자로부터 전자를 빼앗으려는 매우 활성화된 상태가 된 원자를 '자유기'라고 한다. 전자를 빼앗긴 원자(자유기)는 다시 다른 원자나 물질로부터 전자를 빼앗는 과정에서 연쇄적인 생물학적 손상을 일으킨다.

이 자유기를 악당이라고 하는 이유가 있다. 암·동맥경화·알쯔하이머병 등을 일으키는 요인일 뿐만 아니라 노화와도 깊은 관련을 갖고 있기 때문이다. 이 악당이 전자를 빼앗는 과정에서 세포막을 공격하는 일이 벌어진다. 이 세포막이 자유기의 공격을 받아서 손상되면 세포가 필요한 물질을 받아 들이거나 대사 과정에서 생성된 노폐물을 내보낼 때 문제가 발생한다.

또 세포 안에서 에너지를 만드는 발전소, 즉 미토콘드리아가 공격을 받을 수도 있다. 이 발전소가 공격을 받으면 에너지를 만들어 내는 기능이 떨어지고 노화가 촉진된다. 또 자유기가 세포핵 안에 있는 DNA에 손상을 입히면 돌연변이를 일으켜 암을 유발할 수 있다. 이러한 손상을 일으키는 자유기의 공격은 '산화적 스트레스'라는 말로 표현한다.

악당들이 나타나는 이유

어떤 경우에 우리 몸에서 팔찌를 잃어버려 날뛰는 불한당들이 많이 나타날까?

> 66
>
> 자유기는 정상적인 생물학적 과정에서도 어느 정도 발생한다. 또 자유기는 외부 요인에 의해서도 만들어진다. 예를 들면 과도하게 음주를 하거나 흡연을 했을 때이다. 그리고 살충제를 살포하는 과정에서나 공기 중에 많은 미세먼지와 같은 공해 물질도 자유기를 생성한다. 튀긴 음식을 먹거나 과식을 했을 때 또는 과도한 스트레스에 의해서도 생성된다. 과도하게 자외선을 쬐거나 방사선에 노출되어도 발생한다.
>
> 99

그밖에 체력 수준에 맞지 않는 지나치게 과도한 운동도 자유기의 공격에 취약한 상태가 되기 쉽다. 사실 우리가 호흡하는 산소 중의 약 1~2%는 이 악당으로 변한다. 이를 활성산소라고 한다. 그리고 이 활성산소는 정상적인 상태에서는 우리의 세포 내에서 세포의 돌연변이를 처리하는 등 꼭 필요한 일을 수행하는 데 쓰이기도 한다.

문제는 우리 몸이 방어하지 못할 만큼 활성산소가 생성되는 경우이다. 과도한 운동이 몸에 해로울 수도 있는 이유가 여기에 있다.

항산화 영양소는 악당을 진정시킨다

인체가 이 불한당의 행패에 대항하는 방법에는 두 가지가 있다.

첫 번째는 자유기의 공격에 대해 방어 작용을 하는 영양소의 섭취이다. 이러한 방어 작용을 '항산화 작용'이라고 하며, 이 작용을 하는 영양소를 항산화 영양소

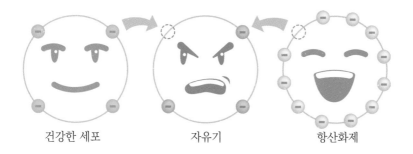

건강한 세포   자유기   항산화제

라고 한다. 그런데 항산화 영양소가 우리 인체의 세포를 방어하는 방법이 꽤 숭고하다. 즉 항산화 영양소는 자신이 갖고 있는 팔찌를 마구 날뛰는 자유기에게 내주어서 진정시킨다. 다시 말해서 항산화 영양소는 자신의 전자를 자유기에게 주는데, 이렇게 전자를 받은 자유기는 불활성화되어 더 이상 설치지 않게 된다. 그리고 항산화 영양소는 정작 자신의 전자를 내주었지만 악당이 되지 않고 점잖게 자기 역할을 한다.

이렇게 항산화 작용이 있는 영양소는 채소나 과일에 많다. 대표적으로 베타-카로틴, 루테인, 리코펜 등이다. 이것은 채소나 과일이 빨강, 주황, 노랑, 보라, 자주색 등을 띠게 하는 성분이다. 예를 들어 블루베리, 토마토, 브로콜리, 시금치, 당근 등이다.

운동은 항산화 방어력을 높인다

인체가 자유기의 공격에 방어하는 두 번째 방법은 외부로부터 섭취하는 것이 아니라 이미 세포나 혈액 안에 있는 '항산화 효소'의 활성도를 증가시키는 것이

다. 우리 몸안에는 이미 항산화 작용을 하는 효소가 있는데, 이 항산화 효소의 활성도가 낮으면 자유기의 공격에 대해 쉽게 세포가 손상된다.

항산화 효소의 활성도를 높이는 가장 근본적인 방법은 규칙적인 운동이다. 반대로 말하면 운동을 멀리 하고, 체력 수준이 낮으며, 채소를 싫어 하고, 인스턴트 식품을 즐겨 먹는 식습관을 갖는 사람은 자유기의 습격에 속수무책이 된다.

한 가지 주의할 점은 너무 과도한 운동은 한꺼번에 너무 많이 생성된 자유기의 공격에 노출될 수 있다. 따라서 점진적인 운동을 통해 체력 수준을 서서히 올려야 항산화 방어력을 높일 수 있다.

사우나의 땀, 뀡 대신 닭인가

사우나 시설이 설치된 피트니스클럽이나 수영장이 많다. 간혹 꾀가 나서 사우나만 하고 가는 사람들이 있다. 문제는 너무 자주 운동을 빼먹고 사우나만 하는 경우이다. 그 변명을 우연히 듣고 경악한 적이 있다. 이야기인 즉은 운동이 내키지 않아 사우나로 땀을 빼고 싶다는 말이다.

사우나에서 흘리는 땀과 운동을 할 때 흘리는 땀은 같은 것일까? 이 질문의 의도가 땀의 성분에 대해서 묻는 것이라면 사우나에서나 운동을 할 때의 땀 성분은 다르지 않다. 이 질문의 전제는 땀을 분비하는 속도가 같다고 가정한다.

≫ 땀이 급속하게 분비되면 벌어지는 일

땀샘에서 생성된 땀은 땀샘관을 통해서 피부 밖으로 배출된다. 그런데 땀이 서서히 분비되면 생성된 땀이 땀샘관을 통해 밖으로 이동하는 동안 무기질이 재흡수될 충분한 시간을 벌 수 있다. 즉 땀에 포함된 나트륨이나 염소, 마그네슘 등이 다시 땀샘관 벽을 통해서 더 많이 재흡수되는 것이다. 그렇게 되면 실제로 분비되는 땀은 무기질이 적게 포함되어 묽다.

반대로 체온이 급속히 상승하는 상황에서 땀이 급속히 분비되면 땀 안의 무기질이 땀 샘관을 통과하는 동안 재흡수되는 시간이 짧아진다. 그렇게 되면 무기질을 많이 포함 한 진한 땀이 배출된다.

결론을 말하면 땀의 분비 속도가 같다면 사우나와 운동을 할 때 땀의 성분은 차 이가 없다. 이러한 사실을 기반으로, 또는 그냥 막연하게 사우나가 운동과 비슷한 효과를 갖는다고 오해할 수도 있다. 그러나 땀이라는 외적 현상만 가지고 사우나 로 운동을 대신할 수 있다고 생각한다면 그것은 완전히 헛다리 짚은 것이다.

운동을 할 때 열은 근육 내부에서 발생한다

사우나로 흘리는 땀과 운동으로 흘리는 땀은 모두 체온이 상승한 결과로서 나타 난다. 그러나 체온 상승의 원인이나 경로, 그리고 수반되는 효과는 전혀 다르다.

사우나는 외부로부터의 열을 체내로 흡수시켜 체온을 상승시킨다. 반대로 운

동은 체내에서 열을 생성시켜 체온을 올린 다. 보다 구체적으로는 근육세포 내부에서 에너지원을 분해시키는 과정에서 파생되는 열에너지가 먼저 근육을 데우면, 열에너지 는 순환하는 혈액으로 전달되면서 온몸을 데우게 된다.

다시 말해서 사우나로 흘리는 땀은 외부 의 열에 의해 유발된 체온 상승에 대한 체온 조절 반응의 결과이다. 그러나 운동으로 흘

리는 땀은 근육의 열생성 작용이 연쇄적으로 일어나는 에너지 대사 과정의 일환
으로 일어난다. 이것은 호흡·순환계, 신경계와 내분비계, 그리고 근골격계의 커
다란 변화와 밀접하게 연결되어 있다.

운동을 할 때 인체의 모든 계통은 에너지 수요와 소비가 높은 수준에서 재설정
되면서 매우 큰 변화를 겪는다. 운동 중에 땀을 흘리는 것은 가장 눈에 띄는 변화
이긴 하지만, 인체가 운동 중에 겪는 수많은 변화 가운데 하나의 부수적인 현상
일 뿐이다.

다시 말해서 사우나는 심폐순환계나 신경계, 근골격계, 내분비계에 운동과 같
은 자극은 주지 못한다. 이 말은 사우나가 다른 측면에서 건강상의 효과가 없다
는 말은 전혀 아니다. 사우나는 나름대로 심리적 긴장 완화나 근이완 효과, 온열
작용을 통한 통증 완화, 혈류 순환 등의 효과가 있다. 다만 사우나는 운동에 대해
'꿩 대신 닭'이 될 수는 없다는 말이다.

사우나로 흘린 땀은 운동으로 흘린 땀을 대신할 수 없다

사우나를 하든지, 운동을 하든지 진한 땀
을 흘리는 사람이 있고, 묽은 땀을 흘리는
사람이 있다. 예를 들어 체력 수준이 매우
낮고 운동 경험이 없는 A라는 사람과 매우
신체적으로 단련된 B라는 사람을 비교해
보자. 두 사람을 비교하면 사우나를 하든
운동을 하든 체력 수준이 높고 운동으로 단
련된 B는 묽은 땀을 흘린다. 즉 평소 운동
하는 습관을 가진 건강한 사람일수록 땀이

맑은데, 이는 땀을 통한 무기질 손실이 적은 것을 의미한다.

> 66
>
> 단련된 사람의 땀이 맑은 이유는 무엇일까? 땀의 분비 속도가 같더라도 단련된 사람은 땀샘관을 통해서 땀을 분비하는 동안 무기질을 더 잘 재흡수하는 생리적 적응이 일어났기 때문이다. 운동을 하는 동안 체온조절의 필요에 의해 땀을 흘리지만, 그것을 통해서 무기질은 적게 배출되는 것이다. 땀과 함께 많은 양의 무기질이 손실되면 몸안의 전해질 분포에 불균형이 일어남으로써 근육 경련이나 불규칙한 심장 리듬이 초래될 수 있다.
>
> 99

그러면 처음 질문으로 돌아가 보자. "운동을 할 때와 사우나를 할 때 흘리는 땀은 다른가?" 이 질문의 의도가 땀의 성분에 차이가 있는지를 묻는 것이라면 그 대답은 "아니다. 차이가 없다."이다. 즉 같은 속도로 땀을 분비한다면 운동을 할 때나 사우나를 할 때 흘리는 땀의 성분에는 차이가 없다는 것이다.

그러나 그 땀의 생리적 의미를 묻는 것이라면 답은 분명히 "그렇다. 매우 큰 차이가 있다."이다. 다시 말해 사우나는 단순히 올라간 체온을 발산시키기 위한 반응으로서 땀을 흘릴 뿐 다른 인체계통에는 큰 자극이 되지 않는다.

반면에 운동을 할 때엔느 높은 에너지 소비 수준을 충족시키기 위한 심장순환계, 신경계, 내분비계를 포함한 인체 모든 계통의 변화가 수반된다. 이러한 과정에서 체온을 발산시키기 위한 부수적 반응으로 땀을 흘리는 것이다.

허약한 땀, 건강한 땀

땀 자체가 허약하거나 건강하다는 말은 성립되지 않는다. 그럼에도 불구하고 '허약한 땀, 건강한 땀'이라고 제목을 붙인 이유는 같은 땀구멍에서 나오는 땀이라도 각각 다른 원인에 의해서 흘리게 되기 때문이다.

땀을 흘리는 것은 체온을 낮추기 위해 일어나는 현상이다. 그러면 어떤 경우에 인체는 체온을 낮추기 위한 반응으로써 땀을 흘리게 될까?

첫 번째는 몸안에 세균 등이 침입한 경우이다. 몸안에 세균이 침입하면 인체는 그 세균을 공격하기 위한 방어 시스템을 더욱 활성화시키게 된다. 인체의 방어 시스템을 활성화시키는 효과적인 방법은 체온을 높이는 것이다. 왜냐하면 백혈구, 림프구, 큰포식세포와 같은

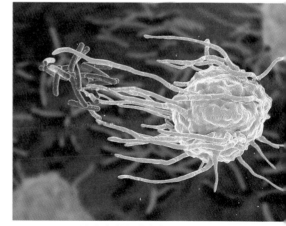

박테리아를 제거하는 큰포식세포

면역세포들과 이들이 분비하는 항체는 온도가 높을 때 더욱 활발하게 활동하기 때문이다.

세균이 침입했을 때 체온을 올리는 방법

몸안에 세균이 침입했을 때 인체가 체온을 높이기 위해 사용하는 방법은 뇌의 시상하부에 있는 체온조절중추에 설정되어 있는 기준값 자체를 높이는 것이다. 예를 들어 체온조절중추에는 평상시 체온이 36.5℃로 설정되어 있는데, 이 기준값을 37.5℃ 또는 38℃로 상향시켜서 재설정한다. 이렇게 체온조절중추의 기준값이 높게 설정되면, 우리는 자신의 실제 체온보다 훨씬 춥게 느끼게 된다. 감기·몸살에 걸렸을 때 몸이 떨리고 오한을 느끼는 이유는 이 때문이다.

이로 인해서 인체는 체온을 올리려는 반응을 하게 된다. 우선 체온이 몸 밖으로 발산되는 것을 막기 위해서 피부혈관을 수축시키고, 에피네프린과 같은 교감신경계 호르몬 분비를 증가시킨다. 그 결과 입모근이 수축하여 소름이 돋기도 한다. 또 몸이 떨리는 반응이 나타나서 열 생산을 증가시키기도 한다. 침입한 세균에 대항하여 인체는 체온을 상승시킴으로써 세균과 효과적으로 싸울 수 있는 내적 환경을 조성하게 된다.

땀을 흘려야 병이 낫는다

이렇게 해서 세균을 물리치는 목적이 달성되면 인체는 체온조절중추에 높여서 설정했던 기준값을 원래의 상태인 36.5℃로 다시 낮추어서 설정한다. 이렇게 되면 지금까지 세균과 싸우기 위해 올라갔던 체온이 기준값보다 높은 상태가 된다. 그러면 인체는 반대로 열을 발산시켜 높아진 체온을 다시 낮추려는 반응을 보인다. 그렇게 체온을 다시 낮추려는 반응의 결과로 땀을 흘리게 되는 것이다.

'땀을 흘려야 병이 낫는다'는 말이 있다. 그것은 질병과 효과적으로 싸우기 위해서 체온을 상승시킨 결과로 인해서 부차적으로 나타나는 현상일 뿐이지, 땀을 흘리는 것 자체가 질병을 물리치는 원인은 아니다.

어쨌든 이러한 땀은 질병이 그 원인이 되었기 때문에 결국 '허약한 땀'이라고 할 수 있다.

운동을 할 때 땀을 흘리는 이유

두 번째는 운동을 하는 경우이다. 운동을 할 때는 전혀 다른 원인에 의해 땀을 흘리게 된다. 운동을 할 때에는 체온이 상승하는 근원은 근육 자체에 있다. 운동을 하면서 근육 내에서는 영양소를 분해시켜서 활발하게 에너지를 발생시킨다. 그 에너지 중에서 약 25% 정도만 근육을 움직이는 데 사용되고, 나머지 75% 정도의 에너지는 열에너지이다. 이렇게 근육세포 내에서 발생한 열에너지는 순환하는 혈액을 덥게 되고, 이어서 온몸이 덥혀지게 된다.

이것이 바로 운동을 할 때 체온이 상승하는 원인이다. 이렇게 체온이 상승하면 이 역시 체온조절중추에 설정되어 있는 기준값 36.5℃보다 실제 체온이 높기 때문에 열을 발산시키기 위한 인체 반응이 나타난다. 즉 인체는 피부혈관을 확장시키고 땀을 분비시켜서 체온을 낮추려는 반응을 보인다. 이렇게 운동을 할 때는 질병에 걸렸을 때와는 완전히 다른 원인에 의해서 땀을 흘리게 된다.

운동을 할 때 땀을 흘린다는 것은 단순히 체온 상승에 대응하는 하나의 반응에 그치는 것이 아니라 인체의 신경계, 순환계, 호흡계, 내분비계, 근골격계 등에서 일어나는 광범위한 변화와 동시적으로 일어나는 현상이다.

이러한 이유로 운동을 할 때 흘리는 땀은 '건강한 땀'이라고 불러야 한다.

운동을 할 때 어지럼증을 느낀다면

최 부장은 피트니스클럽에서 운동을 시작한 지 일주일이 채 되지 않았다. 오늘도 러닝머신 위에서 걷다가 가볍게 달리기를 시작하였다. 한동안 달리고 나서 러닝머신을 내려서는 순간 갑자기 지면이 움직이는 듯한 어지럼증 때문에 중심을 잃을 뻔하였다. 다행히 바로 정신을 차리고 중심을 잡아서 넘어지지는 않았다. 평소 건강에 특별한 이상이 없었던 터라 이렇게 어지럼증을 느낀 것이 적잖이 걱정이 되었다.

운동을 할 때 왜 이런 일이 발생할까? 사실 누구나 자주 경험하는 일이다. 이런 현상은 신체에 별 이상이 없어도 나타날 수 있다. 즉 고정된 땅에서 걷거나 달릴 때와는 다르게 러닝머신 위에서는 지면(벨트)이 움직이고 사람은 제자리에서 걷거나 달리게 된다. 한동안 움직이는 벨트 위에서 발을 움직이다가 바로 지면에 발을 딛으면 우리의 뇌는 고정된

지면에 바로 적응하지 못한다. 즉 우리의 뇌는 눈이 전해 주는 정보를 제대로 인식하지 못해서 한동안 어지럼증을 느끼게 된다. 이러한 어지럼증은 질병으로 초래된 것이 아니므로 사전에 주의한다면 문제가 되지 않는다.

≫ 운동을 갑자기 중단했을 때 어지럼증이 일어날 수 있다

어지럼증은 근육 펌프 작용이 갑자기 소실되어도 일어날 수 있다. 즉 온몸을 순환하는 혈액이 심장으로 돌아가는 원리는 움직이는 근육이 정맥혈관을 리드미컬하게 압박하는 소위 '근육 펌프' 작용 때문이다. 그런데 갑자기 운동을 멈추면 근육 펌프 작용이 소실되면서 심장으로 돌아가는 혈액량도 일시적으로 감소한다. 그로 인해 심장이 뿜어내는 혈액량이 감소하면서 운동 중에 올라갔던 혈압이 급격하게 떨어지는데, 이때 뇌로 가는 혈류량도 순간적으로 감소하는 뇌빈혈 현상이 일어난다.

심한 운동을 하고 난 직후에 눈앞에서 별이 반짝이는 것처럼 보이는 현상도 이 때문이다. 이런 증세를 예방하려면 운동을 갑자기 멈추지 말고 서서히 마치고, 앉거나 누운 자세로 정리 운동을 하는 것이 좋다.

보다 심각한 문제는 어지럼증의 원인이 심장 자체나 뇌에 있는 경우이다. 운동에 의해 잠재된 부정맥 증상이 촉발될 수도 있다. 이것은 드문 경우이지만 건강한 운동선수가 경기 중 돌연사를 일으키는 원인이 된다. 심장은 스스로 전기적 흥분을 일으키고 전파시키는 자극전도계라는 특별한 시스템을 갖고 있다. 이 경로에 문제가 생기면 심장 리듬이 불규칙하게 되고, 그 결과 일시적으로 뇌빈혈 증세를 유발할 수 있다. 특히 심방세동과 같은 부정맥은 혈전을 잘 생성하기 때문에 뇌혈관이 막히는 상황을 초래할 수도 있다.

이러한 위험성을 낮추기 위해서는 운동 전이나 중에 물을 자주 마시는 습관을 들이는 것이 바람직하다. 우리 뇌의 갈증중추는 혈액이 꽤 손실되고 농축될 때까지 잘 자극되지 않으므로 땀을 흘리지 않고 갈증을 느끼지 않아도 물을 마시면 뇌졸중 발생 위험을 낮추어 준다. 혈액이 농축되면 혈전이 발생할 위험은 더욱 높아진다. 그러므로 운동 전에 약 5~10분 간격으로 30~50ml의 물을 몇 차례 나누어 마시는 것이 바람직하다.

운동성 빈혈을 조심하자

운동과 관련된 보다 만성적인 어지럼증의 원인으로 '운동성 빈혈'이 있다. 달리기와 같은 운동을 할 때 발비닥과 지면이 충돌에 의해 발바닥에 분포된 모세혈관에서는 적혈구막이 터지는 현상이 일어난다. 또 혈액의 일시적인 산성화도 노쇠한 적혈구막이 터지는 원인이 되는데, 이를 '적혈구 용혈'이라고 한다.

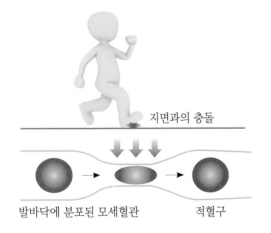

지면과의 충돌

발바닥에 분포된 모세혈관　　적혈구

이렇게 운동에 의해서 적혈구 용혈이 많이 일어나면 뼈의 골수에서는 새로운 적혈구를 만드는 일이 활발해진다. 그렇지만 새로운 적혈구를 생성하는 속도에 비해서 일시에 너무 많은 적혈구 용혈이 일어나면 빈혈이 초래된다. 이에 더하여 다이어트를 한다고 단백질이나 철분, 엽산 등 피를 만드는 영양소를 부실하게 섭취하면 빈혈 증세가 나타날 위험성은 더욱 커진다.

이처럼 운동 중 나타날 수 있는 어지럼증의 원인은 매우 다양하다. 이러한 어지럼증이 뇌경색의 전조증상이나 심장부정맥, 심한 빈혈 등에 의해 나타날 수 있다. 운동 중이나 운동 후 지속적으로 어지럼증이 나타나면 병원에 가서 진단을 받고 사고의 위험을 사전에 예방하는 지혜가 필요하다.

몸안의 도로를 달리는 지방 수송차량들

휘발유나 경유는 가정과 공장에서 사용하는 가장 중요한 에너지원이다. 우리 몸은 동물성이나 식물성 음식으로부터 얻는 지방을 에너지원으로 이용한다. 고속도로와 같은 도로에 기름 수송차량이 달리고 있듯이 우리 몸의 도로망인 혈관에서도 이 지방이라는 연료들을 수송하는 지방 수송차량들이 달리고 있다. 이 지방들은 대부분 인체의 중요한 연료로 이용되지만, 인지질이나 콜레스테롤과 같은 지방은 세포막을 구성하거나 호르몬을 만드는 데 사용된다.

이 혈관을 달리는 지방 수송차량에는 몇 가지 종류가 있다. 어떤 수송차량은 혈관이라는 도로를 망가지게 한다. 반대로 어떤 수송차량은 오히려 도로를 잘 보수·유지하는 데 도움을 준다.

결국 이 수송차량이 얼마나 많은지, 차량의 종류가 어떠한 비율로 이루어져 있는지에 따라서 도로망(혈관)의 상태가 영향을 받는다. 정기적인 운동은 이 지방 수송차량의 수와 비율에 영향을 미친다. 그로 인해 도로를 좋은 상태로 유지할 수 있도록 해 준다.

간에서 만드는 지방 수송차량, 지질단백질

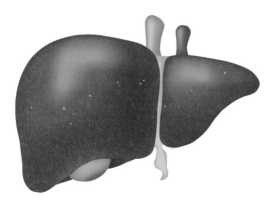

우리가 매일 섭취하는 동물성이나 식물성 지방은 이 수송차량에 의해서 인체의 구석구석까지 운반되어 세포를 구성하거나 에너지원으로 이용된다. 즉 소고기·돼지고기·생선·우유에 있는 동물성 지방이나 콩기름·참기름·올리브유와 같은 식물성 지방은 섭취된 후 온몸을 순환하다가 결국은 일종의 커다란 집하장인 '간'으로 보내진다. 간에서는 이렇게 도착한 여러 종류의 지방을 단백질과 섞어 둥근 입자로 만들어서 혈액으로 내보낸다. 바로 이 둥근 입자가 지방 수송차량인데, 이것을 지질단백질이라고 부른다.

간에서 지방을 단백질과 섞어서 둥근 입자로 만드는 데는 그만한 이유가 있다. 만일 지방이 섭취한 형태 그대로 혈액으로 들어가면, 지방은 혈액의 흐름에 따라 잘 흐르지 않고 혈관벽에 덕지덕지 눌어붙게 된다. 기름(지방)과 혈액의 수분 성분(혈장)은 서로 섞이지 않기 때문이다.

그러므로 간에서는 단백질을 이용하여 지질단백질이라고 하는 특수한 지방 수송차량을 만들어서 혈액에 내보낸다. 이 수송차량은 물과 친하기 때문에 혈액의 흐름에 따라 잘 흘러 다닌다.

그렇게 만들어내는 수송차량에는 초저밀도지질단백질(VLDL)과 저밀도지질단백질(LDL)이 있다. 이 수송차량은 각각 중성지방과 콜레스테롤이라고 하는 지방을 인체의 여러 조직세포로 운반하는 임무를 갖고 있다. 그러므로 이들 저밀도지질단백질은 인체에 꼭 필요한 지질 운반체라고 할 수 있다.

콜레스테롤을 운반하는 두 수송차량, LDL과 HDL

저밀도지질단백질(LDL)이 필요량보다 너무 많으면 문제가 된다. 이 저밀도지질단백질은 인체 여러 조직세포로 콜레스테롤을 운반해 주는 역할을 하지만, 필요한 수준보다 많아지면 혈관벽에 콜레스테롤을 쌓이게 하여 동맥경화의 발생 위험을 높인다.

한편 간에서는 고밀도지질단백질(HDL)이라고 하는 또 다른 종류의 수송차량도 만들어 낸다. 이 수송차량은 일단 간에서 생산되지만 운행 방향은 저밀도지질단백질과 반대 방향이다. 즉 HDL은 온몸을 순환하면서 혈관벽에 붙어 있는 콜레스테롤을 수거하거나, LDL로부터 콜레스테롤을 넘겨 받아 간으로 다시 넘겨준다. 따라서 HDL이 어느 수준 이상 많다는 것은 그만큼 혈관의 청소 작업이 잘 이루어져 동맥경화의 위험을 낮추어 준다고 볼 수 있다. 그래서 HDL을 혈관의 청소부라고 하며, 동맥경화 예방인자라고도 한다.

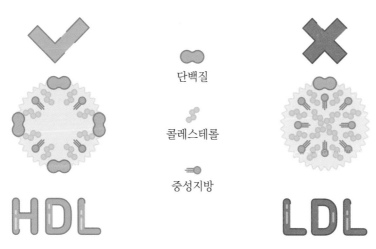

단백질

콜레스테롤

중성지방

고밀도지질단백질(HDL)과 저밀도지질단백질(LDL)

LDL은 적게, HDL은 많게

인체는 어떤 경우에 간에서 LDL을 많이 만들고, HDL은 적게 만들까? 가장 대표적인 원인으로 음주를 들 수 있다. 술을 많이 먹으면 간에서는 정성들여 HDL로 만들지 않고, LDL만을 많이 만들게 된다. 혈액 중의 농도가 0.4%만 되어도 치사량이 되는 유독물질인 알코올을 먼저 처리하느라 지방을 제대로 처리할 여력이 없는 셈이다.

그밖에 총지방 섭취량의 증가나 동물성 지방의 과도한 섭취, 약물의 과다 섭취, 트랜스지방, 스트레스 등으로 간에 부담을 주거나 괴롭힐 때에는 LDL 수준이 높아지고 HDL 수준은 낮아진다. 물론 여기에 운동 부족도 한몫한다. 이는 우리나라에서 최근 십수 년간 뇌졸중이나 허혈성 심장질환이 크게 증가하고 있는 현상의 직접적인 원인이 되고 있다.

정기적인 운동, 특히 심폐지구성 전신운동은 혈액 중 총콜레스테롤이나 중성지방과 함께 LDL 수준을 낮추는 반면에 HDL 수준은 높여 준다. 특히 달리기, 수영, 자전거 타기, 배드민턴과 같은 심폐순환계를 자극하는 전신지구성 운동이 가장 좋으며, 그 효과는 운동량에 비례한다.

보통은 주당 3회 30분 중간강도의 운동을 8주 정도 꾸준히 할 때 혈액 중 지질상태가 뚜렷이 변화하게 된다. 꼭 기억하자. 운동은 내 몸안의 도로망을 달리는 지방 수송차량을 업그레이드시키는 가장 좋은 방법이다.

질병의 뿌리부터 캐내자, 인슐린 저항성

인슐린에 대해 한 번쯤 들어보지 못한 사람은 없을 것이다. 인슐린은 이자(췌장)에서 분비되는 호르몬인데, 식후에 혈당이 증가하기 시작하면 분비된다. 혈당이란 인체의 필수적인 에너지원인 여러 종류의 당질(탄수화물)이 체내로 흡수되어 혈액 안으로 들어온 형태의 당을 말한다. 탄수화물은 우리가 매일 먹는 밥이나 빵, 고구마, 감자, 쿠키, 설탕 등을 통해서 먹는다.

그렇다면 이 인슐린이 하는 역할은 무엇일까? 인슐린은 한마디로 '열쇠' 역할을 한다. 우리가 섭취한 탄수화물은 혈당 형태로 인체의 모든 세포에 공급된다. 즉 인체의 약 30조 개나 되는 모든 세포들은 이 혈당을 먹어야 살 수 있다. 뇌신경세포, 뼈세포, 간세포, 근육세포 등은 모두 혈당을 받아들여서 연료로 이용한다.

열쇠는 인슐린, 자물쇠는 인슐린 수용체

혈당이 세포 안으로 들어가려면 세포막에 있는 특별한 문(통로)을 통해야만 한다. 이 문에는 자물쇠 역할을 하는 '인슐린 수용체'라는 특수한 구조의 단백질이 있다. 이 자물쇠에 결합해서 문을 여는 열쇠가 바로 인슐린이다. 인슐린이란 열쇠가 문을 열어 주어야 혈당이 세포 안으로 들어갈 수 있다.

그런데 이자에서 열쇠(인슐린)를 정상적으로 만들어내더라도 자물쇠(인슐린 수용체)와 상호작용이 되지 않으면, 즉 열쇠와 자물쇠가 잘 맞지 않으면 문은 열리지 않는다. 이렇게 문이 잘 열리지 않으면 혈당이 세포 안으로 들어가지 못하는 현상이 발생하는데, 이것을 '인슐린 저항성'이라고 한다.

인슐린 저항성이 생기면 인슐린을 정상적으로 분비하더라도 혈당이 세포 안으로 들어갈 수 없게 된다. 이렇게 인슐린 저항성이 생긴 경우에는 혈당이 세포 안으로 잘 들어가지 못하므로 식사 후에 시간이 지나도 혈당이 여전히 높은 고혈당 상태가 지속된다. 고혈당 상태가 오래 지속되어 혈당이 조절되지 않은 채로 방치되면 결국 당뇨병으로 진행된다. 인체의 크고 작은 여러 혈관이 망가지고 당뇨병이 되면 심장병, 뇌혈관질환, 신장질환, 백내장, 손발이 썩는 당뇨병성 괴저와 같은 합병증을 초래할 수 있다.

인슐린 저항성의 두 형제, 운동 부족과 비만

인슐린 저항성을 일으키는 가장 중요한 요인은 무엇일까? 유전적 요인도 작용하지만 가장 중요한 환경 요인은 바로 '운동 부족'과 '비만'이다. 비만 중에서도 복부비만과 관계가 깊고, 복부비만 중에서도 내장지방과 관계가 깊다. 사실 인슐린 저항성은 현대인에게 있어 가장 근본적인 질병의 뿌리이다.

인슐린 저항성이 생긴 상태에서 생활 습관을 바꾸지 않고 지내면 더욱 심각한 악순환의 고리에 빠질 위험이 높아진다. 자물쇠와 열쇠가 맞지 않아서 혈당이 세포 안으로 들어가지 못하여 고혈당 상태가 지속되면, 이자는 더욱 무리해서 열쇠

(인슐린)를 더 많이 생산한다. 이렇게 인슐린이 과잉 생산되어 혈액 중의 인슐린 농도가 너무 높아진 것을 '고인슐린혈증'이라고 한다. 그런데 혈액 중 고농도의 인슐린에 노출되면 자물쇠(인슐린 수용체)는 더욱 망가진다. 즉 인슐린 저항성은 더욱 악화되며, 고혈당도 심해진다.

고혈당이 심해지면 이를 다시 해소하기 위해 이자는 인슐린을 더 많이 생산하기 위해 밤낮으로 일하는 상황이 초래된다. 이렇게 되면 결말은 두 가지뿐이다.

첫째는 고인슐린에 의해 몸이 더욱 뚱뚱해지는 것이다. 과잉한 인슐린이 섭취한 에너지원을 매우 효율적으로 지방조직에 축저시키기 때문이다.

둘째는 더 나쁜 결말로, 앞서 설명한 것처럼 자물쇠(인슐린 수용체)가 망가지는 상황이다. 즉 고혈당이 되면 이자가 더 많은 인슐린을 만들어 내어 혈액 중 인슐린 수준이 높아진다. 혈액 중 높은 수준의 인슐린에 세포막의 수용체가 장기간 반복해서 노출되면 인슐린 수용체의 민감도가 떨어져서 인슐린 저항성은 더욱 악화되므로 다시 고혈당이 되는 악순환이 지속된다.

이러한 고혈당의 악순환이 반복되면 결국 인슐린을 만들어 내는 이자의 베타세포(β-cell) 기능이 상실되어 버린다. 즉 이자가 과로에 의해 완전히 녹초가 되는 상황이 된다. 마치 행주에서 계속 물을 짜내듯이 인슐린을 만들다가 마침내 더 이상 만들지 못하게 되는 것과 같다. 이렇게 되면 식사 때마다 외부로부터 인슐린 주사나 인슐린 펌프로부터 인슐린을 공급받아야 하는 '인슐린 의존형 당뇨병'으로 진행된다.

악순환의 고리를 끊은 운동

이렇게 되기 전에 악순환의 고리를 반드시 끊어야 한다. 이 악순환의 고리를 끊기 위한 가장 효과적인 방법은 운동이다. 특히 요즘은 유산소 운동뿐만 아니라 허벅지와 엉덩이 근육의 발달을 위한 근력운동이 강조되고 있다.

물론 지나친 과식이나 음주, 과도한 단순 당류 형태의 탄수화물 섭취를 피하고, 체중도 줄이기 위한 생활 습관의 개선이 필요하다. 인슐린 저항성은 많은 질병의 뿌리가 된다. 즉 인슐린 저항성은 당뇨병은 물론이고 심장질환이나 뇌졸중과 같은 혈관순환계 질환의 주된 배경이 되며, 무기력증이나 권태감·우울증과도 매우 깊은 관련이 있다.

이 질병의 뿌리를 캐내는 가장 좋은 방법은 바로 운동이다.

과묵한 신사, 간 이야기

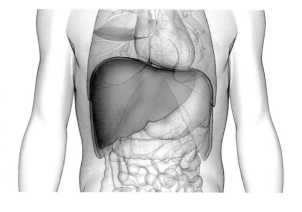

몇 해 전 일이다. 가까웠던 세 사람이 연이어 세상을 떠났다. 직장의 동료, 친구 그리고 사촌형이다. 수십 년의 인생 여정을 마치면서 남겨진 사람들의 가슴에 이별의 아픔을 새기지 않고 떠나는 사람이 누가 있으랴. 그러나 웬만큼 지났다고 생각한 그 세월로는 아직도 이따금씩 기억의 수면 위로 떠오르는 아픔을 어쩌지 못하는 것 같다. 아마 그들의 떠남이 내겐 너무 갑작스러운 일이었기 때문일 것이다.

세 사람 보누 사망 원인은 간경화와 간암이다. 특히 가장 최근에 떠난 사촌형의 모습이 생각난다. 험난한 삶의 질곡을 조용히 보낸 인생 여정이 그의 생명을 앗아간 간의 모습과 닮았다. 간의 모습이 그렇다. 자기에게 주어진 수많은 일들을 만신창이가 되도록 묵묵히 참고 견디다가 어느날 갑자기 무너지고 만다. 그래서 간을 일컬어 '침묵의 신사(Mr. Quiet)'라고 부른다.

간이 나를 위해 하는 엄청난 일들

간이 우리를 위해서 해 내는 일들은 엄청나다. 간은 체내로 흡수된 영양소들은 일차적으로 처리한다. 그래서 간을 인체의 화학공장이라고 부른다. 예를 들어 우리가 섭취하는 갖가지 탄수화물은 먼저 간으로 보내진다. 간은 여러 형태의 탄수화물을 인체의 필요에 따라 포도당으로 전환시켜 혈류로 내 보내거나 자신 안에 저장한다. 또 혈당이 떨어지는 상황이 오면 다른 영양소를 재료로 혈당을 제조하여 유지시킨다.

우리가 섭취하는 지방도 간에서 처리한다. 즉 소화·흡수 과정을 통해 간에 도착한 여러 지방들은 간이 만들어 낸 특별한 운송체(지질단백질)에 실려 혈류를 통해 온몸에 보내진다. 만일 간이 없어서 지방이 섭취된 형태 그대로 혈류로 나간다면 우리는 태어나서 열 살도 채 안 되어 혈관벽에 지방이 쌓인 채 혈관이 막혀서 죽게 될 것이다.

단백질은 어떠한가. 간은 단백질의 기본 요소인 아미노산을 인체의 필요에 따라 상호 전환시킨다. 간이 이 아미노산을 제대로 처리하지 못하면 '간성 혼수'라는 치명적인 문제가 발생한다. 아미노산을 대사시키는 과정에서 암모니아라는 독성을 갖는 수용성 가스가 발생하는데, 간세포는 즉시 이 암모니아를 요소 등으로 전환시킨다.

≫ 간성 혼수

간이 제 기능을 못하여 암모니아를 요소로 전환시키지 못하면 간성 혼수가 일어난다. 즉 요소로 전환되지 못한 다량의 암모니아가 혈류로 들어가 뇌에 치명적인 타격을 입히는 것이다. 간성 혼수는 변비가 심하거나 단백질을 과량 섭취하거나 위장관의 출혈·탈수·감염이 있는 경우에 잘 발생한다.

운동을 정기적으로 하는 사람은 간성 혼수의 발생 위험이 현저히 낮은데, 이는 운동이 간 및 소화계통에 직·간접적으로 영향을 미치기 때문이다.

간이 얼마나 위대한 일을 하는지는 술을 예로 들 수 있다. 간은 몸에 들어온 알코올을 아세트알데히드로 분해시킨다. 만일 간에 이 알코올을 분해시키는 효소가 없다면 매우 심각한 사태가 발생할 것이다.

혈중 알코올 농도가 0.4% 이상이면 치사량이다. 이는 체중이 60kg 정도(혈액량은 5L 정도)이다. 간에 알코올 분해 효소가 없는 사람이라면 소주 두 잔만 마셔도 치사량에 도달한다는 것을 의미한다.

주당이라면 간에 더욱 고마워하지 않을 수 없다. 그러나 고마워하기만 하고 이 훌륭하고 과묵한 신사를 자꾸 괴롭혀도 될까? 알코올을 습관적으로 먹을 때 쉽게 나타나는 것이 알코올성 지방간이다. 이것을 방치하면 간경화나 간암으로 이행되는 비율은 매우 높아진다.

술을 먹지 않아도 나타나는 지방간

술을 먹지 않고, 또 바이러스감염 없이도 발생하는 지방간이 있는데, 이를 비알코올성 지방간이라고 한다. 역학적 연구들은 정기적인 운동이 비알코올성 지방간이나 간경화의 위험을 현저히 낮추는 것으로 보고하고 있다. 비알코올성 지방간의 주원인은 인슐린 저항성이다. 인슐린 저항성은 운동 부족이나 비만과 관련이 깊다는 것을 생각하면 충분히 예상되는 결과라고 할 수 있다.

그러므로 평소에 이 과묵한 신사를 매너있게 대하자. 그렇지 않고 함부로 대하면 어느 날엔가 걷잡을 수 없이 폭발하여 도저히 진정시킬 수 없게 될 테니까.

결론적으로 인슐린 저항성을 낮추기 위한 가장 좋은 방법은 운동이며, 운동을 통해 지방살을 빼야 한다. 그것이 비알코올성 지방간의 위험을 낮추는 가장 좋은 방법이다.

염증과의 전쟁에서 승리하라

감기에 걸리면 당연히 호흡기에 염증이 생기며, 피부에 상처가 나타나도 염증이 발생한다는 것은 누구나 알 수 있다. 그런데 우리 몸안에서는 자신도 모르는 사이에 수시로 염증반응이 일어난다. 이것은 장 내에서, 뇌나 간세포에서 그리고 혈관의 내벽을 이루고 있는 세포에서 끊임없이 일어난다. 이 염증반응은 비만이나 당뇨병과 같은 대사질환뿐만 아니라 심혈관계질환이나 치매를 일으키는 알쯔하이머와 같은 광범위한 질병과 밀접하게 관련되어 있다.

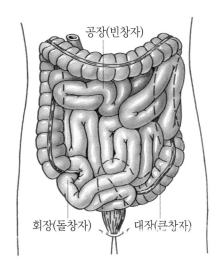

인체에서 염증반응이 가장 빈번하게 일어나는 장소 중의 하나가 작은창자이다. 작은창자는 우리가 섭취한 음식물을 대부분 흡수한다. 이 작은창자의 장벽을 구성하는 흡수 세포는 외부로부터 섭취한 음식물을 받아 들이는 일차 검문소 역할을 한다. 이때 우리 몸에 필요한 영양소 이외에도 이물질이나 세균이 들어올 수 있다. 이들이 들어오면 인체의 감시 시스템인 면역계에 경보가 울린다. 이처럼 체내로 들어와서 면역 시스템에 경보를 발령시키는 물질이나 세균을 항원이라고 한다.

≫ 항원항체반응

면역 시스템이 발동되면 제일 먼저 출동하는 인체의 방위군인 대식세포라는 백혈구가 체내로 들어온 항원을 집어 삼킨다. 또 다른 백혈구는 면역글로불린이라는 공격 무기를 이용해서 침입한 항원을 공격하여 파괴시킨다. 이 면역글로불린이라는 공격 무기를 항체라고 한다. 이 전투 과정에서 염증반응이 일어난다. 이런 일들은 대부분 우리가 모르는 가운데 일어나지만, 경우에 따라서는 심한 통증을 유발하기도 한다.

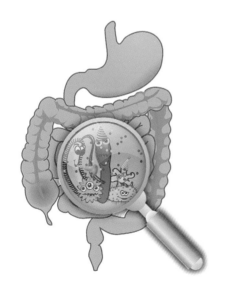

전쟁의 최전선에 구원군 보내기

외부로부터 침입한 항원과의 전투가 벌어지는 최전선은 장(腸)이라고 할 수 있다. 이 장내 미생물의 분포가 균형을 잃으면 염증반응이 더 쉽게 일어난다.

장 속에는 프로바이오틱스(pro-biotics)라고 하는 좋은 미생물들이 살고 있다. 프로바이오틱스는 장벽을 보호하는 보초병 역할을 하는 좋은 미생물이다. 그런데 이 프로바이오틱스가 줄어 들고 부패세균이 많아지면 외부의 독성 물질이나 박테리아가 더 쉽게 장벽의 일차관문을 통해 체내로 들어오게 된다. 그렇게 되면 면역의 최전선인 장에서 더 큰 전투가 벌어지는데, 이때 인체의 방어 시스템이 소유한 병력 중에서 많은 병력이 전투에 투입되다 보니 전체 전투력이 감소하게 된다. 다시 말해서 전반적인 인체 저항력이 감소하는 결과로 이어진다.

그렇다면 어떤 경우에 장내 미생물 분포의 균형이 깨져 건강하지 못하게 될까? 이러한 요인으로는 밀가루와 같은 정백당이나 가공식품의 과도한 의존, 섬유질 섭취의 부족, 알코올의 과도한 섭취 등 잘못된 식생활을 들 수 있다. 또 약물이나 스트레스, 수면 부족과 수면 이상이 장내 미생물 환경을 불리하게 만드는데, 여기에는 선천적인 요인도 작용한다.

염증반응을 낮추는 방법들

위에서 살펴 본 것 외에도 몸안 곳곳에서 일어나는 염증반응을 낮출 수 있는 방법은 어떤 것이 있을까? 그것은 체중이 많이 나간다면 체중을 줄이는 것이다. 몸안에 지방세포가 많거나 비대해질수록 체내 염증반응은 더욱 활발하게 일어나기 때문이다.

≫ 비만과 염증의 상호 관계

건강한 인체의 지방조직에서는 아디포넥틴이라는 물질이 분비된다. 그 물질은 두 종류로 염증반응에 관여하는 호염증성과 염증반응을 억제하는 항염증성이 있어서 균형을 이루고 있다.

그러나 비정상적으로 비대해진 지방조직에서는 염증반응을 촉진하는 물질이 더 많이 분비되는데, 이는 전반적인 인체 저항력을 떨어뜨리는 원인이 된다. 이처럼 비만해지면 염증반응이 활발해지고, 반대로 체내에서 염증반응이 과도하게 일어나도 비만해지기 쉽다. 비만과 염증반응의 관계는 마치 달걀과 닭의 논쟁처럼 어떤 것이 원인이고 결과인지 말할 수 없는 상호 인과관계로 볼 수 있다.

염증반응을 낮추는 가장 좋은 식이적인 방법은 인체를 활성산소로부터 방어해 주는 생리활성 물질을 많이 섭취하는 것이다. 활성산소의 공격을 막고, 그로 인한 과도한 염증반응을 막아주는 이러한 생리활성 물질을 총칭하여 파이토케미컬 (phytochemical)이라고 한다. 이 파이토케미컬은 다양한 식물성 자원으로부터 얻을 수 있다. 특히 빨간색, 노란색, 자주색, 초록색, 주황색 등의 색깔을 갖는 채소와 과일을 통해 많이 섭취할 수 있다(p.277 참조).

또 한 가지 보다 근본적인 방법은 규칙적으로 운동을 하는 것이다. 운동을 습관화하면 몸안에서 활성산소를 무력화시키는 특별한 효소들의 활성도가 높아진다. 몸안에 있는 이 효소들을 항산화 효소라고 한다. 정기적인 운동에 의해 항산화 효소들의 활성도가 높아지면 전반적인 인체 저항력이 높아져 인체의 염증반응이 효과적으로 조절된다.

운동은 암 발생 위험을 낮춘다

　정기적인 운동이 암 발병 위험을 낮춘다는 사실이 여러 역학 연구를 통해서 밝혀지기 시작한 것은 1990년대 후반부터였다. 우리나라에서는 2000년대 후반에 들어서면서 비로소 암을 예방하거나, 치료 과정에 도움을 주는 운동의 효과에 주목하기 시작하였다.

　호주의 잭퀄린(Jacqueline) 교수팀은 여러 실험적·역학적 연구를 통해서 운동은 결장암 발생 위험은 40~50%, 유방암은 30~40%까지 낮추어 준다고 평가하였다. 폴란드의 크룩(Kruk) 박사팀에 의한 연구에 의하면 운동은 유방암·결장암·직장암에는 매우 강하고 확실한 예방 효과가 있으며, 신체적으로 활동적인 사람은 그렇지 않은 사람에 비해서 모든 암에 걸릴 확률이 약 30~80%로 낮다고 보고하였다.

암을 일으키는 요인들

　암을 유발하는 요인은 매우 다양하다. 그것은 방사선 노출, 환경 호르몬, 자외선이나 감마선, 유해물질이나 약물, 흡연 등과 유전을 들 수 있다. 또 비만도 암 발병 위험을 높이는 가장 큰 요인이라고 할 수 있다.

이렇게 우리 몸을 구성하는 세포가 돌연변이를 일으켜 암으로 진행되도록 하는 주된 원인 물질은 활성산소라고 할 수 있다. 이 활성산소가 앞서 설명한 여러 원인에 의해서 과도하게 생성되면, 이 활성산소는 세포핵에 있는 유전물질, 즉 DNA를 손상시켜 암 발병 위험을 높이는 것이다.

≫ 수선 시스템과 세포 자살

활성산소로 인해 우리 몸을 구성하는 세포의 핵 안에 있는 DNA의 이중 나선 구조는 수시로 손상을 입을 수 있다. DNA 구조에 손상이 일어나면 인체세포는 손상된 부위를 복구시키는 수선 시스템(repair system)을 가지고 있다.

그런데 세포가 자체 수선 시스템을 통해서 DNA의 손상과 염색체 변성을 다시 원상으로 복구시키지 못하면, 세포 자살(apoptosis) 과정을 통해서 세포 자신이 스스로 죽는 길을 택한다. 그렇게 함으로써 DNA의 손상으로부터 악성 신생물, 즉 암이 진행되는 것을 막는다. 그런데 이러한 세포 자살 과정으로 들어가지도 못하고, DNA 수선 과정이 잘못되는 경우에 돌연변이가 일어나게 된다.

호르메시스 효과 : 독초와 약초는 한뿌리에서 나온다

정기적인 운동은 어떻게 암의 위험을 낮추는가? 다음은 이에 관한 몇 가지 의미있는 연구결과이다.

운동은 세포핵 안에서 손상된 DNA를 수선하는 시스템을 강화시킨다. 그동안 실험적 연구를 통해서 확인된 사실은 세포 내 DNA 염기가 손상되었을 때 이를 수선하는 역할을 하는 효소들이 있는데, 정기적인 운동은 이들 효소들의 활성도를 높인다는 것이다.

그런데 이 DNA를 손상시키는 주범인 활성산소는 운동을 할 때 일시적으로 많이 생성된다. 그렇다면 운동을 하지 말아야 할까? 그러나 우리 몸에는 활성산소의 공격을 막아내는 역할을 하는 또 다른 특별한 항산화 효소가 있다. 정기적인 운동에 의해 세포 내에는 이 효소들이 많이 만들어진다. 평소 규칙적인 운동을 통해서 내 몸안에 항산화 효소의 활성도가 높은 상태라면, 전반적인 인체의 방어력은 그만큼 높아질 것이다.

> 운동의 효과는 '호르메시스(Hormesis) 효과'라고도 할 수 있다. 호르메시스 효과는 가벼운 스트레스나 미량의 독소가 오히려 몸의 저항력이나 면역력을 키워 준다는 것을 뜻한다. 어쩌면 '독초와 약초는 한뿌리에서 나온다'라는 말과 의미가 통한다고 볼 수 있다. 자신의 체력 및 건강 상태에 맞는 적절한 운동은 최고의 약초이다.

그동안 이루어진 여러 연구들은 1~3기 유방암환자나 직장암환자 등의 치료 과정에서 운동이 보조적인 요법으로 필요하다고 보고하였다. 운동은 암 치료를 받기 위한 기본적인 체력을 갖추도록 하고, 치료에 따른 부작용을 완화시키고, 궁극적으로 생존률을 높이는 데 기여한다는 결과들이 보고되고 있다.

이처럼 운동은 암 예방에 기여할 뿐만 아니라 암 치료를 돕는 요법적 수단으로 적극적으로 활용되고 있다. 우리나라에서도 암환자를 위한 운동처방의 적용이 점차 보편화되고 있는 추세이다.

운동이 코로나19 감염에 미치는 영향

요즘 코로나19로 인한 심각한 사태가 두 달 넘게 지속되고 있다. WHO에서 최고 위험 수준인 판데믹(pandemic)을 선언한 것에서 알 수 있듯이, 중국 우한에서 시작된 이 감염증은 세계적인 유행병이 되었다. 전 세계의 모든 사람들이 이 상황이 어서 종식되어 소중한 일상을 되찾기를 희망하고 있다. 더욱이 매일같이 피트니스 센터, 요가·필라테스 교습소, 수영장 등에서 운동을 즐기던 사람들은 하루 빨리 이 사태가 종식되길 바랄 것이다.

인체 면역 시스템은 질병관리본부처럼 일하고 있다

인체 면역 시스템은 마치 지금 질병관리본부에서 코로나19에 의한 감염을 막

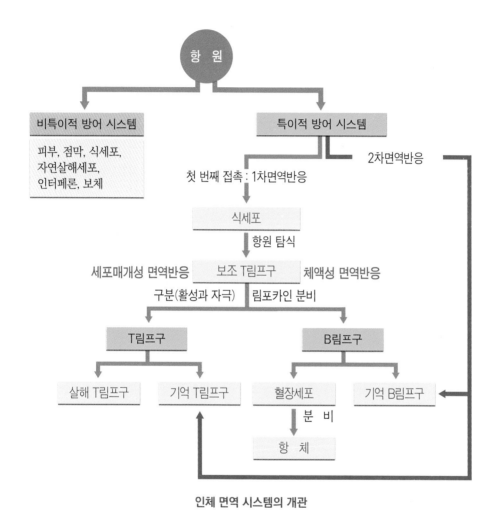

인체 면역 시스템의 개관

기 위해 분투하고 있는 것과 흡사한 모습으로 일하고 있다. 질병관리본부는 전력을 기울여 외국으로부터 들어온 감염자나 국내의 감염자를 감시하고, 검사하고, 추적하고, 격리하여 치료하고 있다.

인체 면역 시스템도 이와 마찬가지로 병원체나 이물질(항원)이 들어 오지 못하도록 호흡기나 소화기 등에서 일차적으로 검문을 하고, 이 관문을 피해 들어온 병원체를 검사하여 확인한다. 또 병원체를 삼키거나 항체를 통해 공격하고 염증과 부종을 형성하여 격리하거나, 사이토카인과 같은 면역물질을 분비하여 더 이상 감염이 확산되지 않도록 이웃의 조직세포들을 보호한다.

운동은 이러한 복잡하고도 정교한 면역체계의 여러 단계에 직·간접적으로 영향을 미친다. 그러므로 이러한 감염병과 운동이 어떻게 관련되어 있는지 통합적으로 설명하는 것은 쉽지 않다. 왜냐하면 운동을 할 때 일어나는 매우 복잡하고 광범위한 면역반응(백혈구나 림프구의 활성도, 항체 생성량, 사이토카인과 같은 면역물질의 변화 등)이 '인체 저항력'이라는 포괄적 개념에 어떠한 의미를 갖는지 해석하는 것이 어려운 일이기 때문이다.

일회적으로 운동할 때 나타나는 몇 가지 뚜렷한 결과들을 보면, 중간 강도나 그 이하 강도로 운동을 하면 면역계의 반응은 대체로 긍정적으로 나타난다.

> ❝
>
> 식균작용을 하는 호중구라는 백혈구는 운동을 하면 외부 항원이 침입한 곳으로 이동하는 능력과 항원을 삼키는 식작용, 그리고 살균성 활성이 증가한다.
>
> 또 바이러스에 감염되었을 때 최일선 방어 시스템을 구성하는 자연살해세포(NK세포)는 운동에 의해 가장 큰 변화를 보인다. 자연살해세포는 퍼포린(perforin)이라는 특수한 무기를 사용하여 바이러스에 감염된 세포나 종양세포를 인식하여 제거하는 능력을 갖고 있다. 이 세포의 독성활성(cytotoxic activity)은 운동에 의해 40~100%까지 증가한다고 보고되었다.
>
> 그리고 면역글로불린(항체)으로서 점액에서 발견되는 면역글로불린A(IgA)는 운동에 의해 가장 뚜렷한 변화를 보인다. 이 면역글로불린은 점막상피에 바이러스와 박테리아가 부착되는 것을 억제하고, 바이러스 복제를 억제하여 상기도 호흡감염(URTI)을 예방하는 효과가 있다.
>
> ❞

과도한 운동에 의해 저항력은 일시적으로 약해진다

여기까지만 보면 일회적인 운동에 의해 인체 면역 시스템이 매우 강화되는 것처럼 생각할 수 있으나, 이러한 효과는 대부분 중간 강도 이내로 운동을 했을 때 나타나는 변화이다. 운동의 강도가 높아지면 상반된 결과를 보고하는 경우도 많다. 즉 강도가 높은 격렬한 운동을 하거나 매우 긴 시간 동안 운동을 하면 인체 면역 시스템은 일시적으로는 취약한 상태가 된다.

호주 퀸즈랜드대학의 맥키넌(Mackinnon) 교수 팀에 의한 한 연구를 소개하면, 90분간의 중간 강도 이상의 운동을 3일 동안 연속적으로 수행한 육상선수에게서 IgA면역글로불빈 분비량이 20~50%가 감소하였는데, 첫째 날보다 둘째·셋째 날 감소폭이 가장 크게 나타났다.

지금까지의 연구결과들을 요약하면 다음과 같다.

일회적인 운동의 경우 중간 강도나 그 이하의 강도로 운동을 하면 인체 면역 시스템의 활성을 높이는 긍정적 효과가 있다. 그러나 매우 고강도의 장시간 운동, 특히 마라톤이나 철인3종 경기와 같은 운동은 한동안 인체 면역 시스템을 취약하게 만든다.

코로나19에 노출될 위험이 높아지는 경우

장기적인 운동 효과를 보고한 연구들은 앞서 설명하였던 인체 면역 시스템의 확인, 삼시, 격리, 보호, 처리와 관련된 기능이 운동에 의해 전반적으로 개선된다는 것을 증명한다. 그러나 이것도 일반적인 상황에서의 연구결과들이고, 코로나19가 창궐한 지금 상황에서 운동을 하는 것은 완전히 다른 문제이다.

운동을 하면 환기량은 안정 상태에 비해 몇 배에서 20배 이상까지도 증가한

다. 아무리 방역 시스템(면역 시스템)이 잘 갖추어져 있어도 일차 검문소를 통해서 외부 병원체가 물밀듯이 들어온다면 감염을 피할 수 없다.

더구나 코로나19의 경우는 호흡기를 통한 비말 감염이 주요 전파 경로인 것으로 밝혀졌다. 따라서 닫힌 공간에서 운동을 할수록, 더 높은 강도로 긴 시간 운동을 할수록, 그리고 소리를 내면서 운동을 할수록 감염의 위험은 더욱 높아질 수밖에 없다.

물론 일단 감염이 되었다고 전제한다면, 꾸준한 운동으로 체력 수준이 높아진 사람일수록 이 바이러스를 극복할 가능성이 훨씬 높다.

운동은 치매를 예방한다

몸을 움직인다는 것은 뇌를 움직인다는 말과 같다. 의식적이든 무의식적이든 모든 움직임은 뇌에서 시작된다.

태어난 지 몇 개월 된 아이를 예로 들어 보자. 처음 목을 가누게 되면 끊임없이 뒤집고, 기고, 무언가를 짚고 일어서려고 한다. 그다음엔 비틀거리며 걷고, 마침내 위태롭게 뛰는 동작을 반복한다. 걷고 뛰면서 무수히 넘어지는 과정을 거듭하지만 성장하면서 결국은 잘 걷고, 뛰게 된다. 뿐만 아니라 점차 아주 작은 근육까지 섬세하게 움직일 수 있어서 마침내 젓가락질도 하고 피아노도 치며 운전도 하게 된다.

이러한 모든 농작이 가능하게 된 것은 먼저 뇌에서의 '학습'이 이루어졌기 때문이다. 걷거나 뛰는 아주 간단한 동작조차도 예외는 아니다. 우리가 당연하게 얻어진 것으로 생각하는 움직임들은 실제로는 우리가 의식하지 못하고, 기억하지 못하는 동안에 이루어진 무수히 많은 연습과 시행 착오의 결과이다.

"

운동을 할 때 이루어지는 뇌의 학습은 대뇌피질의 운동영역에서 이루어진다. 반복된 학습의 결과는 뇌의 전운동영역으로 전이되고, 추체외로라고 하는 신경줄기를 통해 척수를 거쳐 근육을 움직이는 일련의 과정이 자동화된다. 이러한 과정을 통해 우리는 별다른 의식적 노력없이도 걸어가거나 운전을 할 수 있게 된다.

"

몸을 쓴다는 것은 뇌를 쓰는 것과 동의어이다

이처럼 우리가 몸을 쓴다는 것은 사실은 뇌를 쓴다는 말과 동의어라고 할 수 있다. 그러나 뇌는 일방적으로 몸에게 명령을 내리는 기관이 아니다. 사실은 뇌와 몸은 시시각각 무수히 많은 정보를 주고받으며 상호 협력하여 최적의 행동을 이끌어 낸다.

예를 들어 길을 걷는 중이라고 하자. 우리의 눈과 귀·피부 등을 통해서 주변의 상황에 대한 시·공간적 정보, 청각·촉각 정보가 끊임없이 뇌로 보내진다. 뿐만 아니라 체내에서는 고유수용기라고 하는 특별한 신경 센서로부터 근육과 관절의 움직임에 대한 정보가 시시각각 뇌로 전달된다.

뇌는 여러 경로를 통해 보내온 정보를 받아들인다. 그리고 뇌는 자신에게 전달된 다양한 정보를 순식간에 통합·분석하여 적절한 판단을 내린다. 그 판단에 따라 온몸에 퍼져 있는 신경경로 중에서 최적의 경로를 통해 신경 자극이라는 형태의 명령을 내려서 근육을 움직이게 한다. 스포츠 또는 운동은 뇌와 몸으로 하여금 무수히 많은 정보 처리와 명령 수행 과정을 연습하는 기회를 제공하는 것이다.

몸의 움직임을 통해 뇌에 신호를 보내자

몸을 움직임으로써 뇌를 쓰게 하면 어떤 일이 일어날까? 그동안 스포츠의학 연구를 통해 밝혀진 많은 증거들은 운동이 '뇌' 발달에 매우 큰 영향을 미친다는 점을 알려 주고 있다. 즉 운동을 하면 뇌의 혈류량이 증가하고 뇌 혈관이 새롭게 생성되며, 뇌신경세포의 재생과 발달을 돕는 뇌유래 신경성장인자(BDNF) 생성량 이 증가하며, 그로 인해 뇌세포끼리의 연결망이 더욱 조밀하게 될 뿐만 아니라 뇌 신경세포가 새롭게 생성된다는 사실이 밝혀졌다.

> 치매에 의해 나타나는 가장 뚜렷한 뇌의 퇴행성 변화는 정보의 수용과 처리와 관련된 특정 영역, 특히 뇌 해마 치상핵에서 신경세포가 비정상적인 속도로 죽는 현상이다. 그 주된 원인으로는 알츠하이머병이나 뇌경색을 들 수 있고, 그밖에 알코올성 치매나 당 뇨병성 치매가 있다.

이 뇌의 해마 부위는 조금 전에 일어난 단기적인 기억을 받아들여서 뇌의 고위 중추에 장기적으로 저장될 수 있도록 전 달하는 역할을 한다. 그래서 이 부위의 퇴행으로 인한 특징은 바로 전에 일어난 사건을 잘 기억하지 못하게 되는 것이다.

십수 년 전부터 활발하게 진행되어 온 연구들은 운동이 뇌유래 신경성장인자 (BDNF) 등의 생성을 촉진하고, 바로 뇌 해

마 부위에서 새로운 신경세포의 생성을 촉진하여 인지 능력을 개선하는 효과를 보고하고 있다.

치매가 걱정된다면 당장 뇌에 신호를 보내자. 가장 좋은 방법은 TV를 끄고 소파에서 일어나 운동을 시작하는 것이다.

Step 06 돌아보기

◆ 자유기(free radical)는 세포막·세포핵·미토콘드리아 등을 공격해서 노화·암 등을 일으키는 악당이다. 정기적인 운동은 이 악당의 공격에 대해 세포를 보호하는 항산화효소들의 활성도를 높여 준다.

◆ 사우나는 체온의 발산 반응으로서 땀을 흘릴 뿐 인체 계통에 상대적으로 큰 자극을 주지 못한다. 운동 시 땀을 흘리는 것은 높은 에너지 소비 수준을 달성하기 위한 과정에서 나타나는 부수적 현상이며, 인체의 모든 계통에 커다란 변화가 일어난다.

◆ 혈관 내에서 지질단백질은 중성지방·콜레스테롤과 같은 지방이 조직세포까지 운반한다. 정기적으로 운동을 하면 지질단백질 중에서 혈관이라는 도로에 쌓인 콜레스테롤을 청소하는 HDL을 증가시키고, 반대로 도로를 막히게 하는 LDL을 감소시킨다.

◆ 인슐린 저항성은 만병의 뿌리이다. 정기적인 운동은 인슐린 저항성을 낮추어 당뇨병이나 뇌졸중, 심장질환과 같은 순환계질환의 위험을 낮추어 준다.

◆ 인체 내에서는 염증과의 전투가 끊임없이 일어난다. 그 최전선은 장(腸)인데, 장 내에 좋은 미생물인 프로바이오틱스가 살기 좋은 환경을 만드는 것이 이 염증과의 전쟁에서 승리하는 길이다. 정기적인 운동과 체중 감량, 그리고 건강한 식품의 섭취가 이 싸움을 유리하게 이끌어 준다.

◆ 운동은 암에 대해 '호르메시스(Hormesis)' 효과를 갖고 있다. 호르메시스 효과는 가벼운 스트레스나 미량의 독소가 오히려 몸의 저항력이나 면역력을 키워주는 효과를 뜻한다. 운동은 암의 예방에 기여할 뿐만 아니라 암 치료를 돕는 요법적 수단으로 적극적으로 활용되고 있다.

◆ 운동을 하면 뇌의 혈류량이 증가하고, 뇌혈관이 새롭게 생성되며, 뇌신경세포의 재생과 발달을 돕는 BDNF의 생성량이 증가한다. 그로 인해 뇌세포 간의 연결망이 더욱 조밀하게 될 뿐만 아니라 뇌 신경세포가 새롭게 생성된다.